1683年

近世世界的變貌

歷史的轉換期

VII

1683年
近世世界の変容

Turning Points
in World History

島田龍登
SHIMADA RYŪTO
|編|

守川知子、伏見岳志、三木聰、川分圭子——著
游韻馨——譯

內文左方註釋為譯者或編輯註，特此說明。

出版緣起

在空間的互動中解讀歷史，在歷史的纏繞中認識世界

中央研究院近代史研究所助研究員、「歷史的轉換期」系列顧問　陳建守

歷史是什麼？來自過去的聲音？人類經驗的傳承？還是帝王將相的生命史？個人有記憶，所以人類也有集體記憶。表面上這些記憶是由事件及人物所組成，更往下分疏縷析，則風俗、習慣、語言、種族、性別等，無不在背後扮演重要的角色。而由這些基點延展開來的歷史研究，則有社會史、文化史、宗教史、性別史、思想史等不一而足的研究取徑。正因為人類無法忘卻過去的一鱗半爪，我們才有了「歷史」(history)。

上個世紀六〇年代英國著名史家卡爾（E. H. Carr）推出的《何謂歷史？》（*What is History?*）迄今剛好屆滿一甲子。卡爾當年「何謂歷史？」的鏗鏘命題，不僅是歷史學者在其漫長的從業生涯中無法迴避的提問與質疑，直至今日，我們仍與之不斷地進行對話。然而六十年過去了，我們現在對「何謂歷史？」這個問題提出的解答，與卡爾提供的答案已經有很大的不同，唯一相同的是「歷史是過去與現在永無止盡的對話」。雖然隨著討論的課題與人們討論方式的改易，對話的本質可能已

經改變，但這樣的對話至今仍不斷地在進行。

與卡爾當年身處的情境不同，現今歷史學研究的興趣從探究因果關係轉向對意義的追尋，由解釋轉向理解。近年來更出現兩項重大的轉向：第一，在過去十年，以全球史為名的出版品有逐漸增加的趨勢，相關研究書文不斷地出現在各大期刊的篇目當中。基於全球史取徑的興起，觀看歷史的視角也從歷時性轉為空間的共時性（from time to space/ place）。第二，大眾史學的出現，歷史做為大眾文化與市民生活的元素，與民眾日常切身相關的歷史研究蔚為風潮，也培養出一群重視在地連結與歷史感的閱讀大眾。

全球史取徑的意義在於打破單一的國族和語言，展現跨地區的相遇（encounter）和連結，同時也直接挑戰了預設地理疆界的「方法論國族主義」。將研究對象置於全球視野之下，一方面可以解構所謂的「歐洲中心化」概念，另一方面則可以指出一個歷史交纏打造的世界。全球視野下的歷史研究跳脫了歐洲中心普世論與國族主義特殊論的二元對立，將視角置於區域發展的自身脈絡以及整體歷史變遷上。至於大眾史學，強調的則是「歷史感」的課題，意圖帶領讀者感受歷史影響我們生活的諸般方式；透過瞭解與參與歷史，我們終將更加了解自己與身處的世界。

呈現在讀者眼前的這套「歷史的轉換期」叢書，就是從這兩大面向切入，編輯而成的套書。整套叢書共計十一冊，是臺灣商務印書館繼二〇一七年推出「中國．歷史的長河」系列套書後的又一鉅作，目的是提供臺灣讀者不同觀點的世界史。其中挑選我們熟知歷史大敘事中的關鍵年分，將之視為探索的起點，卻不囿於時空的限制，而是以一種跨地域的比較視野，進行橫切式的歷史敘事。

過往的世界史往往是各國按照年代時間序列組合而成的宏大敘事，全球史的敘事則是要將時空的框架重組，既有縱向的時代變遷，又有橫向的全球聯繫。這正與當前一〇八歷史課綱所提出的理念不謀而合，亦即注重空間（區域）的歷史思考，非常適合做為第一線中學教師補充一〇八歷史課綱的知識點。特別值得一提的是，這套叢書採取與日本同步的翻譯速度，希望能夠在最短的時間內，將最新的研究成果推送到臺灣讀者手中。

歷史學的地貌會改變，新的歷史斷層地圖也會隨之產生。讀者可以發現，專業歷史知識生產已然轉變，大一統的歷史書寫文化業已瓦解。「歷史是過去與現在永無止盡的對話」，自從卡爾為歷史下此定義之後，過去與現在之間彷若有了一條光亮的通道。而這套「歷史的轉換期」叢書，正是另一道引人思索的靈光乍現。

導讀

從文明史到全球史：歷史書寫的轉變與當代嘗試

中央研究院臺灣史研究所副研究員　鄭維中

本冊《一六八三年．近世世界的變貌》的總論中提到「漫長的十八世紀」，在該時段內誕生了對於當代歷史思維具根源性意義的變化。這樣的變化對本書編寫群來說可能已是老生常談，沒有特別交代的必要，但對一般讀者而言似仍須稍加提醒。以下就從這冊的歷史轉換期出發，來談談十八世紀中期啟蒙運動的開展對歷史書寫的重要性。

鑽研啟蒙運動的歷史學者揆多．阿巴蒂斯塔（Guido Abbattista）指出，十八世紀推動法國啟蒙運動的學者發明了兩個概念，對於日後歐洲的歷史書寫產生深遠的影響。此即，意欲將書寫者個人視為人類社會「不斷進步」的階段中的一分子；再者，則是將個別「文明」做為歷史書寫的新準則。因此，他們反對過去從君王、主教出發的傳統歷史書寫方式，認為應體察人類世界當中的各種社會模式，盡力以合乎條理的方式書寫歷史。此一概念從而延伸，引發了諸如對史料來源、歷史研究目的之批判性思考。[1]

為何啟蒙文人會群起認同這樣一種前所未有的「近／現代」概念？這也跟本冊所探討的時期，亦即十七世紀晚期歐洲人「時間」經驗的變化有關。學界一般認同，歐洲人在十七世紀大航海時代廣泛接觸異文化，也在天文、數學等領域發展了科學革命，使得一種不同於中世紀修道院所習慣的時間觀逐漸浮現。此種（共時性）時間觀「用一種絕對的時間觀，來衡量一個單一世界裡獨立發生事態的變化。」[2] 結果，這一整個世紀歐洲思想運動的成果，實際上成為當代歷史書寫方式的基礎。十九世紀至二十世紀各種歷史書寫的樣式與爭論，大體上仍不脫上述「文明進步」及「共時性」的框架，而後隨著民族國家成為世界人群結合的普遍規格，又造成官方歷史幾乎等同於民族歷史的演變結果。一次大戰後，美國接納來自歐洲的移民潮，需要編寫將歧異人群納入共同規範的基礎教材，便開始在哥倫比亞學院（日後的哥倫比亞大學）組織「（西方）文明史」科目，後來獲得廣大的良好迴響，逐漸成為當時的主流書寫方式。二次大戰後直到一九七〇年代，麥克尼爾（William H. McNeill）的《西方的興起》一書仍是深具影響力的歷史讀物。[3] 戰後臺灣的歷史學界受美國學界影響，大體上遵循同樣的書寫路徑，並編有《世界文化史》課本供中學課堂教授。

但在臺灣之外的世界，一九七〇年代是二戰後各地蜂起、殖民地獨立建國運動逐漸收尾的時期。除了新興國家各自努力編纂民族歷史之外，隨著民主國家內部多元文化主義的興起，歐美學者也警覺到前述歐洲中心主義的歷史書寫方式不足以闡釋世界現況；在共同思考人類的未來之餘，遂有了種種修正世界史、全球史的嘗試。到了二十一世紀的此時，正如同本書的三位監修者所說：「從全球視野來嘗試描繪世界史的樣貌，在今天已經不是什麼稀奇的事。」筆者在此想補充的是，前述阿巴蒂斯塔所點出啟蒙時代「共時性」歷史書寫發展的來龍去脈，在政治學者班納迪克．安德森（Benedict Anderson）《想像的共同體》一書中有著完全一致的分析。[4] 與麥克尼爾以降「西方文明史」的思路不同，安德森認為世界史上首波興起民族主義的地區乃是十八世紀晚期的南北美洲，其出現的契機正是本書第三章所探討的歷史變化，所謂「美洲的第二度征服」。[5] 此外，美洲殖民者得以想像自身與歐洲母國人群生活具有「平行性」，這點也呼應了本書第五章關於美洲殖民地體制變貌的討論，可加以對照。[6] 以上這些均有益於我們以全球眼光，思考臺灣當前所面對的民族主義問題。

本書所涵蓋的時段觸及了當代仍深具意義的時代脈動，亦符合編者島田龍登教授的立場，正如他所指出的：「……這樣的刺激（十六世紀的白銀大流通與國家整合）在不知不覺間滲透至世界各地的社會角落，在背後默默支撐百姓生活的各個微觀社會，也經歷了改變的過程。」本書第二章透過亞美尼亞商人的遭遇，講述在十七世紀全球流通網絡連通的衝擊後，伊朗薩法維帝國逐漸轉為保守，並要求亞美尼亞商人改宗伊斯蘭教，這個潮流對於微觀個人世界所產生的衝擊。此一歷史背景隱隱指向了宗派分裂保守化的伊斯蘭世界，以及隨後地方勢力並起的政治演變，更構成了日後歐洲勢力介入的前提。[7] 第四章則表述了中國福建省山區偏僻地帶，在明清之際受外界嚴重干涉而破壞的農業經濟，如何在新政權成立後，透過閩江組織起來的社會空間再度重新復甦，使生產關係獲得延續。最後，第一章簡述十七世紀亞洲廣域貿易的興衰與日本和華人海上貿易的關連、十八世紀後歐亞貿易的崛起等等。本章從亞洲的觀點出發，鋪陳全球白銀流通網絡內舉足輕重的日本經濟動力所造成的衝擊，與相關區域內的種種反應。在這當中，十七世紀晚期至十八世紀東南亞農業的開發，以及臺灣移民社會的發展，皆處於同一時代脈絡之下，值得臺灣讀者注意。

總而言之，無論是讀者還是本書作者群，在對於「歷史」的認知上，均源自本冊所述的十七世紀末世界史轉換期。但時至今日，臺灣人若欲在多中心化的全球史書寫中取得定位，找尋未來路向，仍應多多觀摩、賞析亞洲學者們不可多得的研究成果，以擴展自身眼界、培養對切身相關歷史脈絡的感知力。

1 José Rabasa, Masayuki Sato, Edoardo Tortarolo, and Daniel Woolf eds., *The Oxford History of Historical Writing, Vol. III: 1400-1800* (Oxford: Oxford University Press, 2012), p. 15.

2 Michael Bentley, *Modern Historiography: An Introduction* (London and New York: Routledge, 1999), p. 2.

3 Ross E. Dunn, *The New World History: A Teacher's Companion* (Boston and New York, 2000), pp.1-2.

4 班納迪克．安德森著，吳叡人譯，《想像的共同體：民族主義的起源與散布》（*Imagined Communities: Reflections on the Origin and Spread of Nationalism*），（臺北：時報，2017），頁61。116-118。

5 班納迪克．安德森，《想像的共同體：民族主義的起源與散布》，頁96。

6 班納迪克．安德森，《想像的共同體：民族主義的起源與散布》，頁259-260。

7 對此有興趣的讀者，請參照：Christopher Alan Bayly, *Imperial Meridian: The British Empire and the World 1780-1830* (London: Longmen, 1989).

導讀

微觀視野下的比較與連結「漫長的十八世紀」

國立陽明交通大學人文社會學系助理教授　盧正恒

《一六八三年：近世世界的變貌》，是岸本美緒等著名學者主導的「歷史的轉換期」系列第七冊，由專長東南亞貿易史、交流史、都市史的東京大學島田龍登教授主編。此冊命名「近世世界的變貌」，嘗試從東南亞、新大陸、中國、西歐、高加索這些廣泛地區中，通過有名（如那萊王、阿布加爾、李世熊等）或無名氏（某位汀州佃農、加勒比海商人、奴隸等）的人生歷程與故事，連結貫穿五篇不同主題的世界歷史課題，理解他們身處世界的各種互動。這些互動包括了人與人、人與環境、人與國家、國家與國家，多層次地闡述「漫長的十八世紀（long eighteenth century）」複雜卻趨於平淡、宏觀卻又微觀的歷史。

本書展現了日本學術界不侷限於「僅」以日本歷史為尊的傳統，「歷史的轉換期」系列匯集了專精各領域的作者，為讀者揭示了宏觀的世界史格局。有時閱讀這種多作者群、類似「論文集」的作品時，往往會有一種各章獨立進行、彼此無關聯、無對話的合輯感，然而此書各章均貫串了「社會」、「交流」、「帝國」三個主題面向，讀起來頗有契合呼應之感。究竟我們需要甚麼樣的比較研究？把類似的東西拿來比較即可嗎？是否會淪為一種腦力激盪競賽？創意比賽？筆者認為，較合適的比較方式應當如本系列一般，從某個共享主題著手，並理解在此課題上不同人群、政權的不同走向，而非尋找一個基準進行比較和評估。

首先，標題所謂的「近世」是什麼？這個日文學界較常使用的詞彙，可以對應英文學界有關「近代」的描繪。一般而言，十五世紀末是「近代（modern period）」的廣義開端，一八七〇年代是狹義近代的起點，這段期間的前段部分稱為「近代早期（early modern）」，即是本書所稱的「近世」。一六八〇年代為近世的轉換期，此前屬於「近世前期」，其後則是「近世後期」，也被學界稱為「漫長的十八世紀」。根據英國史學家的論述，該段時期意指從一六八八年的光榮革命開始直到一八一五年的滑鐵盧戰役為止，也是英格蘭轉向不列顛帝國的關鍵時刻。至於中國史研究所謂的「漫長的十八世紀」，則是從一六八〇年代抵抗清帝國的抗爭初步結束，直到乾隆皇帝統治尾聲的一七九九年各種抵抗再起的時間。後者揭示著嘉慶皇帝即位後面臨了這個龐大卻傷痕累累、百病叢生的巨大帝國，如何拯救的課題。這又是另一段故事。

之所以選擇一六八三年做為分析標的，是因為該年是「動盪的近世前期宣告終結的一年」。在東亞，一六八三年大清帝國的施琅在澎湖擊敗劉國軒的軍隊，鄭克塽一度試圖履行祖父鄭成功攻打馬尼拉的規畫再次「逃亡」，不過最終仍放棄，並選擇投降大清——這回應了全球史學者維克多·李伯曼（Victor Lieberman）有關世界政治體在此段時間逐步被某一大核心吸收的過程。試想，若鄭氏政權真的南下馬尼拉，夾在大清帝國、西班牙帝國、日本甚至英格蘭間再次游移，世界史會發生甚麼樣有趣的轉變呢？其次，在歐亞交界處的「日出（Asu）」與「日落（Ereb）」區域，同樣被視為近代早期帝國之一、橫跨三大洲的鄂圖曼帝國，在第二次維也納圍城戰中失利，體現了關鍵的歐亞勢力消長轉換。上述的兩起事件，或許已可用來證明一六八三年是「世界權力平衡丕變最具代表性的一年」；然而，這樣的改變並不僅僅發生在東亞的島嶼或著名的音樂之都而已。作者群要揭示的是，在一六八〇年代這十年，世界各地都發生了不可忽視的鉅變，而這些鉅變都不是孤立發生，而是在更複雜的全球化局勢下誕生的產物：例如，一六八八年的光榮革命讓歐洲霸權從荷蘭轉移到英格蘭，阿瑜陀耶王國原先開放的國際貿易體制也產生了改變等等。

雖然本系列名為世界史，但並非為 world history，實際上更像是要做一場「全球史（global history）」的研究博覽會，通過諸個漂亮的案例，來展示各種全球史的方法跟故事。首先是全球史的定義問題。雖然至今對於何謂全球史仍有諸多討論，甚至許多全球史作品仍和世界史（world history）或普世史（universal history）混淆使用，但本書認為「全球史原本的意義，是從全球視角觀看整個人類歷史」，並希望讀者能注意兩個重點：其一，全球視角有其意義，但在時代區分上仍有漫漫長路；其二，全球化的歷史分析僅是全球史研究的一部分，而非全部。因此，作者群嘗試以全球化的全球史觀點來思考時代區分。

再來，此書並不完全以菁英為出發點，更多是以庶民為標的，來觀察各帝國在此時期的互動；實際上，這也是全球史發展過程中的一個重要環節，亦即底層史（history from below）。正如系列導讀所述，世界史並不是一堆國別史的集合體，也不是建構一個框架然後把世界史丟進去即可（某種程度上即是普世史），更希望的是扎根於各地區觀點、彼此碰撞對話展現的鮮明姿態。全球史的其中一項重點即在於強調「比較（comparative）」與「連結（connective）」，並且打破過往的國別史研究和歐洲中心論思維，以宏觀視野認識交流。此外，綜觀本書各章，也可找到近年來全球史研究中典型的「全球微觀史（global microhistory）」，以人物的生命歷程體現全球交流、互動、影響的歷史。

接著，筆者試著依序概述各章。第一章島田龍登教授的〈亞洲海上貿易的轉換〉，將會帶給熟悉臺灣史和荷蘭東印度公司的讀者一股新舊交織的新鮮感。荷蘭東印度公司以一六二〇年代建立的巴達維亞為核心，經營北至日本的亞洲內部區間貿易（Intra-Asia Trade），此貿易不僅仰賴在東南亞、日本等地長期且複雜的中國商人貿易網絡，尤其當一六八四年大清帝國廢除海禁後，曾遨遊於東亞、東南亞的中國商人和移民，更再次生機勃勃地出沒於亞洲各港口。同樣倚仗國際貿易的，還有允許多國商人設立各自居住區的阿瑜陀耶王國。相較於第五章論及英格蘭、法國、西班牙在殖民地的貿易禁令，阿瑜陀耶允許各國商人競爭，一六五六年起那萊王更遣使歐亞諸國建立外交關係，不僅是中國、荷蘭，甚至操持伊朗語言的商人也都在此活動。一六八八年那萊王去世，阿瑜陀耶王國的國際策略局勢產生改變，即便如此，中國商人和荷蘭東印度公司的貿易網絡並未因此終止，原先以奢侈品為主的貿易，在一六八三年之後也轉為可以大量進、出口的日常品。諸如這般，全球互動對歐洲、亞洲的文化和社會——甚至第三章提到的美洲——都引發了各種面貌的變革。

主要信仰為上座部佛教的阿瑜陀耶王國善待雲集而來、擁有不同信仰的商人。那麼，其他宗教信仰地區又是如何面對遠道而來的商人？第二章〈從亞美尼亞改宗者的經歷透視宗教與近世社會〉由東京大學專精西亞文化、社會史的守川知子教授撰寫。這章揭示了一位來自亞美尼亞富商家庭的改宗者阿布加爾，在全球化世界所經歷的精采旅程。這位生於伊朗的亞美尼亞基督徒，以伊斯蘭教徒身分在威尼斯生活，以順尼派身分在伊斯坦堡生活，最終改信什葉派回到家鄉，他在歐亞各大城市的經歷，讓讀者得以認識各宗教在特定區域深化、定義的新社會。某種程度上與中國人在東亞海域的狀況相似，亞美尼亞人在薩法維帝國統治下的伊斯法罕新朱法區居住，擁有信仰和自治權利，充任薩法維帝國充任與歐洲國家結盟的溝通橋樑，在十七世紀時建立遍布東南亞（也許也到了阿瑜陀耶王國）到歐洲各主要城市的貿易據點。阿布加爾的宗教觀、改宗與所處城市社會的關係，揭示了一場在全球化時代各地共享的新社會宗教運動：包括歐洲新教、天主教等不同教派之間的對立；法國一六八五年《南特敕令》的廢止；日本對待信仰基督教的異教徒；中國的禮儀之爭等等。一六九一年，亞美尼亞人逐漸失去稅務特權，因此愈來愈多人改宗為穆斯林，希冀維持其經濟和政治權利。阿布加爾那種豐富的信仰經歷也隨著各地域宗教趨於統一，而不再出現。

第三章〈海盜與原住民是最大煩惱：西班牙殖民地猶加敦半島〉由環大西洋與拉丁美洲史專家、慶應義塾大学的伏見岳志教授撰寫，探討了近世時期的海盜。根據其他學者的討論，加勒比海海盜的演變可分成三大時期：第一時期是一六五〇到一六八〇年代，以海盜（buccaneers）和伊莉莎白一世給予私掠船證的「新教徒海狗（protestant seadogs）」等人為代表；第二時期是一六九〇年代威廉・基德（William Kid）和亨利・埃佛里（Henry Avery）等以「流浪者（rovers）」聞名的海盜王；第三時期則是一七一六到一七二六年之間的私掠船海盜，以黑鬍子（Edward Teach）等人為代表。本章聚焦於第一時期。一六八〇年代，包括西班牙殖民體制下的唯一港口維拉克魯茲和猶加敦半島的坎佩切陸續遭到海盜肆虐，西班牙人遂建設城牆稜堡，將港口要塞化，這點與一五七四年林鳳襲擊馬尼拉、一六三四年荷蘭東印度公司在海盜劉香攻占熱蘭遮城失敗後，殖民政府對當地的重新建設一樣。之後英格蘭和西班牙簽訂和平協議，導致私掠船不再有賺頭，轉換為伐木工的海盜便在墨西哥灣、加勒比海、猶加敦半島等地的潟湖和海岸區域大規模砍伐生長於海岸濕地的墨水樹，形成非統治邊區潛藏的混亂秩序，西班牙因此大力掃蕩這群海盜／伐木工。一六八三年以降，西班牙部隊將勢力延伸至原先不屬於帝國控制的半島南部森林，藉此打通拉丁美洲兩岸，此即所謂的二次征服。二次征服殖民地邊疆區域的過程，讓西班牙帝國不再僅僅是個地圖上由《托德西利亞斯條約》（*Tratado de Tordesillas*）劃分粗略的疆域；此時的西班牙已試著在紙上談兵的地圖式統治外，將邊區（森林、潟湖、港口）的統治力道轉換為更具體的實踐，也試著改革當地財政。

一六八〇年代的宗教、殖民、貿易，都在地方社會引發了各種層面的影響。第四章為北海道大學、地域社會研究專家三木聰教授的〈中國福建省的社會空間〉，該文將焦點移回東亞，聚焦於福建山區的汀州府。當新大陸煙草被引入福建、取代糧食成為主要作物後，福建糧食欠缺問題愈趨嚴重；同時，汀州與臨近的江西、廣東間建立起了米、鹽、菸草的商品流通網。在此種商品交換過程中，產生了一群壟斷米糧、將之視為投機商品的奸商，使產米的福建山區缺米、福州卻堆積大量米穀。因此，從一六四〇年代到一六八〇年代，因米穀在中間商、地主、佃農間競爭所產生的新社會結構，最終朝向福州匯集，構成當地社會與政治的新空間。

如前所述，全球史的研究方法除了前述貿易、遊歷的「連結」外，還有個典型的方法是「比較」，第五章由京都府立大學西洋經濟史學者川分圭子教授所寫的〈近世西歐各國美洲殖民地體制的法律與經濟〉就是一例。過往環大西洋史（trans-Atlantic history）中，就有諸如約翰·艾略特（J. H. Elliott）經典的作品，比較不列顛和西班牙帝國在新大陸殖民策略的差異來自原鄉統治經驗的不同。重商主義一直是學者們關心歐洲發展的關鍵，此章聚焦於英國殖民地，進行比較研究。一六五一、一六六〇、一六六三、一六七三、一六九六年英格蘭陸續公布執行的《航海法》逐步壟斷英屬美洲殖民地貨物運回英國的規範，產生了以英格蘭為樞紐、在殖民地和母國之間領土內部貿易的結構。相較於此，西班牙和法國的殖民體制與英格蘭不同，七年戰爭後自由港的出現逐步改變了過往貿易體制。待美國獨立後，美洲自由貿易體制趨於完善，加之法國大革命摧毀了西班牙殖民體制，促使了一八二〇年代自由貿易主義的興起，也宣告近世殖民貿易體制的終結。

在此，容筆者提供關於本書的幾點個人淺見。其一，各章節大多以社會的角度來分析，實際上這也是全球史發展軌跡中強調透過庶民歷史，藉以重探歷史的方法。若以帝國的觀點來看，也可發現一六八〇年代各政權將原先未受控制的邊區納入帝國疆界（潟湖的兼併），又或者是通過改革將帝國與帝國間生存的政體納入帝國控制範疇（例如伊察族和鄭氏政權）。這樣的論述正如李伯曼在兩巨冊的《奇特的平行：全球脈絡下的東南亞》（*Strange Parallels: Volume 1, Integration on the Mainland: Southeast Asia in Global Context, c.800–1830; Strange Parallels: Volume 2, Mainland Mirrors: Europe, Japan, China, South Asia, and the Islands: Southeast Asia in Global Context, c.800–1830*），透過東南亞的政體、文化、經濟整合，觀察歐亞大陸政體變化時各區域遭遇內亞勢力侵擾，分為「保護區（protected zone）」和「曝露區（exposed zone）」。該著作認為一六八〇年代是一個重要的轉折點，上述整合在一八三〇年代完成，形構出目前的世界基本樣貌。若需要把臺灣放在一個宏觀的視野來觀察，本書毋寧給予了一個極為龐大的歷史框架。臺灣如何從原先日本商人貿易據點、中國海盜暫居所，轉變為荷蘭東印度公司亞洲內部貿易結構，最後變成內亞滿洲帝國的海疆延伸，在經濟、文化、政治上被整併入一個帝國框架。本書或能給予讀者不少啟發和認識。

其二，這幾年在暢銷書全球史學者歐陽泰（Tonio Andrade）的兩本大作中，將軍事革命（Military revolution）之概念介紹予臺灣讀者。本書關於要塞化加勒比海港口的部分亦屬此範疇。實際上，軍事研究本就是全球史的核心議題之一，除了前述李伯曼「保護區」和「曝露區」之概念，在肯尼斯・查斯（Kenneth Chase）關於火器的全球史研究中，則援引古希臘世界區分農業民族和游牧民族區域之「人居世界」（the Oikoumene）來描述，他認為人居世界是軍事革命發展起點，也是游牧和農業民族軍事勢力最終分界的關鍵。實際上，在一六八〇年代，火砲或是步兵化、築城防衛的現象都出現在內亞游牧地區，進一步引發後續的政治和財政變革。本書雖探討英格蘭對殖民體制的變革，但未提及的是自一六八〇年代開始，不列顛逐步成為陸上與海上的軍事強權和戰爭機器，建立了龐大常備軍，形成了在政治、稅收、公民行政等各層面都相對完善的「財務戰爭國家（the fiscal-military state）」。此外，本書討論涵蓋各區，但對於內亞並未進一步討論。事實上，已逝的著名學者衛思韓（John E. Wills）在其擁有宏大史觀的《一六八八：從康熙皇帝到希臘浪人，那年的全世界》（*1688: A Global History*）就曾拿俄國的彼得大帝與康熙皇帝相比較，兩位重要的皇帝不僅同屬一六八〇年代這一轉折點，二大帝國也曾在交界處相互競爭、合作。一六八二年，年僅十歲的彼得大帝及伊凡五世在索菲亞攝政下建立了共同沙皇臨時體制，並於一六八八年支持噶爾丹進軍蒙古地區，直到一六八九年尼布楚條約簽訂，俄國放棄對噶爾丹的支持，才讓清帝國於烏蘭布通戰役上擊潰噶爾丹，進而開啟清帝國對準噶爾的長期征服——此舉動也可放入李伯曼的整併框架。同時自一六八〇年代起，俄國推行國家化的米糧供給改革並完成「軍事革命」，得以發動從克里米亞到東北亞的戰爭。這些巨大且重要的變動都發生於一六八〇年代，並在各方面影響、型塑、推進整個世界，朝向下一個階段前進。

最後，筆者特別想從海洋史的角度來思考本書。海洋史已漸漸被全球史的大旗所壟罩，然而海洋史不僅是一種探討「過鹹水」的交流史，如何正視海洋做為一個歷史分析單位，或給予海洋主體性，甚至最終將之「歷史化（historization）」，或許仍是我輩學者需要努力的空間。海洋史的核心是一種跨領域的方法，透過海洋史觀而非陸地史觀，來認識人與海洋的交流對社會文化產生的影響。本書觸及了許多與海洋史有關的議題，無論是加勒比海海盜摧毀港口、到海岸邊砍伐樹林供給歐美殖民者貿易；又或者是阿瑜陀耶王國和荷蘭東印度公司在東亞和東南亞建立起來的多民族商人貿易網；甚至是改宗者在地中海、印度洋世界間的移動，都可以加深我們認識一六八〇年代世界人群和海洋關係對社會產生的影響。以臺灣史而言，自曹永和「臺灣島史」概念的揭示、周婉窈「山、海、平原史觀」的討論，海洋史和臺灣史的連結愈來愈深，卻也揭露了一個「邊界在何處」的疑問。筆者的想法是建構一個雙向的海洋史觀，去除陸地上的邊界和稜線，以更開放頻繁交流的互動方式思考，除了從臺灣島向海外進行理解外，也需要從海上認識臺灣島。近年來學界已逐漸脫離一種偏見，也就是臺灣鄭氏以後到清領開港之間，海洋史似乎在這段時間無用武之地；一六八三年後航行在臺灣海峽的船隻仍舊存在，臺灣的海上活動（如漁業、走私、偷渡等）並未因此停歇。即便並非過往關心的「跨國貿易」，但無論是哪種海上活動型態，即便是如海盜轉變為伐木工這樣的例子，這種人與海的互動也可視為是海洋史的一環。關於海洋史的課題還有許多如本書一樣精彩的故事，期待讀者亦能從中發掘到屏除陸地史觀與思維，從海洋認識歷史。

簡言之，一六八三年是個劇烈變動的年分，社會結構充斥著對立和宗教改變，讓曾經的奢侈品變得稀鬆平常，旅遊四方也變得愈來愈可能。此外，各國開始進行各種程度的變革，帝國開始兼併曾經不在統治下的邊區，各人群不斷被龐大的吸力攝入帝國疆界，文化、政治、商業都在整合當中；non-state 的人群無法避免，居間的國家亦無法迴避。若粗略地從不同史學面向進行理解，本書五個章節分別是海洋史、宗教史、環境史、社會史、制度史。當然，這樣機械式的分類並不是唯一認識各章節的方法，卻能提供讀者抱持著某一想法進入各章節。過去的歷史認識中，提到一六八三年，對歐洲史較為熟悉的讀者會聯想到關鍵的維也納圍城戰（亦是軍事革命影響下的產物）；對臺灣史熟稔者，自然會聯想到的就是鄭克塽投降這個對臺灣命運至關重要的事件，或許乍看此書標題還會以為澎湖海戰是本書關鍵之一，實際上此事件僅被匆匆帶過。對於逐漸重視國際觀的臺灣而言，歐洲、東亞以外區域的認識亦值得我們多加關注。

　書寫這篇導讀時，世界發生了一件可能影響世界秩序的巨大事件，俄羅斯在二月二十四日這天入侵烏克蘭。某位學者曾經說過，全球史即帝國史；一九九一年蘇聯解體促使了一股「帝國轉向」的研究熱潮，二〇〇一年的九一一事件也讓「比較帝國史」形成重要領域。所謂的帝國，不僅是軍事、行政上直接控制其他領土的「正式帝國（formal empire）」；通過經濟、政治手段的「非正式帝國（informal empire）」同樣重要。近年來中國、美國、俄國在各方的角力，無不被視為「帝國」的競爭，即便沒有任何國家願意使用「帝國」似乎蘊含負面涵義的詞彙，但從帝國的角度來觀察世界，似乎是避無可避的方式。而近世，同樣也是一種帝國建構出來的歷史。這本書讓我們知曉，在帝國之間流動的人群如何居間生活，進而體會世界。

寫在前頭

今日，諸如「全球史」等從廣闊視野出發、多面向思考世界歷史的史學日益盛行，我們希望能夠立足於最新的學術知識，針對各個時期的「世界」，提供一種新的剖析方式——本叢書就是依循這樣的思維而開展的企畫。我們列舉了堪稱世界歷史重大轉換期的年代，探討該年代各地區的人們過著怎樣的生活、又是如何感受著社會的變遷，將重點放在世界史的共時性來思考這些問題。此即本叢書的核心主旨。

從全球視野來嘗試描繪世界史的樣貌，在今天已經不是什麼稀奇的事，可以說本叢書也是歷史學界在這方面集結努力的其中一環。既然如此，那在這當中，本叢書的目標及特色又是什麼呢？在這篇〈寫在前頭〉中，我們將從幾個面向來試著敘述。

首先要討論的是「轉換期」*一詞代表的意義。若從現在這個時間點回顧過去，每一個時期在「轉換」上的方向性，看起來都會是十分明確的；雖然因為地區不同，而有或早或晚的時間差異及個別的特色，但歷史應該還是會往一定的方向發展吧……？然而，這樣的看法卻很容易讓後來時代的人們在回顧歷史時，陷入認知上的陷阱。對於熟知後來歷史動向的我們而言，歷史的軌跡自然是「只會朝這個方向前進」；既然如此，那如果「不從今天來回顧當時的社會」，而是嘗試「站在當

---

* 配合各冊敘述需要，會斟酌譯成轉換期、轉捩點、轉換關鍵等詞。

時社會的立場來看未來」，情況又會變得如何呢？今天的我們，若是論起預測數十年後或數百年後的世界，應該沒什麼人有自信吧！這點對過去的人們來說，也是一樣的。綜觀當時世界各地人們的生活便會發現，儘管他（她）們深切感受到「世界正在經歷重大變化」，卻又無法預測這股推著自己前進的潮流將通往何處，因此只能在不安與希望當中，做出每一天的選擇。將這種各地區人們的具體經驗相互積累、結合後，歷史上的各個「轉換期」，便會在我們面前呈現出一副比起從今日視點出發、整齊劃一的歷史更加複雜，也更加活潑生動的姿態。

第二是世界史的「共時性」。本叢書的每一冊，都以一個特定的西元年分做為標題。對於這種作法，讀者理所當然會湧現疑問：儘管在這一年的前後數十年甚至數百年間，世界各地呈現了巨大變化，某種程度上也可看出一定的關聯性，但這樣的轉變會是在特定的某一年一口氣突然爆發出來的嗎？就算有好幾個地區同時產生了重大變革，其他地區也不見得就有變革吧？特別是，姑且不論日益全球化的十九、二十世紀，針對古代和中世紀世界史的「共時性」（synchronicity）進行推論，真的有意義嗎？當然，本叢書的編者與作者並不是要強硬主張所謂「嚴密的共時性」，也不是要對每一冊各章的對象僅就該特定年分的狀況加以論述。不僅如此，諸如世界史上的「交流」與「衝突」這類跨地域的變遷，以及在這之中肩負起重要任務的那些人，我們也不特別著墨；畢竟至少在十八世紀以前，絕大多數的人們對於自己生活的地區與國家之外發生了什麼事，幾乎是一無所知。而本叢書的許多章節裡，就是以這樣的普通人為主角。儘管如此，聚焦在特定年分、以此眺望世界各地狀況的作法，仍有其一定的意義——它開創了某種可能性，也就是不以零星四散的方式，而是透過宏觀的視野，針對當時各地區人們直接面對的問題，及其對應方式的多樣性與共通性進行分析。像是大範圍的氣候變遷與疫病，各個地區在同一時期，也可能直接面對「同樣的」問題。不只如此，也有像資訊與技術的傳播、商品的流動等，有著時間差而對世界各地產生影響的現象存在。然而，儘管問題十分類似，各地區的對應方式卻不相同；甚至也有因某些地區的對應，導致相鄰地區做出截然不同的對應態度。此外，面對類似的狀況，某些地區的既有體系因此產生了重大的動搖，但其他地區卻幾乎不受影響，這樣的情形也是存在的。當我們看到這種迥異的應對方式，從而思考為何會這樣的時候，便會對各個社會的特質產生更深一層的理解。儘管將生活在遙遠分離的地區、彼此互不相識的人們稱為「同時代人」，似乎不是件普通的事，但他（她）們確實是生活在同一時間、同一個「當代」（contemporary）的人們；我們所做的，就是讓讀者試著感受箇中的醍醐味。

第三個問題是，「世界史」究竟是什麼？今日，打著「全球史」名號的著作多不勝數；儘管它們都有著超越「國史」框架的共通點，採用的方法卻林林總總、不一而足。有的將氣候變遷、環境與疫病等自然科學方法納入研究取徑，來處理大範圍的歷史；有的利用比較史或系統論方法，將重點放在亞洲，對歐洲中心主義進行批判；此外，還有運用多語言史料的海域交流史，這種有時也被叫做「全球史」。雖然本叢書秉持「世界史的視野」，卻未必會使用「全球史」一詞，而是讓各位作者按照自己的方法執筆，在選擇探討對象上也抱持著開放態度。雖然稱為世界史，但本叢書並未採取將某個年代的世界分成好幾塊、然後對各塊分別撰寫概述的作法，而是在狹窄的範圍內，盡可能提供鮮明生動的實例。因此在每一冊中，我們並不見得徹底網羅了那個年代的「世界」樣貌。乍看之下，這樣的做法或許會讓人覺得是好幾個零星主題胡亂湊在一起，然而，我們也請作者在執筆時不將各冊各章的對象框限在一國或一地區之中，而是以面向世界的開放脈絡來處理它們。「世界」並不是像馬賽克一般集結拼湊，而是像漣漪一般，以具體事例為中心，不斷往外擴散又彼此重合；描繪出這些漣漪彼此碰撞接觸的軌跡，就是本叢書的特色。「世界史」並不是一大堆國別史綁在一起的集合物，也不是事先就預設出一個所謂「世界」這樣的單一框架；相反地，我們認為它是紮根於各個地區的觀點彼此碰撞、對話，而展現出的活潑鮮明姿態。

透過以上三點，我們簡略陳述了本叢書的概念。歷史的宏觀脈動，是上至大政治家和學者，下至庶民，由各個階層的人們共同摸索與選擇所形成的。本叢書的視野雖是全球性的，但並非從超越個別眾人經驗的制高點來鳥瞰世界史的全貌，而是試著從廣泛的、同時代的視野，去比較、檢討那些跟今天的我們一樣，面對不可預測的未來不斷做出選擇的各時代人們的思考和行動方式，從而以這樣的視角，對世界史上的「轉換期」加以重新思考，這就是我們關心的所在。透過這種嘗試，本叢書希望能將歷史發展中宏觀、微觀視角的交錯，以及橫向、縱向伸展的有趣之處，介紹給各位讀者。

本叢書的各冊構成如下：

第1冊　前二二〇年　帝國與世界史的誕生
第2冊　三七八年　崩解的古代帝國秩序
第3冊　七五〇年　普遍世界的鼎立
第4冊　一一八七年　巨大信仰圈的出現
第5冊　一三四八年　氣候不順與生存危機
第6冊　一五七一年　白銀大流通與國家整合
第7冊　一六八三年　近世世界的變貌
第8冊　一七八九年　追求自由的時代
第9冊　一八六一年　改革與試煉的時代
第10冊　一九〇五年　革命的浪潮與團結的夢想
第11冊　一九一九年　邁向現代的摸索

各冊除了每一章的主要敘述外，還收錄了簡短的補充說明「專欄」，開頭也編入概觀全書樣貌的「總論」。除此之外，扉頁設有地圖，書末附有參考文獻，希望能對各位讀者有所幫助。

「歷史的轉換期」叢書監修　木村靖二・岸本美緒・小松久男

歷史的
轉換期

07

1683年
近世世界的變貌
近世世界の変容

Turning Points in World History

總論　近世世界的變貌*

島田龍登

世界史的一六八〇年代

一六八三年，以臺灣為根據地，企圖復興明朝的鄭氏王朝歸降清朝。鄭氏王朝的統治者是鄭克塽（一六七〇～一七〇七年）。身為鄭成功孫子的他，當時不過是個十來歲的少年，非常年輕。不過，這位年輕人的歸降，正象徵著歷史的轉換期。

一心以復興漢族建立的明朝為己志的鄭成功，一六二四年生於日本平戶。鄭成功的父親是鄭芝龍（一六〇四～一六六一年），母親是住在平戶的田川松。鄭芝龍是「後期倭寇」† 的一員，原本從事朱印船貿易，在李旦麾下工作，而李旦的根據地就是平戶。李旦是後期倭寇代表頭目王直的部下之一，死於一六二五年，此後鄭芝龍便成為李旦的接班人。鄭芝龍將平戶當成據點之一，在東海從

---

* 本書所稱之「近世」一詞為日本史學界專有用詞，概念相當於英文的 early modern，臺灣較通用的譯詞有「近代早期」、「近古」等等。為忠實呈現編者對日本史學界時代分期的討論脈絡，本處沿用日文用詞。至於「中世」一詞則譯為「中古」或「中世紀」，特此說明。

† 倭寇為十三至十六世紀在東亞地區劫掠沿海城市的武裝海商集團。前期倭寇以日本人為主，起因為反抗蒙古人侵略，故以倭寇稱之；後期倭寇則包含了華人及朝鮮人，跟明代海禁政策的實施有關。

事海上貿易。另一方面，其子鄭成功繼承父業，繼續從事海上貿易，在明末清初高舉反清旗幟，誓言復興明朝。即使後來反清復明行動在中國大陸受挫，他仍舊不放棄，將荷蘭人趕出臺灣，並以臺灣為基地繼續自己的事業。

鄭芝龍和鄭成功父子可說是生存在一個波瀾萬丈的時代。不過，他們也是後期倭寇創造出的東亞國際貿易熱潮逐漸平息、最終消散的代表性人物。鄭芝龍是繼王直、李旦之後接班的後期倭寇頭目，是引領東亞海域國際貿易熱潮的重要人物。儘管如此，他的曾孫鄭克塽最後不得不降清，曾盛行於東亞海域、創下璀璨時代的國際貿易熱潮也就此走向盡頭。

一六八三年鄭氏王朝倒台，動盪的時代趨於平靜。鄭氏王朝降清後，東亞可說是邁入了和平。隔年一六八四年，清朝頒布《展海令》，允許中國人出海經商。自此之後，來自中國的商人紛紛乘著戎克船，浩浩蕩蕩地造訪日本長崎。由於開往日本的船隻多到無法計數掌控，清政府遂決定緊縮對日貿易；與其透過海外貿易獲利，清朝毋寧選擇了貿易限制這條路。這項政策原則上一直持續到十八世紀，過去仰賴進口的生絲，也開始走國產化路線，自產自足。

從世界史的觀點來看，一六八三年是動盪的近世前期宣告終結的一年。不只是鄭氏王朝滅亡，同樣在一六八三年，鄂圖曼帝國軍隊開始攻打哈布斯堡王朝（Haus Habsburg）首都維也納，圍困維也納大約兩個月，最後鄂圖曼帝國仍然戰敗了。這是第二次圍困維也納（Siege of Vienna）。第一次圍困維也納發生在一五二九年，當時鄂圖曼帝國是獲勝的。時任君主蘇萊曼一世（Suleiman I）率領大軍包圍維也納，雖然維也納沒有被攻陷，但這場戰役鞏固了鄂圖曼帝國統治巴爾幹半島的基礎，也迎來了帝國的巔峰期。第一次圍困維也納獲勝、第二次圍困維也納卻敗北，由此可看出歐亞之間的勢力消長。權傾一時的鄂圖曼帝國已走向衰敗之路，而歐洲在擺脫鄂圖曼帝國的箝制後，也養精蓄銳儲備實力，準備好要領導世界。

無論如何，明清之間也出現了改朝換代的轉變，曾雄霸歐亞大陸東西兩側的明朝與鄂圖曼帝國兩大巨頭式微，世界權力平衡出現變化。一六八三年就是世界權力平衡丕變最具代表性的一年。事實上，一六八〇年代世界各地都經歷了巨大的改變。誠如本冊後面章節闡述的內容，一六八三年，尚—巴蒂斯特·柯爾貝*在法國逝世；另一方面，與母國貿易的西班牙殖民據點，墨西哥的港口城市維拉克魯茲（Veracruz），也被海盜掠奪占據。不只如此，五年後的一六八八年，發生了幾件象徵時代變遷的大事。其一是英格蘭的光榮革命，詹姆士二世（James II of England and Ireland）在此事件中失勢。詹姆士二世遠嫁荷蘭的女兒瑪麗二世（Mary II），與丈夫前荷蘭省督（Stadtholder）威廉三世（William III）回到英格蘭登基為女王和國王，共同治理不列顛群島。光榮革命結束後，頒布了著名的《一六八九年權利法案》（*Bill of Rights 1689*）。不過，光榮革命讓荷蘭省督當上英格蘭國王，象徵歐洲的霸權從荷蘭轉移到英格蘭，這一點絕對不能忘記。

此外，推動暹羅外交與貿易多方發展的阿瑜陀耶王國（Anachak Ayutthaya）那萊王（King Narai

---

* Jean-Baptiste Colbert，路易十四時期的法國財務大臣，重商主義時期的代表人物。他追求國家富強，鼓勵政府累積金銀貴金屬，提高關稅保護本國產業，也大力推動殖民地事業並擴張對外貿易。

the Great），在一六八八年薨逝。那萊王不只派遣使節前往亞洲，也遣使到歐洲各國建立外交關係。雖說是重視外交，但他堅持採取能獲得實質利益的策略，而非建立表面上的關係。那萊王希望外國商人和暹羅做生意，推動國際貿易，進一步拓展阿瑜陀耶王國的港市國家地位。誠如本卷第一章所述，那萊王死後，阿瑜陀耶王國的國際貿易出現了很大的變化。暹羅開始轉與經濟日益成長的中國合作，與西方各國（例如法國）之間的貿易轉淡，只跟荷蘭東印度公司做生意。那萊王的薨逝不單純只是一位東南亞港市國家君主的死亡，也象徵著亞洲海上貿易平衡的轉變。

從結果來看，一六八〇年代發生在世界各地的事件具有象徵意義，在所謂的「近世」這個時代，讓社會本質產生了全球性規模的變遷。本冊的目的就是透過各種事例，來探討十七世紀後半近世世界的變貌，並從中看出全球化現象。

全球史與時代區分

全球史（global history）原先的意義，是從全球視角俯瞰整個人類的歷史。本系列以時間序橫切世界史，盡可能不讓全球史的概念存在其中。不過，本冊刻意以全球史的角度呈現，將一六八三年或十七世紀後半設定為世界史的其中一個轉換期，以共時性的角度來觀察世界各地都產生了什麼樣的變化。不可否認地，從共時性的角度思考世界史，是一件很難的事情，但分析出世界各地幾乎同一時期都呈現相同趨勢的變化，就能形塑出一個單一的全球史。

儘管這幾年學界十分推崇全球史，但現在並沒有明確且普遍認可的全球史時代區分。就全球史研究的現狀來看，從全球角度檢視歷史這件事本身有其意義，但要在時代區分議題上取得共識，想必還有一段路要走。唯一可以確定的是，全球史不能只單純看成全球化的歷史；以整個地球的角度檢視歷史，與了解全球化的過程，這兩件事不一定完全一致。硬要說的話，全球化的歷史分析不過是全球史研究的一部分罷了。請各位格外留意這兩點。接下來將從考察全球化的全球史觀點出發，來思考本冊採用的時代區分。

現今歷史學的時代區分通常是以地區或國家為單位。以地區別為例，是以西歐、西亞等類別為單位，再從中劃分出各時期。若以各國史為主題，則大分類就是英國史、法國史、阿拉伯史、伊朗史等國別史。地區別或國家別的歷史研究若再各自劃分出時期，即使是同一時期，有時也會出現在這個地區是古代、相鄰的另一個地區屬於中世紀的情形。此外，即使是針對特定地區或國家的歷史研究，也會受到研究者與學派影響，而出現截然不同的時代區分。舉例來說，日本的中國史研究分成兩大學派，一派承認近世，另一派則不接受「近世」的時代區分。再以印度史為例，過去的劃分慣例是古代、中古與近代，然而這幾年也興起了印度近世時期的劃分，呼應著歷史修正主義*的風潮。無論如何，基本上所謂的「時代區分」是用來顯示社會發生了什麼樣的變化，並以此為指標區分出各個時期。以往歷史唯物主義（又稱唯物史觀）蔚為主流，便以生產方式衍生出的社會生產關

* historical revisionism，根據以往被忽略的證據，重新解讀主流的歷史觀點。

係為劃分時代的指標；指標一旦不同，時代劃分就會變得多樣。

話說回來，全球史應該使用什麼樣的指標劃分時代才適切？在此情況下，當然是要以全球化的歷史來劃分；不過，目前並不存在人們普遍認知的全球化時代區分，因此只能由研究者們提出各自的劃分方式。雖然在某種程度上這是一項大工程，但也是它吸引人的地方。

在思考時代區分的指標時，有些社會已經是中世紀，同一時期的另一個社會卻仍是古代，這樣的劃分方式總讓人覺得困惑，而且也會讓一般人產生某個社會「很進步」、某個社會「很落後」的認知。至少，筆者個人懷疑這樣的指標是否適合運用在全球史的時代區分上。我認為最好的方式就是創造新的指標或標準，用來劃分全球史的時代。話說回來，著重於整個地球的共時性觀點，正是全球史研究的意義之一。無論是看似進步或落後的社會，都在同一時間共存於地球上。既然如此，強調在同一個時代裡存在著各式各樣的社會，不也是種很棒的看法嗎？因此，不如就將全球化的進步程度當成時代區分的指標吧。將人群的遷移、物品的流動與資訊的傳遞方式如何在整個地球進行，當成劃分時代的度量衡。確定上述標準後，歷史上所說的大航海時代，就成了揭開一個時代序幕的重大分割線。大航海時代真正串連起地球上包含美洲大陸在內的所有社會，推動了全球化的進展。

全球史的近世

全球史的時代區分裡，將「哥倫布大交換」（Columbian Exchange）開始之後的時代視為廣義的近代。對現在的我們而言，「舊大陸」、「新大陸」這類名稱似乎有些老派，原因很簡單：將美洲大陸稱為「新大陸」必非出自中立的角度，這不過是歐洲國家自己的看法罷了。話說回來，被稱為「舊大陸」的亞洲、非洲與歐洲大陸（也就是歐亞非大陸），與「新大陸」（也就是美洲大陸）之間宛如有機體一般的連結，這點頗具意義。從非洲遠渡大西洋的黑奴，以及來自歐洲的移民，這些人群的遷徙與伴隨而來的連鎖反應，為兩個大陸帶來了新物種。馬鈴薯、番薯、玉米、辣椒、菸草等原產於美洲大陸的作物，哥倫布大交換使這些物種迅速傳入歐亞非大陸。另一方面，美洲也開始引入並大規模生產甘蔗和咖啡，銷往歐洲市場。當然，物品的流動不只限於引進新作物。從十六世紀開始，日本與中南美洲大量生產的白銀也開始流通全世界。無論是全球規模或日常生活的小型市場，貿易和商業活動都愈來愈發達。一旦貿易與商業活動發達，就會刺激生產，經濟作物和商品的生產愈來愈多，各地區的社會也產生極大變化。不只是物品，人群的移動也變得頻繁，資訊交流當然也更加活躍。歐洲人到世界各地旅行，撰寫旅遊見聞，出版了無數遊記。基督教開始在世界各地傳布，為了與之抗衡，基督教以外的宗教也越發興盛。

不僅如此，從全球史觀點來看，十五世紀末期可說是廣義近代的開始。英語的近代是 modern period，近代較為早期的階段稱為 early modern，也就是近世（又稱為近代早期），十九世紀後半的一八七〇年左右，則是狹義近代的起始點。之所以將一八七〇年左右定為狹義近代的起始點，是因為全球化的速度從這時起急速加快。從人群遷徙與物品流通的角度來看，蒸汽船的出現促進了全球往來；過去人類只能靠仰賴風力的帆船遊走世界，有了蒸汽船之後，往來頻率完全提升了一個等級。事實上，一八六九年蘇伊士運河開通，蒸汽船往來亞洲各地，大幅取代了原先的帆船貿易，貿易量與人群流動也出現爆發性成長。此外，從資訊流通的角度來看，十九世紀後半世界各地鋪設了通訊電纜，促進資訊的傳遞。多佛海峽在十九世紀中期就鋪設了海底電纜，一八七一年鋪設到長崎，自此包括亞洲在內，全世界都鋪設了電纜。

如上所述，近代早期也就是近世，始自十五世紀末到一八七〇年左右，前後長達三百七十年。而緊接著的狹義近代，至今也不過一百五十年的光景。近代可以說非常短，但若從全球化在這一百五十年內突飛猛進的現況來看，漫長的近世與短促的狹義近代，這種時代區分方式也算合理。話說回來，近世長達將近四百年，實際上可分成兩個時期。以近世中的一六八〇年代為界，之前屬於近世前期，之後則是近世後期，又稱「漫長的十八世紀」（long eighteenth century）。本冊標榜一六八三年為歷史轉捩點之一的原因就在此，這個漫長的近世以一六八三年為分界點，區分成近世前期與近世後期。

白銀大量生產與大規模流通的現象，建立起近世前期的世界秩序。十六世紀前半，全球紛紛大量開採銀礦，日本開挖石見銀山，生產的白銀出口至亞洲，其中以中國為最大宗。另一方面，一五四〇年代美洲也開始開採銀礦，如今玻利維亞的波托西銀山、墨西哥的薩卡特卡斯銀山等，西班牙統治下最具代表性的中南美洲銀山，都是在這個時期開發出來的。美洲生產的白銀有一部分透過西班牙人流入歐洲，部分再藉由陸路與海路流入亞洲。此外，另一部分美洲生產的白銀從阿卡普科港（Acapulco）橫渡太平洋，進入當時為西班牙領地的菲律賓馬尼拉。這就是所謂的馬尼拉大帆船貿易（Manila Galleon）。從馬尼拉出口的白銀主要流入中國。在當時，白銀只要一生產出來，通常不會留在原產國，而是往西或往東出口流通全世界，再通往中國。

儘管這種白銀流通全球、刺激世界經濟的模式始自十六世紀中期，但過了一百年，到了十七世紀後期，就無法再樂觀看待這樣的模式。不可否認，近世前期白銀的流通確實刺激了世界經濟，但這樣的刺激在不知不覺間滲透至世界各地社會角落，在背後默默支撐百姓生活的各個微觀社會也準備迎向改變。簡單來說，這種社會樣貌的開始改變，宣告了近世後期「漫長十八世紀」的開始。

「漫長十八世紀」的開始

老實說，近世後期「漫長的十八世紀」十分平淡。然而，就在這種平淡低調的改變下，社會逐步發展出帶有近世風格的成熟面貌。十七世紀中期以降，整體社會開始從華麗燦爛轉為實質富饒。誠如第一章所述，大航海時代揭開了近世前期的序幕，從國際貿易所販售的商品來看，這可說是一個奢侈品貿易的時代。白銀在全球流通，當時昂貴的辛香料和生絲也蔚為流行。另一方面，近世後期「漫長的十八世紀」也是大宗商品的貿易時代，這個時代的貿易以價格低廉、數量龐大的商品為主流。簡單來說，近世前期的國際貿易是由消費得起奢侈品的有錢人支撐起來的遠距離貿易，到了近世後期轉為以庶民消費品為主。在這個「漫長的十八世紀」，世界各地都迎向了所謂的庶民時代，發展出具備一定成熟度的小康生活，建立了帶有近世特色的地域社會。「近世世界的成熟」這個用語或這類想法來自日本史學家荒野泰典，筆者認為這也適用於世界史的通論，應加以討論才是。

不可否認，近世後期臻至成熟的社會雖然冠上了「成熟」二字，但大體上依舊是個實施身分制的社會。從現代人的觀點來看，並不是值得大加讚揚的社會型態。不過，實施身分制的社會通常限制了人民自由，人類從這樣的社會制度找出矛盾，打破現狀，進而誕生了新的社會型態。近世後期的貢獻，就是提供了新的世界基礎，這點無庸置疑。

不僅如此，同樣是貿易，「漫長的十八世紀」還有另一個重點。那就是比起除了貿易獲利之外也著重傳教的葡萄牙，徹頭徹尾以做生意為主的荷蘭東印度公司在整個十七世紀的亞洲海上貿易擴展勢力，堪稱是最能體現時代變化的象徵。從某程度來說，整個社會樂見敏銳高效率的組織運作，也優先追求富饒的物質生活。

順帶一提，在近世後期這個時代裡，世界各地的社會邁入了近世化的成熟，卻無法滿足人們的所有欲望。欲望是無窮的。應該說，世界各地的人們開始追求各種自由，包括政治自由與經濟活動的自由等等。不只是美國獨立或法國大革命，亞洲各地也發生了同樣的事情。此外，逐漸成熟的社會將進一步致力於推動各種發展，讓社會更加進步。英國工業革命就在是這樣的情形下誕生。

英國工業革命在世界史的意義無以計數，就像學者彭慕蘭（Kenneth L. Pomeranz）與羅伯特．艾倫（Robert Carson Allen）這幾年所說的，其中最重要的是使用煤炭，也就是化石燃料。當時發明出蒸汽機關，加以改良，成為機器生產的動力來源。從結果來說，十八世紀社會的成熟，使得英國成功實現工業革命；在這樣的時代裡，也促使人們進一步追求自由。關於這一點，將在本系列的下一冊，也就是第八冊《一七八九年．追求自由的時代》中詳細討論。

十七世紀後期的變動與社會

本冊以十七世紀為討論對象，並聚焦在一六八三年，分析十七世紀後期世界各地的社會變貌。總體來說，燦爛輝煌的泡沫時代告終，世界慢慢邁向成熟，這一點相當明確。換言之，近世社會的樣貌逐漸改變，進入有「漫長的十八世紀」之稱的近世後期，全球各地的社會日益成熟，催生近代萌芽的時代正式登場。

第一章〈亞洲海上貿易的轉變〉，討論重點放在十七世紀後期，發生在海洋亞洲*的貿易活動變化。首先探討荷蘭東印度公司在亞洲地區的貿易狀況，並綜觀中國戎克船貿易的興起及阿瑜陀耶

* Martime Asia，日文為海域アジア，意指在歷史發展過程中，跟海洋有密切關係的亞洲大陸和島嶼，包括中國沿海、臺灣、日本、琉球、海洋東南亞等地。

王國的海外貿易等例子，藉以探討亞洲商人所建構的貿易網絡之重要性，與亞洲各地政權的貿易活動。接著，將剖析歐洲和亞洲間貿易商品組成的變化，來闡述十七世紀末整體「亞洲貿易」產生的大幅改變。總的來說，在此之前是以白銀貿易為代表，奢侈品為主、華麗燦爛的商業時代。不過到了十七世紀後期，平民百姓的消費品也成了海上貿易的主角。不僅如此，就連海洋亞洲各地的生產方式都跟著改變。隨著國際貿易的速度加快，也產生了質的變化。

第二章〈從亞美尼亞改宗者的經歷透視宗教與近世社會〉則是從宗教觀點，分析社會樣貌的變遷。主角是位名為阿布加爾（Abgar）的亞美尼亞人。阿布加爾出生於薩法維帝國*時期，伊朗王都伊斯法罕（Isfahan）近郊的新朱法區（New Julfa）。新朱法是篤信基督教的亞美尼亞人居住的城鎮。阿布加爾一出生就是個亞美尼亞基督徒，但從很年輕的時候就改信伊斯蘭教。他出生商賈之家，改信伊斯蘭教讓他的家人十分憂慮；幾經勸說下，他被送到親戚居住的鄂圖曼帝國轄下的港都伊茲密爾（Izmir）。此後，他遊歷了義大利的威尼斯、伊斯坦堡、亞美尼亞的葉里溫等地，最後回到伊斯法罕。在漫長的遊歷生涯中，他一輩子都夾在天主教會與亞美尼亞教會的基督教宗派，以及什葉伊斯蘭（Shi'i Islam，後簡稱什葉派）與順尼伊斯蘭（Sunni Islam，後簡稱順尼派）等伊斯蘭教的宗派之間，進退失據。本章阿布加爾的親身經歷為根據，概觀亞美尼亞人的商業網絡，描繪出十七世紀從西亞到地中海北部的各個社會，是如何喪失了宗教寬容之心。

第三章〈海盜與原住民是最大煩惱：西班牙領土猶加敦半島殖民地〉將視角移至美洲大陸，探討西班牙殖民地社會問題。從一六三〇年代起，中南美洲西班牙殖民地的白銀產量減少，上貢給母國王室的金額也跟著衰退。在這樣的條件下，殖民地當局深受兩大問題所苦。第一個問題是海盜的襲擊。種植園（Plantation）契約勞工、歐洲人船員與非洲黑奴逃逸後過著居無定所的生活，這些人被稱為海盜（buccaneer）。他們結黨營私，以掠奪他人財物維生。第二個問題則是當地原住民不喜歡西班牙的統治，紛紛逃入猶加敦半島南部的森林地帶。當原住民逃亡人數日漸增加，他們提供的貢賦和勞役就會減少，進而導致殖民地經濟停滯不前。殖民地當局為了解決這兩大問題，究竟實施了什麼樣的對策？從十七世紀末開始的一連串改變，使得殖民地從一個向歐美國家提供初級產品的附屬社會，形塑成十九世紀那般的殖民地經濟。

第四章〈中國福建省的社會空間〉以十七世紀的中國為例，探討地域社會的空間。這裡所稱的中國社會，是位於東南部的福建省。明末清初之際，福建處於十分動盪的狀態。中國南部也被納入清朝的統治範圍，南明流亡政府一一被消滅，福建在一六七三年發生了三藩之亂。此外，隔著海峽相鄰的臺灣又有鄭氏政權盤據。在這樣的亂世之中，福建省的地方社會呈現怎樣的狀態呢？本章將聚焦於清朝官員汀州府知府王廷掄，以及地方士大夫李世熊等人物，加上當地的商賈活動、地主與佃戶的關係等各種社會面向，闡明十七世紀後期如何沿襲迄今為止的時代，建構出在某種意義上重層而豐富的社會空間。

第五章〈近世西歐各國的美國殖民地體制的法律與經濟〉以法律和經濟為主題，探討西歐、尤

＊ Safavid dynasty，中文世界亦使用薩非王朝、薩法維王朝等譯詞。

其是英國的實際案例。具體來說，是以英國西印度貿易的各種政策為分析對象。首先，將詳細討論英國多次頒布的航海法（The Navigation Acts）。航海法是從一六五一年起，歷經數百年修訂的法案。最初立法的目的是為了排除荷蘭船的轉口貿易，後來逐漸演變成讓英國本土成為所有殖民地貿易的中繼站。這件事也是荷蘭霸權轉移至英國霸權的根本原因。本章將分析十七世紀的五個航海法，並解析十八世紀的變化。同時，也將探討西班牙、法國的殖民地體制與英國之間的關係，放眼非洲和美洲，將整個大西洋貿易圈納入分析。最後，則會綜觀十八世紀後期以降英國開設自由港，與十九世紀以後的自由貿易主義，方便讀者接著閱讀本系列第八冊《一七八九年．追求自由的時代》。

誠如以上所述，本書從海洋亞洲貿易，以及歐亞之間的遠距離貿易揭開序幕，介紹花了一輩子從伊朗遊歷至南歐的改宗者，接著探討西班牙統治時代的猶加敦半島與殖民地統治現況。不僅如此，在分析過中國福建地域社會的重層社會空間、這個相對較小的地區之後，再接著探討以英國為中心、與西歐大西洋貿易有關的法律和政策變遷。乍看之下，各位可能會誤以為全球史就是追尋世界各地的歷史，但本冊將重點放在十七世紀後期，探討世界各地的社會變貌。簡單來說，就是從近世前期進入近世後期，從白銀所象徵的璀璨社會，邁入如同黃銅給人的印象一般、以平民百姓為社會主體的時代。隨著近世社會逐漸成熟，一個為迅速轉入近代而做準備的社會早已開啟。為驗證近世社會的演變過程，在本冊各章納入了貿易、宗教、統治、社會空間、法律與經濟等各個面向。這樣的分析方法正是全球史的嘗試之一。

第一章　亞洲海上貿易的轉變

島田龍登

1　荷蘭的亞洲貿易

荷蘭東印度公司的誕生

在歐洲史上，十七世紀被稱為荷蘭的黃金時代（Gouden Eeuw）。荷蘭是從整個南歐到北歐海上貿易的中心城市，也是通往歐洲內陸的河運要衝。荷蘭於一五六八年發起獨立戰爭，企圖脫離西班牙統治；一五八五年安特衛普被西班牙攻陷，阿姆斯特丹遂取代安特衛普，邁向繁榮之路。許多追求自由的人們，包括法國支持喀爾文主義的胡格諾派新教信徒、西班牙改宗的猶太人，以及亞美尼亞人等等陸續移居荷蘭，尤其是阿姆斯特丹。在證券交易所（一六〇二年）與轉帳銀行（一六〇九年）相繼設立之後，阿姆斯特丹躍升為國際商業的一大中心。脫離西班牙獨立的荷蘭，正式名稱為尼德蘭七省聯合共和國（Republiek der Zeven Verenigde Nederlanden, 1581-1795），施行共和制而非君主制，由各州代表組成的聯邦議會擁有國家的最高權限。

荷蘭在歷史上的重要性並不局限於西歐地區。包括東印度和西印度，在世界史上的地位也極為重要。荷蘭在進出西印度、也就是美洲大陸的同時，也在東印度亦即海洋亞洲成立了大型商業公司

「荷蘭東印度公司」（Vereenigde Oost-Indische Compagnie，簡稱VOC），發展貿易事業。早在十五世紀末，葡萄牙就已進出海洋亞洲，在印度的果亞、馬來半島的麻六甲、中國南方的澳門等地建立殖民城市，就連阿瑜陀耶王國等在地王權統治下的港市，也設有葡萄牙的商業據點（商館）。

一六〇二年，荷蘭東印度公司獲得聯邦議會的特許正式成立。當時荷蘭的經濟蓬勃發展，資金相當雄厚，比起一六〇〇年成立的英國東印度公司投注了更多資金。而且，荷蘭東印度公司以永續經營為前提，不像英國東印度公司每完成一次航行就結算解散一次。荷蘭東印度公司將利潤留在公司從事投資，此外也引進董事和股東等有限責任制，結合了一部分近代的企業制度。獲得聯邦議會的成立特許，代表這家公司能取得各項權利；但其中最重要的意義在於，荷蘭東印度公司是唯一可以在好望角以東、麥哲倫海峽以西的亞洲太平洋地區，與荷蘭本國從事貿易的公司。換句話說，在荷蘭母國內，只有荷蘭東印度公司得到官方許可，可以在荷蘭與海洋亞洲之間從事貿易活動。不僅如此，荷蘭東印度公司還能發行公司專屬的貨幣、興建要塞、被別人攻擊時可以發動戰爭自衛、與亞洲在地政權簽訂條約等，在亞洲享有相當於一個國家的權利。

荷蘭的亞洲區間貿易

荷蘭東印度公司就這樣正式進軍海洋亞洲。當時葡萄牙在海洋亞洲擁有許多權益，荷蘭東印度公司做了許多嘗試，想要突破現狀。在此以日本為例來說明。葡萄牙從十六世紀起就與日本做

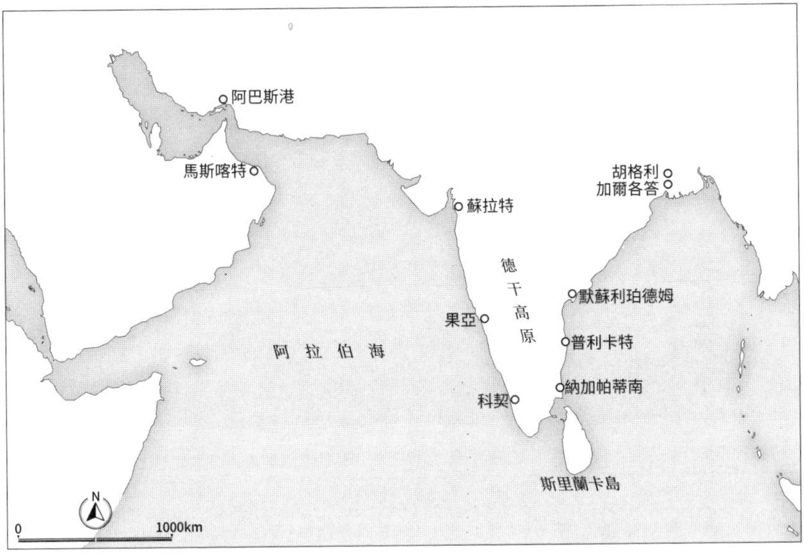

印度洋、阿拉伯海各城市

生意，十七世紀初還在長崎設立據點，從事大規模貿易。另一方面，荷蘭在平戶設立商館，但跟長崎的葡萄牙貿易相比，規模相當小。後來日本實施嚴格的基督教禁令，禁止日本人與葡萄牙人做生意，讓荷蘭商人趁機崛起。一六四一年，荷蘭東印度公司將商館從平戶遷到長崎出島。在江戶時代的鎖國體制下，荷蘭成為歐洲唯一可以和日本貿易的國家。

日本與荷蘭之間的貿易是怎樣的情形呢？提到日本與荷蘭的貿易，大家的印象都是日本商品出口至荷蘭，荷蘭與歐洲商品則銷往日本。不可否認，日本與荷蘭之間確實有貿易往來，但日本的荷蘭貿易，事實上是日本與亞洲各國的貿易，而且是透過荷蘭東印度公司執行。

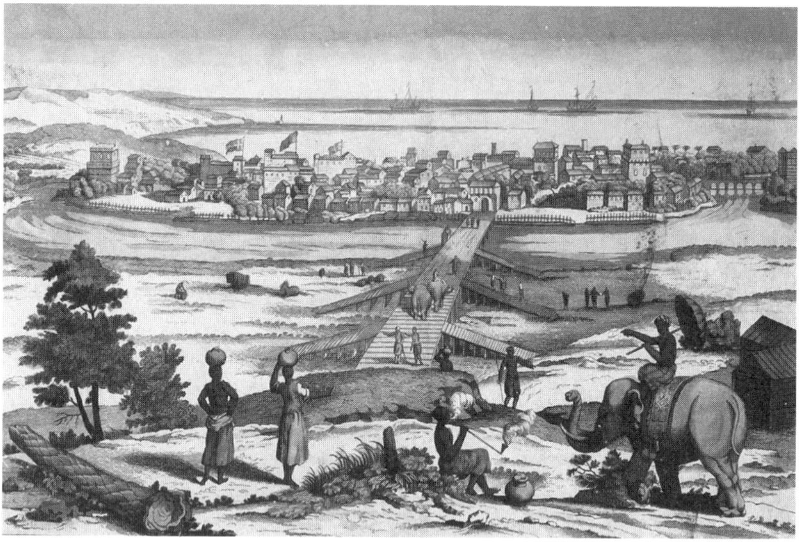

圖 1-1　十六至十七世紀德干高原顧特卜朝的外港，默蘇利珀德姆
面向孟加拉灣，包括荷蘭在內的許多外國商人齊聚於此，採購棉織品。

圖 1-2　刻著荷蘭東印度公司社章的貨幣
這是在荷蘭國內鑄造的錢幣，專門輸出至亞洲使用。這些貨幣可在亞洲各國使用，但大多數狀況下，這些貨幣會被亞洲在地政權的鑄造所鎔鑄，重新鑄成當地貨幣。

舉例來說，十七世紀前期，日本出口商品以白銀為大宗。荷蘭在臺灣臺南*設置熱蘭遮城，先將日本白銀送往臺南的據點，再從臺南將中國製生絲引進日本。這些生絲不是在臺灣生產的，而是中國商人將生絲從中國運至臺南。這些中國商人適用生絲換日本的銀，換句話說，臺南是日中之間轉口貿易的據點。當時荷蘭未能成功在中國設立據點，因此才選擇在臺灣做為中繼站。

此外，像這樣的轉口貿易，不過是荷蘭東印度公司在亞洲內部進行的區間貿易之一環，相信各位能明白這一點。

荷蘭東印度公司在一六二四到一六六二年於臺南設立據點，最後被企圖反清復明的鄭氏勢力趕出臺灣，以臺灣為中介的日中轉口貿易也就此斷絕。

話說回來，日本白銀不只在臺灣轉口貿易，也運送到印度洋一帶。荷蘭東印度公司在印度洋各地設立許多據點，蒙兀兒帝國統治下位於印度次大陸西北部的港口城市蘇拉特（Surat），成為十七世紀前期最重要的港口。從腹地源源不斷供應的棉織品和靛青染料，讓世界各國的海上商賈齊聚蘇拉特；從該港出口的物品中，棉織品是荷蘭東印度公司最重要的商品，主要銷往東南亞各地。

順帶一提，荷蘭東印度公司在印度洋地區的據點不只蘇拉特。胡格利河流經位於印度次大陸東北部，也就是現在的加爾各答，以及位於加爾各答上游的胡格利城（Hooghly），都有荷蘭東印度公司的據點。此外，包括科契（Kochi）在內，次大陸西南部馬拉巴爾海岸各地，以及次大陸東南部科羅曼德海岸的默蘇利珀德姆（Machilipatnam）、普利卡特（Pulicat）、納加帕提南

＊ 臺南為作者原用詞。當時荷蘭人以「大員」（Tayouan）一詞稱呼現今臺南市安平區臺江內海一帶，特此說明。

（Nagapattinam）等地，也有無數商館與行政機關。

默蘇利珀德姆是顧特卜朝（The Qutb Shahi dynasty，又稱戈爾康達蘇丹國〔Golconda sultanate〕）的外港，由在地政權統治，外國商人在當地政權的庇護下於該處設立商館。相較之下，普利卡特及納加帕提南則是荷蘭東印度公司治下的殖民城市。各位不要忘記，以斯里蘭卡（錫蘭）的荷屬殖民城市可倫坡（Columbo）為中心的島嶼沿岸，全都在荷蘭東印度公司的掌控下。荷蘭東印度公司控制斯里蘭卡，並非要像在印度次大陸那般購入棉織品，而是為了在斯里蘭卡栽種出口用的肉桂。總之，南亞各地包括蘇拉特、孟加拉、科羅曼德地區都是棉織品的產地，對荷蘭東印度公司來說十分重要。

如上所述，在印度購入的棉織品會運往東南亞各地銷售。其中一部分的印度棉織品是用來換取東南亞的香料，另一部分則是以東南亞特產的名義銷往日本。十七世紀荷蘭東印度公司經手的東南亞特產，包括泰國*的鹿皮、鯊魚皮、蘇木以及爪哇的砂糖等，這些都是要銷往日本的特產。為了在泰國換取上述商品，荷蘭東印度公司必須先購買印度產的棉織品。

串連起亞洲各據點的貿易，稱為亞洲區間貿易或亞洲間貿易（Intra-Asian trade）。以臺南為中繼站的日中轉口貿易屬於亞洲區間貿易，由日本、印度、東南亞形成的三角貿易也屬於亞洲區間貿易。無論如何，對荷蘭東印度公司來說，亞洲區間貿易是公司業務的兩大支柱之一。另一根柱子則是連結歐洲與亞洲的貿易（歐亞貿易）。荷蘭東印度公司在亞洲區間貿易賺了錢之後，再將部分利潤轉為採購資金，用來購買銷往歐洲市場的商品。這個做法可以減少從荷蘭母國攜出的白銀量。

觀察荷蘭東印度公司從母國攜出的白銀等相關貴金屬的演變趨勢，有個令人玩味的現象。從一六一〇到一六八〇年，以十年為單位，可以看出從荷蘭攜往亞洲的貴金屬大約是一千萬荷蘭盾。換算下來，每年約為一百萬荷蘭盾。若更詳細比較每十年的變化，就會發現一六三〇到一六六〇年代，每年減少了一百萬荷蘭盾，這就是日本白銀帶來的效果。荷蘭東印度公司在這個時期從日本拿到大量的白銀，才能相對減少從母國攜出的貴金屬數量。順帶一提，一六八〇年之後從荷蘭母國攜出的白銀量突然暴增，整個十八世紀的數量是十七世紀的四到六倍。這一點將在後方章節詳述，但究其原因在於十七世紀末以降，歐亞貿易的整體數量出現了飛躍性的成長。

一六二〇年前後的四件大事

巧妙結合亞洲區間貿易與歐亞貿易這兩種型態，以獲取龐大利潤，這樣的商業模式在一六二〇年左右成形。話說回來，荷蘭東印度公司在一六一六年於印度的蘇拉特設置商館，此舉也讓公司可以穩定收購蘇拉特腹地城市所生產的棉織品。此外，幾乎在同一時期，荷蘭人在東南亞與東亞做了三件重要的大事，促使荷蘭東印度公司發展出成功的商業模式。

＊本章作者大量使用「タイ」稱呼阿瑜陀耶王朝及所在地，然當時該王朝及地區的名稱為暹（シャム，Siam，漢語多稱暹羅）。為保留作者原用詞，故均譯為泰國，特此說明。

期間	出口額	期間	出口額
1602-1610	5,207,000	1700-1710	39,275,000
1610-1620	10,186,000	1710-1720	38,827,000
1630-1640	12,360,000	1720-1730	66,030,000
1640-1650	8,500,000	1730-1740	40,124,000
1650-1660	9,200,000	1740-1750	38,275,000
1660-1670	8,400,000	1750-1760	58,396,000
1670-1680	12,100,000	1760-1770	53,542,000
1680-1690	11,295,000	1770-1780	48,317,000
1690-1700	19,720,000	1780-1790	47,896,000

荷蘭東印度公司的貴金屬出口額

主要出口為白銀，每年有許多白銀流入亞洲。十八世紀白銀的出口量膨脹了數倍。

出處：Gaastra, Femme S., *The Dutch East India Company: Expansion and Decline*, Zuphen: Walburg Pers, 2003.

荷蘭人在東南亞做的第一件大事，是建設並發展了殖民城市巴達維亞（Batavia）。一六一九年，荷蘭東印度公司取得當地領主許可，在現今的雅加達一帶興建商館，開始建設城市。總督等荷蘭東印度公司幹部進駐建設完成的巴達維亞，更在周邊興建了城牆圍起城市。除了將亞洲地區的最高指揮中心設在巴達維亞，方便公司執行業務之外，巴達維亞也發揮了結合亞洲區間貿易與歐亞貿易這兩種貿易型態的據點功能。巴達維亞是連結歐洲與亞洲貿易的重要核心，來自荷蘭的船隻會停在巴達維亞，採購亞洲商品後，再銷往歐洲市場。當然，這些亞洲商品會事先從各地運至巴達維亞，待價而沽。另一方面，巴達維亞也是亞洲區間貿易的重要據點。各位可留意一點，巴達維亞的位置就在麻六甲海峽附近。夏季的風由南往北吹，商船即從此處前往東亞和南亞各地；冬季的風從北往南吹，商船就從東亞和南亞各地出發，回到巴達維亞。無論是從貿易風與季風的關係，或是商品在國際流通的觀點來看，巴達維亞對於歐亞貿易與亞洲區間貿易來說，都扮演了關鍵角色。

另一件發生在東南亞的重要大事，是一六二三年的安汶大屠殺。* 安汶是位於印尼東方馬魯古群島（Maluku Islands，又稱摩鹿加群島、香料群島）的貿易中心。那時荷蘭與英國在當地爭奪霸權，最後由荷蘭勝出，英國人撤出馬魯古群島。以安汶為中心的周邊島嶼盛產高級辛香料，包括肉豆蔻（nutmeg）、肉豆蔻皮（mace），以及丁香（clove）等等。這些高級香料在十七世紀時只有此處栽種，最常見的是銷往歐洲，但印度等亞洲國家也是很重要的市場。換句話說不只歐亞貿易，高級香料也是亞洲區間貿易的重要商品；壟斷馬魯古群島的貿易通路，對於獨占這兩大貿易型態的荷蘭東印度公司來說，是獲取龐大利益最有效的方法。

再來，一六二四年占領臺南，也是荷蘭人在東亞的重要大事。如前所述，臺灣的臺南是荷蘭東印度公司在東亞的重要據點。除了做為連結中國與日本的貿易轉運站之外，後來從日本買進的白銀，也是在這裡分發至亞洲各地。不僅如此，臺南近郊也是生產砂糖的產地，出口至日本與伊朗。

---

* Amboina Massacre，荷蘭人在此次事件一共處決了二十人，其中十人為英國東印度公司員工。荷蘭人藉此事件摧毀當地的英國人定居點。

圖 1-3　在臺灣臺南設立據點的荷蘭東印度公司
當時在沙洲上興建了熱蘭遮城與城鎮街道。除了荷蘭船之外，熱蘭遮城前方還停著中國戎克船。

總的來說，荷蘭東印度公司先在蘇拉特設置商館，確保自己可以穩定採購棉織品。要在東南亞採購當地特產，棉織品是不可或缺的商品。後來除了在巴達維亞和臺南設置貿易據點外，安汶大屠殺更讓荷蘭東印度公司得以獨占高級香料。簡而言之，在一六二〇年前後造就的條件，促使荷蘭東印度公司得以更順利地發展歐亞貿易與亞洲區間貿易這兩種貿易型態。自公司成立以來，大約花了二十年的時間，成功打造出賺取利潤的營運體系。此外，一六三〇年代葡萄牙人被逐出日本後，荷蘭東印度公司能買入更多日本生產的白銀，兩大貿易型態也越來越能有效結合。然而到了十七世紀後期，荷蘭東印度公司的貿易產生了重大質變。接著就來討論十七世紀後期的變化。

銅與錫的時代

日本生產的白銀是荷蘭東印度公司最重要的出口商品。從日本採購白銀，運用於亞洲區間貿易，再將賺取的利潤用來購買銷往歐洲市場的商品，就能減少使用從荷蘭母國帶出來的白銀。不過，一六六八年幕府禁止荷蘭東印度公司從日本出口白銀，理由是日本國內的銀產量減少，幕府不得不下達禁令。這對荷蘭東印度公司來說是一大危機：一旦拿不到日本白銀，就無法有效結合亞洲區間貿易與歐亞貿易。這是因為，除了從歐洲帶出白銀之外，在亞洲區間貿易取得的日本白銀，是荷蘭東印度公司順利推動兩大貿易型態的關鍵資金。

由於這個緣故，荷蘭東印度公司遂改從日本出口金或銅，取代白銀。黃金在印度科羅曼德海岸的需求量相當高，與印度次大陸北邊相較，科羅曼德海岸偏好以黃金做為通用貨幣，當地黃金的價值通常比白銀高。對荷蘭東印度公司來說，將日本的黃金帶往科羅曼德海岸換取當地生產的棉織品，堪稱是維繫貿易命脈的關鍵。然而在十七世紀末的一六九五年，日本推行貨幣改鑄（元祿改鑄），減少了小判金幣的黃金含量。過去的慶長小判大約含有八六％的黃金，但改鑄後發行的元祿小判只剩五六％。劣質貨幣的流通起因於日本國內的經濟問題，一六九八年之後，荷蘭東印度公司只能將新鑄的元祿小判輸出至國外。令人驚訝的是，荷蘭還必須以過去的價格購買改鑄後的金幣。想當然，這樣的做法使得日本的黃金貿易愈來愈式微。

另一方面，日本銅也跟日本黃金一樣，成為取代白銀的新興商品。十七世紀後半，荷蘭出口的日本銅數量突然暴增。銅在印度的需求量很高，荷蘭為了採購印度的棉織品，銅就成了與黃金、白銀比肩的重要商品。在印度，銅可拿來製作鍋具等調理用品、宗教用銅像，或是鑄成小額貨幣，因此需求相當旺盛，光靠印度國內生產的銅根本無法應付。剛好在這時，日本各地紛紛開發銅礦，別子銅山、秋田銅山等都是知名的銅產地。此外，日本銅除了透過從長崎出口的荷蘭貿易，也會透過戎克船出口至中國或東南亞，對馬藩與朝鮮之間的貿易也使用日本銅交易。對日本來說，出口商品已經從金銀等貴金屬出口貿易的時代，逐漸演變成銅出口的時代。

的確，荷蘭東印度公司也會將日本銅出口至荷蘭。有經濟學之父稱號的亞當・斯密（Adam Smith）在其主要著作《國富論》（*An Inquiry into the Nature and Causes of the Wealth of Nations*，一七七六年出版；全名為《國民財富的性質和原因的研究》）中也提到了日本銅：

> 相距最遠的金屬礦山生產的東西，有時也會湊在一起相互競爭，事實上這種情況很普遍。因此，在世界上蘊藏量最豐富的礦山生產的卑金屬價格，更不用說貴金屬的價格，或多或少都會影響世界上其他礦山的金屬價格。日本銅的價格一定也會影響歐洲銅的價格。

亞當・斯密認為，市場競爭決定了商品價格，而這種價格機制是在全球競爭的基礎下發展出來的。為了佐證此說法，他拿日本與歐洲生產的銅來說明。

話雖如此，實際上日本銅運往荷蘭的比例，只占整體的極小部分。歐洲的瑞典與德意志各地都產銅，因此只有發生戰事，做為軍事物資的銅價格飆高的情形下，荷蘭才會進口日本銅。平時荷蘭從日本購入的銅，大部分都銷往印度市場。荷蘭人在印度以高價賣出日本銅，或用銅購買印度產棉織品，因此日本銅是不可或缺的一種支付工具。不僅如此，將日本銅運送至荷蘭母國的費用也十分昂貴。在以上種種因素影響下，日本銅就成為荷蘭東印度公司從事亞洲區間貿易時，極具價值的重要商品。

順帶一提，十八世紀之後，荷蘭東印度公司又展開另一項大規模金屬貿易，那就是錫貿易。泰國南部從十七世紀就開採與出口錫，那空是貪瑪叻府（Changwat Nakhon Si Thammarat）位於泰國南部泰國灣的港都，也是錫的集散地與出口據點。荷蘭東印度公司就從這裡採購泰國錫並轉手賣出。到了十八世紀，印尼邦加島也開始大規模開採錫。邦加島是位於蘇門答臘島東北部的小島，相傳一七一〇年當地於一場火災後發現了錫，此後便開始開發錫礦礦山。邦加島雖由蘇門答臘島的室利佛逝王朝管轄，但荷蘭東印度公司就在此取得邦加錫從事貿易。順帶一提，截至十八世紀前期，荷蘭東印度公司出口邦加錫的國家包括荷蘭母國、印度次大陸、伊朗等南亞和西亞各地。然而進入十八世紀後期，邦加島的錫產量愈來愈高，中國市場對錫的需求也逐年增加，南亞與西亞市場的重要性則逐漸式微。

總的來說，十七世紀後期到十八世紀初，構成亞洲區間貿易的商品內容產生了很大的變化。原本以白銀為中心的貴金屬貿易，逐漸轉向以銅和錫為主的貿易。像這類於十七世紀後期出現的變化，不只能從荷蘭東印度公司的貿易活動窺得，事實上，在亞洲區域內從事貿易的人士還包括了亞洲各國與歐洲商人，他們也建立了貿易網絡。接下來就繼續探討在亞洲區間貿易扮演重要角色的中國商人。

2 中國戎克船貿易的抬頭

十七世紀初期中國商人貿易網絡

早在十七世紀之前，中國商人在亞洲的經商活動就很活躍。中國人前進海外最有名的例子，就是鄭和下西洋。十五世紀前半的明朝，身為穆斯林也是宦官的鄭和率領的艦隊不只前往東南亞，還航行到印度洋。他的艦隊行經現在的越南、泰國等東南亞大陸區，也造訪印尼爪哇島、蘇門答臘島、馬來西亞等東南亞島嶼區，以當地政權朝貢的形式建立外交與貿易關係。鄭和艦隊也進入印度洋，抵達印度、現在的斯里蘭卡，甚至到了阿拉伯半島與東非。明朝派遣鄭和下西洋的目的，是要耀兵異域以示中國富強，因此鄭和艦隊前後總共出海了七次。*

除了耀兵異域以示中國富強之外，民間商人也紛紛前往海外拓展貿易。雖然他們經商的範圍只在東亞和東南亞一帶，但已經涵蓋非常廣大。自朝鮮半島到日本、菲律賓，以及包括馬魯古群島在內的東南亞各地，都在中國商人的貿易網絡內。儘管明朝頒布禁海令，想將民間貿易掌控在國家手中，也無法完全控制。民間商人在海外港市設立據點，更有些人定居當地，除了以海外據點為基地與中國貿易之外，也從事其他亞洲區間貿易。在這種情形下，明朝當局自然無法完全掌控。

在這樣的背景條件下，十七世紀初期東亞到東南亞一帶的海域，是中國商人貿易網絡極為重要的一塊。荷蘭人剛進入東南亞從事貿易時就發現，不只是歐洲最大的競爭對手、葡萄牙人早已在亞洲掌握極大權益，中國商人也在各種貿易扮演了非常重要的角色。

在荷蘭東印度公司設立之前，柯內里斯·德郝特曼（Cornelis de Houtman）率領的船隊是荷蘭第一支派往亞洲的艦隊。以下是其中一名船員威廉·洛德維克斯茲（Willem Lodewycksz）的紀錄，描述一五六九年中國商人向停泊在萬丹海岸的荷蘭船兜售胡椒的情景：

> 連續幾天來，各民族到碼頭來兜售胡椒，尤其是中國人，以特別的價格——無須在此明記——向商船兜售大量胡椒。不過，我們的幹部想要買剛採收的、品質更好的胡椒，所以覺得向中國商人買這些貨不是上策。
>
> 住在萬丹的中國人，都是向農民收購胡椒的商人。他們帶著桿秤到內陸村子收購胡椒，先秤重，向農民詢價後才標價。他們持續買貨，一直等到中國船進港才兜售。

＊鄭和下西洋的目的學界說法不一，此處說法引自《明史·鄭和傳》。但也有說法認為是要尋找建文帝的下落。

換句話說，居住在萬丹的中國人都是在中國商船到來之前，就已經從內陸收購胡椒，等到中國船停泊碼頭才轉賣。這就是他們做生意的方式。

我也順便介紹一下該紀錄對於葡萄牙人的描述：

> 葡萄牙人不僅在背後說我們的壞話，還到處結黨營私，收買了好幾名萬丹政要。

由此可見，葡萄牙人十分顧忌荷蘭人到東南亞經商，認為他們是來搶生意的。對於葡萄牙人在萬丹從事的工作，也有以下描述：

> 葡萄牙人利用棉織品等商品，交換市面上所有的丁香、肉豆蔻、肉豆蔻皮、檀香、華澄茄、假華拔等產於東印度群島的藥材。這些織品都是居住在麻六甲的頂頭上司送過來的。所謂的頂頭上司，大多是這些葡萄牙人的長官或主教等商務人士。

總的來說，葡萄牙人要購買辛香料，必須先準備印度產的棉織品。葡萄牙人因此在南亞各地建立據點，建立起連結南亞和東南亞的商品流通網絡。

圖 1-4　住在萬丹的中國人

十六世紀末，德郝特曼（Cornelis de Houtman）率領第一支前往亞洲經商的荷蘭船隊，抵達爪哇的萬丹省。居住在萬丹的中國人前往內陸購買胡椒，準備在中國來的船抵達前，將所有胡椒等舶來品買齊。

中國人的貿易網絡與日本

要分析中國人建立的貿易網絡，我們先從日本看起。十七世紀初期，中國人開始定居九州的博多及長崎等地，他們是中國商人開展國際貿易的主要推手。江戶時代初期搭乘朱印船（十七世紀前期日本江戶幕府時代，向政府取得海外貿易特許的船隻）的貿易商不只日本人，還有許多外國人，當然也包括定居在日本的中國人。當時的日本處於鎖國時代，荷蘭人與中國人都在長崎從事貿易活動。那時荷蘭人剛離開平戶，被幕府隔離在出島，但中國人從一開始就獲得幕府許可，居住在長崎市內，行動上也比荷蘭人自由。

當時的東亞政局正值明清交替的轉變期，要在鎖國時代的日本從事貿易，絕非是門輕鬆穩定的生意。中國政治的不穩定性，使得中國人在日本做生意的對象遍及福建各地、臺灣，甚至東南亞。與臺灣間的貿易盛行於鄭氏王朝統治臺灣的時期，越南北部的東京與泰國的阿瑜陀耶等東南亞間的貿易，也是透過中國人建構的網絡進行。

當時日本與東南亞之間的貿易情況究竟如何？從以下內容可窺得一二。以下資料引自荷蘭東印度公司的文件，是一六八二年從東南亞出發駛入長崎的戎克船載運的貨物明細，記錄了出發地、船舶數量和主要商品等細項。荷蘭人設置的出島商館為了順利推動業務，十分關注競爭對手，也就是與中國人的戎克船貿易有關的資訊：

東京船　兩艘：東京生絲、各種絲織品、肉桂
交趾船　一艘：砂糖、鹿皮等獸皮、魟魚皮、沉香、伽羅等香木
柬埔寨船　一艘：砂糖、黑漆、蘇木、鹿皮等獸皮
暹羅船　六艘：魟魚皮、鹿皮等獸皮、黑漆、棉織品、白絲、蘇木、砂糖、錫
咬𠺕吧船　兩艘：砂糖、絲織品、棉織品、牛皮等獸皮

其中，東京船指的是鄭氏勢力觸及越南北部的所在地東京，也就是從現在的河內駛往長崎的戎克船。除了將東京近郊生產的生絲與絲織品帶至日本，貨品也包含了肉桂。一般提到肉桂，斯里

蘭卡是最著名的產地。為了購入斯里蘭卡的肉桂，葡萄牙與荷蘭互相競爭，控制斯里蘭卡島沿岸一帶。從數量上來看，產於越南北部的肉桂出口量只有一點點，但因為距離近，所以日本從越南進口肉桂。

交趾船指的是從交趾支那過來的船。據推估，應該是從越南中部的港都、阮朝統治的會安出發的戎克船，而且運載的貨物與越南北部來的東京船不同。越南中部是砂糖產地，因此交趾船運載的貨物包含砂糖；鹿皮、魟魚皮等獸皮則與泰國來的戎克船相同。輸往日本的沉香、伽羅等高級香木則是當地的特產品。

顧名思義，柬埔寨船是從柬埔寨過來的船。一般來說貨物品項較少，但部分品項與阿瑜陀耶過來的船類似。另外，暹羅船是從暹羅來的船，也是從阿瑜陀耶來的戎克船，數量多達六艘，十分驚人。除了魟魚皮與鹿皮、黑漆、蘇木等最具代表性的泰國產品之外，還包括泰國南部生產的錫，以及應是從印度購入、轉銷至日本的棉織品。

最後的咬𠺕吧船是從巴達維亞出發的戎克船，運送品項包括爪哇產砂糖。荷蘭東印度公司也將爪哇產砂糖運至日本，而戎克船上同樣有該項貨品。除此之外，巴達維亞也有轉口的絲織與棉織品，以及牛皮等獸皮。

從上述內容看來，戎克船是往來東南亞各地和長崎的主要貿易推手，但要留意一點，在此舉出的例子是一六八二年。本書主題一六八三年是歷史的重要轉捩年分，一六八二是一六八三的前一年；從這一年之後，造訪長崎的戎克船出發地出現了很大的變化。

十七世紀末的變化

以臺灣為據點的鄭氏勢力透過貿易獲取資金，同時推動反清復明的事業，但在一六八三年也不得不歸降大清。當時鄭氏王朝由鄭成功的孫子鄭克塽執政，後來因不堪清朝攻打而投降。鄭克塽的投降讓清朝實質控制了中國沿海。確立和平之後，清朝再也不需要限制海上貿易，也能有效控制民間商人的貿易活動。有鑑於此，清朝在一六八四年頒布了《展海令》，中國的戎克船貿易商遂紛紛派遣船隻，前往亞洲各地經商。

一六八五年共派遣了八十五艘戎克船前往日本長崎，一六八六年為一〇二艘，一六八七年則為一三七艘，入港的中國船一年比一年多。若對比一六八二年只有二十六艘、一六八三年二十七艘、一六八四年二十四艘，可以用暴增來形容。由於數量太多，日本不可能跟所有中國船做生意，此後便開始限制中國人在長崎經商，控管每年入港的船隻數量。過去的貿易形式較為自由，但從這個時候開始，幕府介入了中國戎克船的貿易活動。一六八五年幕府頒布《貞享令》，明訂中國船（唐船）的每年貿易總額上限為六千貫，還恢復了絲割符制度。*不僅如此，一六八八年更公布從明年起，中國每年只有能七十艘船進入長崎。大幅限制貿易量，自然使得走私貿易愈來愈猖狂，幕府也制定相關措施打擊走私。其中之一就是興建唐館（唐人屋敷）。唐館於一六八九年完工，四周用牆圍繞，所有中國人都被遷往此處居住。再來是一七〇二年，新地貨倉（新地藏）完工。幕府將唐館前方的海填出一座人工島，在島上興建倉庫供中國戎克船使用。這意味著中國商人的商品只能放在這座人工島上，走私貿易也因此很難繼續。總的來說，不只是與荷蘭人的貿易，日本與中國人的貿易也在十七世紀末走向國家統制的道路。

中國商人到日本經商，目的是取得日本的白銀或銅。隨著日本白銀產量減少，從日本出口白銀變得愈來愈困難，於是中國商人開始轉而出口大量的銅。當時的中國恢復和平，十七世紀後期以降經濟也愈來愈蓬勃，對小額貨幣的需求自然增加。此外，清代的銅錢由國家鑄造，因此不只需開發國內銅礦，也需要從日本進口銅。

綜觀長崎的中國貿易，在十七世紀末到十八世紀之際，出現了一個令人玩味的現象。一六八〇年代鄭氏歸順清朝，自此之後，來自中國的戎克船一艘艘駛往長崎；而在此之前，來自東南亞各地的船較多，這點前面已有敘述。但此後一直到十八世紀後期，從東南亞過來的中國船逐漸減少，最後完全斷絕。日本出口的銅與漁產在中國極為搶手，加上中國在十八世紀透過戎克船建構出連結中國本土與東南亞各地的貿易網絡，因此日本需要的東南亞產品會先運到中國，再輸往日本。這樣的貿易形式，使得東南亞無須直接與日本做生意。

中國的戎克船貿易不只在長崎發展，留有文件記錄的巴達維亞也發生了同樣的變化。從十七世紀末起，中國戎克船就定期前往巴達維亞經商。根據目前已知的資料，一六八四與一六八五年都沒

＊ 絲割符制度始於一六〇四年，由德川幕府主導，命令京都、堺、長崎等地的大商人共同結成「糸座」（類似清代的郊），向外國商人壟斷價格，收購產自中國的生絲。糸座購入生絲後，握有「絲割符」的國內絲商可享有優先配給權。

有中國戎克船停泊巴達維亞碼頭的紀錄。一六八六年從廈門來了六艘戎克船，此後的紀錄是一六九〇年十艘、一七〇〇年十艘、一七一〇年八艘、一七二〇年〇艘、一七三〇年二十艘、一七四〇年十三艘。一七二〇年之所以為〇艘，是因為清朝短暫禁止戎克船出海，但整體而言，巴達維亞與中國間的戎克船貿易進行得十分順利。

話說回來，巴達維亞的中國戎克船貿易，並非只跟中國大陸做生意，東南亞各地與巴達維亞之間的戎克船貿易也相當盛行。巴達維亞成為與東京、阿瑜陀耶、馬尼拉等東南亞各地貿易網絡的據點之一。此外，巴達維亞所在地爪哇島的泗水與三寶瓏的沿岸貿易，以及跟距離較近的峇里島、蘇門答臘之間的區間貿易，也是由中國商人主導。居住在各地的中國商人形成的貿易網絡共同構成了東南亞區間貿易，從十七世紀後期開始到十八世紀前期逐步臻至成熟。

東南亞的農業開發

中國商人得以在東南亞各地建立完整的貿易網絡，也代表從中國移居東南亞的移民增加。特別是十七世紀到十八世紀，來自福建的東南亞移民愈來愈多。從事國際貿易的中國商人多半是有錢的華人，但他們並非一開始就有錢。最初，一些住在福建、生活較為貧困的男性前往東南亞從事勞動工作，他們在東南亞度過大半輩子，有些人最後選擇回到中國安享晚年，也有些人與當地女性結婚共組家庭，最終落腳東南亞。後者就是現在所謂「東南亞華人」的起源。

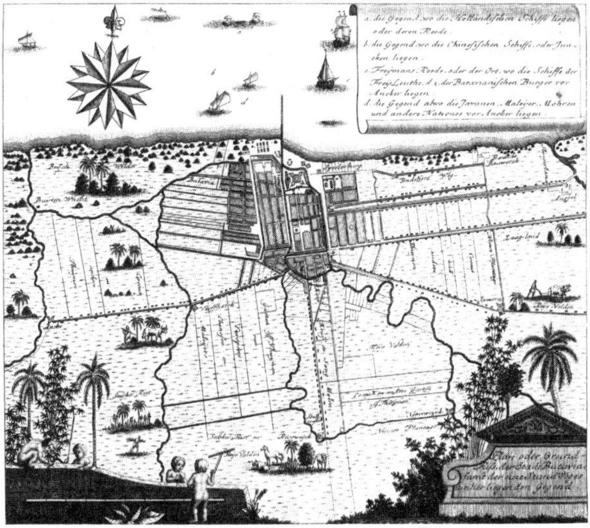

圖 1-5　巴達維亞

巴達維亞是近世殖民城市之一，自十七世紀之後，巴達維亞近郊地區種植了大片甘蔗。根據記載，長條形農田不是種甘蔗就是種稻。

這些中國移民從事的工作包羅萬象，但他們一開始到東南亞做的都是些粗活，例如在港口當搬貨的搬運工，或是到礦山挖錫礦或淘金；而其中最具代表性的，就是在甘蔗田當種植園勞工。在中國南部，種植甘蔗與製糖等糖業十分興盛，因此福建過來的移民有些就到甘蔗田工作。十七世紀爪哇島出現了中國人管理的甘蔗田，之後爪哇東北部海岸更發展出由中國人經營的糖業。荷蘭東印度公司也注意到了這種結合中國人資本與技術，再加上中國移民勞動力的發展趨勢。

荷蘭東印度公司首先做的，是嘗試在臺灣種植甘蔗。荷蘭人在臺灣的臺南設立據點，並在臺南近郊種植甘蔗。引進種植與製糖技術後，為了確保勞動力，公司從巴達維亞延攬華人甲必丹蘇鳴崗到臺灣，想辦法從福建引進技術與勞動力，最後終於成功在一六五〇年左右發展糖業，臺灣產的砂糖甚至還能出口到日本與伊朗（薩法維帝國的波斯）。不過，荷蘭東印度公司在一六六二年被鄭成功趕出臺灣，自然也就終止了這項甘蔗栽培事業。

被趕出臺灣後，荷蘭東印度公司轉往巴達維亞近郊生產砂糖，先將巴達維亞近郊地區（荷蘭文稱該區為Ommelanden）開發成甘蔗田，再招募勞工種植甘蔗，並興建糖廠。該地的居民大多是離開荷蘭東印度公司後，定居在此的歐洲自由市民（free-burgher），他們將農地租給華人資本家。華人農業資本家扮演經營者的角色，以垂直整合的形式管理和經營砂糖生產。在這裡工作的勞工包括從東南亞各地買來的亞洲奴隸，有時也會臨時雇用近郊一帶的本地人，但主要還是中國男性移民。

到了十七世紀末，巴達維亞近郊地區的糖業發展得相當成功。荷蘭東印度公司的商船將大量生產的巴達維亞產砂糖運往亞洲各地，主要出口地為日本、印度各地、伊朗等等。直至十九世紀中葉幕末開港之前，都是由荷蘭船載著大量砂糖進入長崎，而這些砂糖都產自爪哇島。總之，砂糖是荷蘭東印度公司亞洲區間貿易的主要商品，隨著產量愈大，砂糖價格愈低，砂糖也逐漸成為亞洲一般民眾買得起、吃得起的日常商品。另一方面，產自美洲大陸的砂糖出口至歐洲市場的數量逐年增加，壓縮了爪哇產砂糖的歐洲出口量占比，那些運往荷蘭的爪哇砂糖，不過是為了讓帆船順利航行，拿來充當壓艙底的物品罷了。

3 阿瑜陀耶王國的海外貿易

港市國家阿瑜陀耶

阿瑜陀耶王國相當於現在的泰國，首都是阿瑜陀耶（Ayutthaya，又稱大城）。阿瑜陀耶城位於距泰國灣昭披耶河河口一百公里的上游處，在十七世紀是一大國際商業城市。世界各地的人齊聚阿瑜陀耶，每個民族都有特定的居住區。最有名的就是在日本人村擔任領袖的山田長政，他建立的自治組織統治日本人村，阿瑜陀耶王國的國王還給他官職，為國王出兵建立軍功。這類依民族劃分的居住區和具有一定自治區的型態並不是日本人的特權，許多民族都享受相同待遇。就目前已知的資訊，除了日本人之外還有中國人、孟族人、馬來人、交趾支那人、望加錫人、伊朗人、葡萄牙人、英國人專屬的居住區。阿瑜陀耶擁有為數眾多的外國人居住區，可說是具備了足以成為國際城市的各種條件。

不難想像，在阿瑜陀耶王國的財政收入中，占比較多的是國家自身貿易收入，以及伴隨貿易和商業活動而來的關稅收入。說得極端一點，阿瑜陀耶王國的主要財政基礎就是國際貿易。不同於有些國家以多餘農產品做為國家歲入的基礎，以國際貿易為財政基礎的國家，被稱為港市國家。東南亞位於印度和中國這兩大亞洲經濟區中間，是國際貿易的樞紐，自古就存在著許多仰賴貿易做為財政收入的港市國家。在十六世紀被葡萄牙占領之前，麻六甲王國是港市國家的代表例子。進入十七世紀之後，則有萬丹王國、巨港王國（巴鄰旁）、亞齊蘇丹國等港市國家。

當然，阿瑜陀耶王國並非完全不仰賴農業生產。國王會驅使奴隸勞動，透過他們的手獲取各項物資；有些是食物等貢品，有些則是出口用的鹿皮等獸皮與蘇木。這些物資會上貢給王室，也會在國內消費，或是由王室賣給外國商人，再透過王室出資的船舶運往國外，成為王室貿易活動的一環。考量到這點，若是以為港市國家完全不需仰賴腹地的多餘農產品，很可能會產生誤解。

外國商人之間的競爭

阿瑜陀耶的國王天生就有經商的才能，但他不是自己造船出海經商，而是坐鎮王都，讓各國商人互相競爭。日本的長崎貿易只允許中國人與荷蘭人做生意，某種程度上是一種給予特定民族的商人壟斷市場的特許。在此狀況下，長崎貿易賺取的利潤大多數都流入擁有特許的商人手中。反觀阿瑜陀耶王國，則採取和日本截然不同的做法，他們盡可能允許各國貿易集團過來做生意，並促使各國商人互相競爭。這是阿瑜陀耶王國對外貿易政策的基礎。

在阿瑜陀耶王國統治的地區內，主要有三個貿易據點。第一個是王都阿瑜陀耶。雖然昭披耶河是一條大河，但並非所有到阿瑜陀耶做買賣的外國商船都得沿著昭披耶河航向上游的阿瑜陀耶。以荷蘭東印度公司為例，他們在昭披耶河河口附近設置了阿姆斯特丹倉庫，基本上荷蘭船會停在河

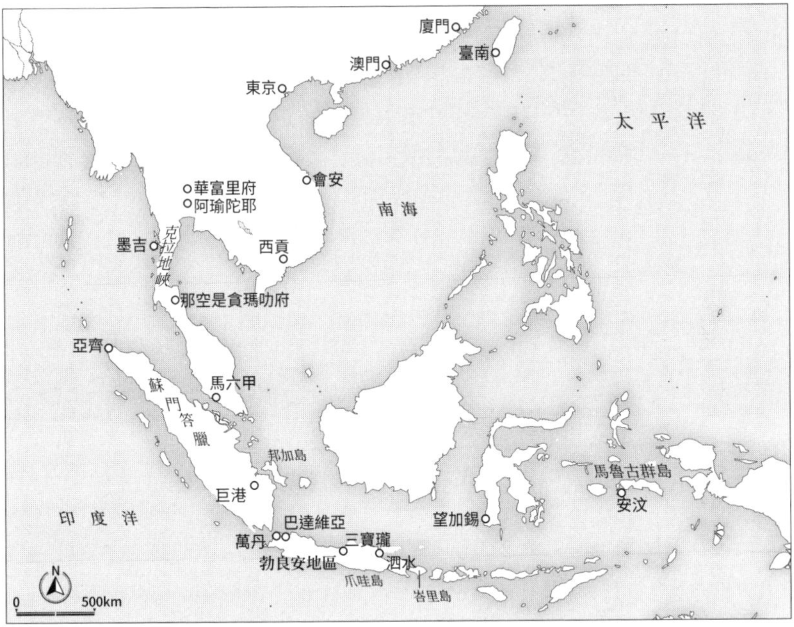

南海 · 東南亞各城市

口附近，先在阿姆斯特丹倉庫卸載貨物，再透過往來於阿瑜陀耶與河口的小船送貨。

除了阿瑜陀耶之外還有兩個大型貿易據點，分別為那空是貪瑪叻府（簡稱那空，Nakhon），以及墨吉（Mergui，又稱丹老）。誠如先前所述，那空是商人從周邊腹地收購錫並出口至國外的集散地。為了購買錫，荷蘭東印度公司會派遣船舶前往那空。另一個貿易據點是瀕臨印度洋的墨吉，這個地方現在隸屬緬甸，是與印度次大陸東岸做生意的重要貿易據點。馬來半島北部與泰國南部相連的地方稱為克拉地峽，自古商人們就透過這裡，利用陸路串聯東西兩端，使泰國灣和孟加拉灣兩邊的貨物得以流通。尤其是十七世紀，阿瑜陀耶國王在克拉地峽面向孟加拉灣這一邊的墨吉任命伊朗裔官員駐點管理，從該地可經陸路通往阿瑜陀耶。被任命的伊朗裔官員不是定居泰國的伊朗人，就是這些伊朗人的後代。

十七世紀在阿瑜陀耶設有居住區的眾民族中，實力最強大的是荷蘭人，原因當然跟荷蘭東印度公司有關。歷代阿瑜陀耶國王為了抑制荷蘭人貿易，會給予各民族優惠待遇，包括伊朗人、法國人與中國人在內。而且依照時期的不同，給予優惠待遇的國家也會出現微妙的差異，為的就是讓有能力與荷蘭抗衡的商隊可以維持競爭力。

那萊王的多方外交

一六五六年，那萊王繼位為阿瑜陀耶國王。繼位後，那萊王推動了比歷代國王更為積極且踏實的外交通商戰略。首先，他建立多方外交關係，讓各式各樣的人一起參與阿瑜陀耶貿易，這也是為了增加透過貿易獲得的財政收入。

此外，那萊王還派遣使節前往各國，例如曾遣使伊朗三次，也派大使前往法國和教宗國等國，相關內容將於後方詳述。另一方面，那萊王對日本則採取務實方針，努力擴大與日本之間的貿易。具有實質統治權的前任國王巴沙通（Prasat Thong，一六二九～一六五六年在位）曾數次遞交國書，希望能重啟與日本的正式外交關係。從「重啟」這兩個字即可知道，過去這兩國是有外交關係的。

圖 1-6　在阿瑜陀耶王國副王都，華富里府宮殿觀測天象的那萊王
這座天文望遠鏡是法國獻上的贈禮。

然而一六二九年發生了山田長政的暗殺事件，巴沙通還燒毀了阿瑜陀耶的日本人村，從此之後兩國便斷絕來往。因此，巴沙通一直派遣使節到日本遞交國書，希望能與日本恢復往來。

那萊王的國書在日本稱為金札，在黃金版上雕刻文字而成，是阿瑜陀耶王國最高等級的國書，泰國稱為 suphannabat，漢文稱為金字表或金葉表。雖說這是阿瑜陀耶向日本祈求重啟外交的國書，但別說是再次往來，日本方面連國書都不收下。因此，有別於嘗試重啟外交的前任國王巴沙通，那萊王採取全然不同的做法。簡單來說，那萊王不嘗試重啟外交，改走務實路線。他不再遞交國書，建立正式的外交關係，而是實際派船前往長崎，希望能在長崎發展貿易。日本接受了那萊王的通商政策，從此之後日本便與泰國透過戎克船維持貿易關係。從阿瑜陀耶往返長崎的戎克船由住在阿瑜陀耶的中國人駕駛，那萊王則是戎克船貿易的背後出資者。荷蘭東印度公司文件以「國王之船」來描述王室貿易，國王和王后都是出資者。

至於派遣至法國和教宗國的使節，也在外交上有所斬獲。原因可能與那萊王給予出身希臘、遊走於亞洲各地的自由商人康斯坦丁．華爾康（Constatine Phaulkon，一六五〇～一六八八年）官職，讓他位居高位有關。華爾康原本是隨荷蘭東印度公司來到亞洲的船員，辭職後成為一名自由商人，在海洋亞洲經商，最後定居於阿瑜陀耶。他外語能力強，精通泰語和歐洲國家的語言，深受那萊王信任，並協助那萊王推動多方外交政策。阿瑜陀耶的海外貿易一直都是以荷蘭人與定居在阿瑜陀耶的伊朗裔為主，但那萊王致力於打破寡占狀態，給予新進商人優惠待遇。譬如華爾康就特別優待法國商人。法國國王路易十四（Louis XIV）派遣傳教士到阿瑜陀耶，希望能讓那萊王改信基督教，這些都是為了擴大貿易市場。雖然那萊王拒絕改信基督教，但無論是泰國國內或王都阿瑜陀耶、副都華富里府的宮廷內部，法國的影響力都確實日益增加。

伊朗裔移民

泰國的伊朗裔移民指的是說波斯語的人們，他們不只來自伊朗，有些則來自印度。十七世紀初期，來自伊朗或印度的穆斯林愈來愈多，他們大多是什葉派。當時的伊朗為薩法維帝國，是由什葉派主政的穆斯林國度。事實上，統治印度的海德拉巴到孟加拉灣的默蘇利珀德姆一帶的顧特卜朝也同樣

圖 1-7　曼谷國立博物館收藏的櫃子
上面畫著荷蘭人，以及被稱為「客」（Khaek，外來者之意）的伊朗裔穆斯林商人。

是什葉派。從這個角度來看，可發現伊朗、顧特卜朝與泰國已經形成了橫跨印度洋的商業網絡。

居住在泰國的伊朗人勢力大約在十七世紀中葉到達頂峰，然而十七世紀後半開始勢力逐漸式微。為了力挽狂瀾，阿瑜陀耶的伊朗人向阿瑜陀耶國王請願，派遣使節出使薩法維帝國。阿瑜陀耶國王前後派了三次使節前往伊朗。一六八〇年代派遣的大使是住在阿瑜陀耶的伊朗裔人士，由於語言相通，伊朗方面同意對方出使，還派了使節到泰國回禮。有一份以波斯文紀錄這位伊朗使節的文件，稱為《蘇萊曼之船》（*The Ship of Sulaiman*），裡面不只記錄這位伊朗使節的行動，連使節往返途中經過的城市也一一記載。更重要的是，這份文件也是了解十七世紀泰國極為珍貴的史料。除了寫著住在泰國境內的伊朗裔各種情報資訊，文件也提及泰國人的生活文化。其中關於使節跟隨泰王出遊狩獵大象，以及詳細記錄獵象過程的篇幅，更是泰國史上的寶貴紀錄。

《蘇萊曼之船》聲稱，現任國王之所以能登上王位，全都靠當地伊朗人的協助。詳細描述如下：

> 從現任國王統治初期到這幾年，王國的所有重要事業都掌控在伊朗人手中，這些伊朗人正是國王的權力來源。不過，在國王心腹阿迦・穆罕默德・阿斯塔拉巴迪（Aqa Muhammad Astarabadi）死後，王國統治方針開始亂了方寸，王國的發展方向也產生變化。權力產生變化是伊朗人犯下的錯誤，也是他們偽善的行為所致，更是他們內部意見不一、無法統合的結果。

根據文件記載，在阿迦．穆罕默德死後，那萊王開始重用華爾康。《蘇萊曼之船》就將華爾康視為最大的惡人，以侮辱的言詞描述他。

綜上所述，在那萊王即位初期，居住在泰國的伊朗裔人民因支持國王而備受寵信，享盡榮華富貴。但到了那萊王統治後期，那萊王不只重用華爾康，也同樣優待法國人；另一方面伊朗人則不夠團結，勢力也開始衰退。一六八七年，蒙兀兒帝國滅了顧特卜朝之後，阿瑜陀耶王國也失去了霸權地位。

順帶一提，根據長島弘的研究，泰國的伊朗裔網絡還延伸至長崎。長崎有許多精通各種語言的口譯者，荷蘭語的口譯者稱為通詞，亞洲語言的口譯者則稱通事。亞洲語言除了包含各種方言的中文之外，還有專門翻譯越南語的東京通事、泰語的暹羅通事、波斯語的孟留通事。孟留通事就是由從阿瑜陀耶遠渡長崎的伊朗裔商人擔任口譯者。

一般都說長崎貿易僅限於荷蘭人與中國人，其實亞洲各國的人民也會來到長崎。在稱為「唐船」的戎克船貿易架構中，除了從中國過來的船之外，還有從東南亞各個港口前往長崎的戎克船。長崎的船基本上都是戎克船，由住在東南亞的華人負責掌舵，但船上載的商人乘客不只中國人，還有許多亞洲人。從阿瑜陀耶到長崎的戎克船，最有名的是「暹羅船」，船員主要是住在泰國的中國人，但也會有幾名泰國人搭船。他們是商船的出資者，也是國王的代理人，負責管理與監督貨物。在最輝煌的時期，咸認曾有段時間伊朗人也以貨主身分登船，來到長崎。根據長島的說法，已確認一六三〇年代曾有穆斯林搭乘從阿瑜陀耶來到長崎的戎克船，但從此之後便沒有任何穆斯林搭船過來了。直到一六六〇年代，穆斯林才又登上前往長崎的船。這些穆斯林正是住在阿瑜陀耶的伊朗裔人民。

通常他們帶來的商品與泰國帶來的商品不同，包括了各種印度產棉織品，以及科羅曼德海岸一帶出產的魟魚皮等等。當然，還包括透過伊朗裔網絡購買的商品，從印度次大陸渡過孟加拉灣、進入墨吉、經陸路運往阿瑜陀耶，接著再從泰國出口到日本。但根據目前可確認的資料，一六八〇年最後一艘從阿瑜陀耶來到長崎的戎克船上並沒有穆斯林。從這一點也可以看出，伊朗裔人民的勢力已經在阿瑜陀耶王國式微。

那萊王薨逝後的阿瑜陀耶王國

那萊王在一六八八年薨逝，此後阿瑜陀耶王國的政治體制產生急遽的變化。那萊王纏綿病榻之際，過去備受那萊王寵信的希臘人華爾康遭暗殺，而暗殺者登上了王位，名叫帕碧羅闍（Phetracha）。由於這位新王並非阿瑜陀耶王族血脈，因此一般將他視為篡位者。

帕碧羅闍以降的阿瑜陀耶諸王，採取了與那萊王截然不同的外交政策，他們捨棄門戶開放的多方外交，也不再積極推動商業貿易。首先，帕碧羅闍趕走了華爾康優待的法國勢力，伊朗裔人民的政商影響力也節節敗退。不過各位請注意一件事，此後的阿瑜陀耶王朝並沒有鎖國。與荷蘭東印度公司的阿瑜陀耶貿易仍舊繼續，與中國間的貿易也推展得相當順利，中國的戎克船貿易更在十八世紀以後呈現突飛猛進的增長趨勢。十七世紀後半處於戰亂狀態的明末清初終於結束，恢復平靜的中國人口大增，對泰國米的需求也愈來愈高。為了滿足中國市場的需求，王國擴大生產出口到中國的稻米，與中國之間的貿易額也不斷上升。

持平來說，那萊王薨逝後，阿瑜陀耶王國的主要貿易推手不是只有荷蘭人與中國人，印度裔人民也在不同時期躍上貿易舞台。不過一般而言，十七世紀那種以多方外交政策為基礎，來到阿瑜陀耶做生意的商人必須互相競爭，再將所得利潤分給阿瑜陀耶王室的型態，在那萊王薨逝後逐漸消失。某種程度上來說，泰國提高了對中國的貿易依存度。不僅如此，進口稻米的中國人陸續移居泰國，逐漸形成了十九世紀至今華人在商業等層面掌控泰國經濟的社會現況。

4 歐亞間的貿易

亞洲商品組成的變化

在十七世紀，歐洲與亞洲之間的貿易主要透過海路進行，經由非洲大陸南端的好望角航線，並由歐洲人主導。其實還有另一條通道，是從地中海經由陸路穿過波斯灣。這條陸路商道的規模目前並不明確，隨著日後的實證研究，這條陸路規模的重要性將可能逐漸明朗，因此我們最好還是別輕易斷言歐亞之間的貿易都是經由好望角進行。

無論如何，本節探討的主題是經由好望角航線的歐洲人貿易。十六世紀到十七世紀初，歐洲人從亞洲帶回歐洲的商品，主要是胡椒和高級香料。為了便宜購得辛香料，歐洲人自組船隊，帶著白銀前往亞洲，用來購買亞洲產物。特別是十六世紀中葉以後，美洲大陸供給了大量的白銀給歐洲，整體看來，這些美洲白銀又從歐洲流入了亞洲。話說回來，自十七世紀後半起，運往歐洲的亞洲商品組成也逐漸產生變化。接下來就以荷蘭東印度公司為例進行討論。

一六六八到一六七〇年，荷蘭東印度公司在阿姆斯特丹販售亞洲商品的營業額為一七七六萬荷蘭盾，其中光是胡椒就占二九%，其他高級辛香料（丁香、肉豆蔻、肉豆蔻皮、肉桂）加起來也占二九%，辛香料就占了將近六成。其他還包括絲織與棉織品，占二四%。不過，這樣的商品組成在一六七〇年之後出現了很大的變化。一七三八到一七四〇年的營業額約為二三二〇萬荷蘭盾，實際上成長了三成。原先占比極重的胡椒與其他辛香料的比重分別下降至一一%與二四%，取而代之的商品是茶和咖啡。一六六八到一六七〇年這段期間，茶和咖啡在阿姆斯特丹的營業額中完全找不到相關紀錄，但一六七〇年之後，竟躋身為占比達總營業額四分之一的重要商品。此外，紡織品的比重也從二四%增加到二八%。想當然耳，這是西歐社會對印度產紡織品的需求變高所致。包括印度產棉織品、中國茶、爪哇產咖啡等等，都是荷蘭東印度公司在十七世紀後半到十八世紀前半這段期間新竄起的重要商品。

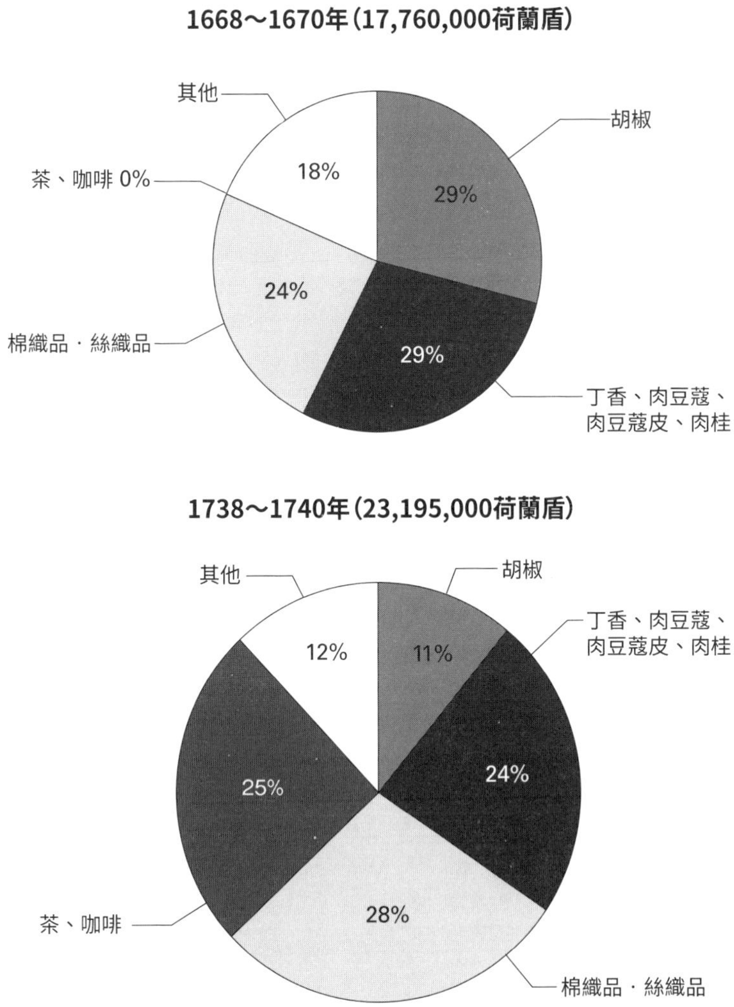

荷蘭東印度公司的阿姆斯特丹商品營業額組成

十七世紀從亞洲進口的主要商品是胡椒和其他辛香料，但十八世紀之後，商品變得多樣化，茶與咖啡隨之登場。

出處：Gaastra, Femme S., *The Dutch East India Company: Expansion and Decline*, Zuphen: Walburg Pers, 2003.

西歐的文化變貌

以上就是和東印度公司從亞洲運往本國的商品組成變化例子。棉織品與茶的銷售量增加，這點從英國東印度公司的營業額也能看到相同趨勢。十七世紀後半開始，亞洲商品變得相當多樣化，其意義有兩個。第一，代表歐洲人的物質生活產生變化；第二，為了滿足歐洲對於新商品的需求，亞洲的生產體制也發生變化，結果導致亞洲社會也跟著產生改變。

十七世紀後期，歐洲對印度生產的棉織品需求增加，從印度出口棉織品到歐洲的數量也變多。棉織品耐穿又好清洗，價格也比絲織品便宜。在設計上，印度也盡可能迎合歐洲消費者期待，建立了對應的生產系統，使得大量的印度產棉織品進入歐洲市場。英國還曾經因為禁止印度白棉布進口，掀起了一股棉織品風潮。一七〇〇年禁止印度染色棉布進口，不過，當時未染色的白棉布依舊可以進口，此外也能從歐洲各國走私染色棉布到英國。另外，法國也在一六八六年禁止染色棉布進口。由於這個緣故，棉織品不只發生在英國，也在歐洲各國造成風潮，並大幅改變了歐洲人的衣料選擇。

同樣的情形一直延續到十八世紀，此時的主角是茶和咖啡。爪哇島從一七〇〇年左右正式大規模種植咖啡樹，荷蘭東印度公司要求咖啡產地勃良安（Priangan）地區當地首長階層遵守義務供給制度，規定每年要以固定金額販售一定數量的咖啡，才肯承認當地首長階層的統治權。這就是十九世紀「強迫種植制」（Cultivation System）的原型。

此外，荷蘭與英國東印度公司在中國南部的廣州從事茶葉出口貿易，也刺激了福建的種茶事業。另一方面，從需求方，也就是歐洲社會的立場來看，進口大量的茶與咖啡有助於普及化，讓一般民眾都能喝到。一六五二年，倫敦開了第一間咖啡館，當時的人們在咖啡館交流，談論政治，從而誕生出民主主義和自由主義的論點。當然，不只是英國，法國與荷蘭也都在十七世紀後半養成喝咖啡的習慣。養成喝咖啡與飲茶習慣的同時，代表砂糖的消費量也跟著增加。西歐世界就這樣透過咖啡與茶，和亞洲及美洲大陸產生深刻的連結。

總而言之，十七世紀後期商品組成變化的特徵，除了出現專為出口而量產的商品外，從整體商品組成來看也變得相當多樣化。亞洲和歐洲社會便透過這些商品連動發展。此外要注意的是，十七世紀以降的變化，也逐漸改變了一般百姓的生活。

白銀持續流出

然而另一方面，歐亞間的貿易逐漸擴大，一般都是以白銀支付貨款，這也使得歐洲流入亞洲的白銀量愈來愈多。即使進入銅與錫當道的時代，十七世紀後半以降，歐洲的白銀仍持續流入亞洲。

美國經濟史學者揚・德・弗里斯（Jan de Vries）以經由好望角從歐洲運往亞洲的白銀為研究對象，進行了各種實證研究。根據他的研究，在十六世紀末，每年約有價值百萬荷蘭盾的貴金屬經由好望角流往亞洲。到了十七至十八世紀，貴金屬仍持續流出，而且愈來愈多。一七五一到一七七五年間每年流出三四四萬荷蘭盾，一八〇一到一八二五年間每年流出一一三三萬荷蘭盾，到了十八世紀後半每年則流出超過一五〇〇萬荷蘭盾。

至於英國，自一七六五年獲得印度孟加拉、奧里薩邦、比哈爾邦的徵稅權後，確實成功削減了從英國母國輸出的貴金屬數量，但其他歐洲國家仍持續流出白銀。結果就全體上來看，銅與錫等一般百姓常用的金屬大量流通，這也象徵著新時代的到來。當然，在討論歐亞之間這類遠距離貿易時，不可忽視的是十七到十八世紀歐洲白銀持續流向亞洲，而且流出量逐年增加；然而，這些從歐洲流入亞洲的白銀，也促使了亞洲經濟的成長與轉變。歐洲市場對於多樣化亞洲商品的旺盛需求，引發了亞洲社會內部的變化；那些消費銅與錫的平民百姓，生活條件也跟著提升。

值得注意的是，十七世紀後期以降，歐洲和亞洲之間的貿易也產生了質的變化。以往的貿易結構十分單純，白銀從歐洲流入亞洲，香料則從亞洲出口至歐洲。事實上，海洋亞洲的區間貿易十分盛行，對亞洲來說，跟歐洲貿易並沒有那麼重要。歐洲人算是新來乍到，加入這個蓬勃發展的亞洲區間貿易。他們之所以能活絡經濟，只是因為他們帶來了大量貨幣，讓亞洲內部累積了豐富的白銀而已。另一方面，出口至歐洲的商品產地，也僅限於東南亞與南亞的香料產地。因此從整個亞洲的生產活動來看，變化並不大。

期間	英國	荷蘭	法國	葡萄牙	丹麥	其他	合計
1581-1600				0.81		0.2	1.01
1601-1625	0.35	0.86		0.47		0.1	1.78
1626-1650	0.48	0.96				0.34	1.78
1651-1675	1.91	1.05				0.48	3.44
1676-1700	3.06	2.16				1.01	6.23
1701-1725	4.69	4.44				2.2	11.33
1726-1750	6.16	4.46	3.99		1.06	0.98	16.65
1751-1775	3.83	5.47	2.93		1.54	1.39	15.16
1776-1795	3.14	4.45				8.06	15.65

歐洲出口至亞洲的貴金屬年均出口額

這是經由好望角的貴金屬出口額統計數字，由此可以看出，整體而言十六世紀末之後，出口額呈現增加趨勢。另外說明，一六二六年以後，自葡萄牙出口的數字併入其他項目。

出處：Jan de Vries, "Connecting Europe and Asia: A Quantitative Analysis of the Cape-route Trade, 1497-1795," in: Dennis O. Flynn et al. (eds.) *Global Connections and Monetary History. 1470-1800*, Aldershot: Ashgate, 2003.

不過，到了十七世紀後期，出口至歐洲的商品開始走向多樣化路線，海洋亞洲的許多地區受到歐洲市場需求量大增影響，特定商品的生產量增加，有時還會改變生產系統來因應。尤其是南亞的海外貿易，歐洲市場的重要性愈來愈重要。以前棉織品會銷往東南亞與西亞各地，如今又新加入了歐洲，生產量自然大增，流入當地的歐洲白銀也愈來愈多。尤其是日本白銀從十七世紀中葉後就停止供給，歐洲白銀就變得更加重要。換句話說，從海上貿易的角度考量，印度經濟更偏向於倚賴歐洲市場。

5 十七世紀末貿易結構變化的意義

全球史中的近世及其變貌

十五世紀末，隨著大航海時代揭開序幕，世界經濟即以貿易為中心，開始緊密結合。到了十六世紀，日本白銀與美洲大陸生產的白銀開始流向全世界，強化了經濟連結。此外，無論是生絲與絲織品、胡椒和高級香料，抑或是當時價格昂貴的砂糖都是販售商品之一，於全世界流通。貿易串起了世界，這一點無庸置疑。不只白銀與商品，商人也跟著行走世界各地。有些商人從歐洲跨足亞洲，行走距離很遠；有些商人行走距離較短，卻頻繁從事海上貿易。在十六到十七世紀，為了獲得白銀與奢侈品，人們開始頻繁流動。若要區分整個世界史的各個時期，是很困難的；但若將十五世紀末大航海時代揭開序幕視為全球化的一個階段，稱之為「近世」的開始，那麼「近世」也可稱作是一個光輝燦爛的奢侈品時代。

不過，從十七世紀後期到十八世紀前期之際產生了變化。綜觀亞洲區間貿易，價格比白銀便宜的銅與錫等金屬開始大規模流通。這也意味著世界從華麗耀眼的白銀時代，轉向質樸而缺少華麗感的銅與錫的時代。舉例來說，阿瑜陀耶王國在多方面創下了輝煌耀眼的外交與貿易的成果，但十七世紀末之後，就只跟荷蘭東印度公司與中國商人做生意，可說是進入了較為單調平凡的時代。

乍看之下，確實會覺得之後進入了一個缺少華麗感的時代。舉例來說，《東南亞的貿易時代》（*Southeast Asia in the Age of Commerce, 1450-1680*）這本書，就描寫了這個時代的東南亞，作者是東南亞史研究巨擘安東尼．瑞德（Anthony Reid）。內容概論了東南亞的自然環境、生活文化、政治經濟等等，雖說是概論，但內容相當充實，一九八八年出版第一冊，一九九三年出版第二冊，一共兩冊的巨著。本書書名的日文翻譯為《東南アジアの商業の時代》，描述的時期為一四五〇年到一六八〇年，開始時期比大航海時代還早，是因為瑞德認為東南亞在歐洲人到來之前，就已經邁入貿易時代。這是他的主張。另一方面，貿易時代結束於一六八〇年，這也代表對瑞德而言，十七世紀後期是這個華麗璀璨的時代畫下句點的時刻。

不過，若是因此就斷定十七世紀後期以降的社會缺乏華麗感，創造出來的都是毫無魅力的東西，那就太過輕率了。毋寧說，此時平民百姓的生活開始出現變化，整個社會逐漸朝著近代的方向邁進。堪稱是庶民金屬的銅與錫大規模流通，亞洲的砂糖也開始變便宜，成為一般人也吃得起的調味料。世界貿易普遍從十七世紀的奢侈品貿易，進入了十八世紀便宜大量的大宗商品貿易。中國商人在東南亞各地建立貿易網絡的同時，當地來自中國的移民增加，現今東南亞各地的華人社會也在此時萌芽。總而言之，十七世紀後期開始建構了全球性分工體制，社會漫長而穩定變遷的時代就此展開。

第二章　從亞美尼亞改宗者經歷透視宗教與近世社會

守川知子

1　西亞的東西大國與亞美尼亞人

基督教世界的宗教對立與西亞

一五一七年，德意志的馬丁．路德（Martin Luther，一四八三～一五四六年）向教會提出《九十五條論綱》（*Ninety-five Theses*，全名為《關於贖罪券效能的辯論》），引發了社會對教會的批判，也在歐洲掀起要求羅馬天主教會進行宗教改革的浪潮。當時的天主教日益腐敗，不僅教宗的地位漸趨世俗化，神職人員也墮落不堪。在馬丁．路德與約翰．喀爾文（Jean Calvin，一五〇九～一五六四年）等人推動宗教改革以後，天主教的權威便搖搖欲墜，整個歐洲陸續爆發因新教與天主教的宗派對立引起的戰爭，例如英格蘭國教會的脫離、法國宗教戰爭、三十年戰爭等等。

羅馬天主教會深感宗教改革帶來的危機，努力推動自我改革的同時，也轉向「新大陸」和亞洲傳教，尋找活路。羅馬教宗也積極協助道明會（Ordo Praedicatorum）、方濟嘉布遣會（Ordo Fratrum

Minorum Capuccinorum），以及一五三四年成立的耶穌會（Societas Iesu）等修道會，企圖在全世界重建天主教會秩序。

歐洲發生的宗派鬥爭，導致葡萄牙、西班牙、荷蘭及英國東印度公司進入亞洲後，也在亞洲各地掀起了歐洲的「宗派對立」運動。隸屬道明會的荷蘭與英國東印度公司原本就不拘泥於宗教，但葡萄牙與西班牙是天主教大本營，因此有不少受教宗認可的天主教傳教士被派往亞洲傳教。這些歐洲人進入亞洲，使得東亞與西亞等世界各地發生的宗派和宗教對立更加激化，這也是十七世紀的一大特徵。

自歐洲在十六世紀爆發宗教戰爭以來，西亞的鄂圖曼帝國（一二九九～一九二二年）、薩法維帝國（一五〇一～一七三六年）也因各自擁護順尼派與什葉派互相對抗。雖然十七世紀兩國關係較為緩和，但也意味著宗教已然被地域及領土「固定化」，各自國家境內都有了「固有宗教」。本章將根據一位亞美尼亞人撰寫的回憶錄，探討西亞國家、社會與宗教的諸般樣貌。這位亞美尼亞人是十七世紀中葉出生在伊朗的基督徒，年輕時就改信什葉派成為穆斯林，之後遊歷了伊茲密爾、威尼斯、保加利亞、亞美尼亞等國家，晚年回到伊朗定居。從他的足跡中，我們可以看出十七世紀後期西亞和地中海地區個人信仰與地域社會，以及國家與宗教之間密不可分的關係。本章從一名在宗教及族群上的少數分子遊歷各國的軌跡，透視原本包容多元宗教的社會，如何在十七世紀演變成宗教本土化，或者說是宗派及教派在各地域邁向固定化，進而「完成」新的社會。

亞美尼亞人的歷史

亞美尼亞是一個位於裏海與黑海之間南高加索地區的內陸國，與喬治亞、亞塞拜然、伊朗、土耳其等國接壤。目前亞美尼亞人口約為三百萬人，「離散」在世界各國的據說有三百萬到八百萬人。「亞美尼亞」這個名稱是波斯、希臘等國使用的他稱，亞美尼亞人自稱為「海伊」（hay）、稱呼自己的國家為「海悅克」（Hayk'）或「海悅斯坦」（Hayastan）。在漫長的歷史中，亞美尼亞人也曾建立自己的政權，但大多是夾在東西兩方大國之間的附屬國。

最早出現亞美尼亞之名，是阿契美尼德王朝（波斯帝國，西元前五五〇～西元前三三〇年）大流士一世在西元前五二〇年左右留下的貝希斯敦銘文。銘文紀錄了大流士一世鎮壓「亞米尼亞」（Armina）叛亂的過程。亞美尼亞是阿契美尼德王朝的主要行政區之一，設立總督（Satrap）統治管理。在信仰、語言和文化面上，亞美尼亞皆深受波斯影響。在波斯國力衰退時，亞美尼亞選擇走自己的路，無奈遭受剛興起的塞琉古王朝（西元前三〇五～西元前六三年）、帕提亞王國（西元前二四七～西元二二八年，又稱安息帝國）和羅馬帝國侵略，疲於應付這些東西大國。

亞美尼亞王國（Kingdom of Armenia，西元前三二一～西元後四二八年）是由多個貴族系統組成，提格蘭二世（Tigranes Magnus，西元前九五～西元前五五年在位）的時代創下了王國最大的版圖。提格蘭二世攻打國力衰退的帕提亞王國與塞琉古王朝贏得勝利，獲得了從裏海到地中海，大約是從現今的亞美尼亞，到伊拉克北部、敘利亞、黎巴嫩一帶的廣闊領土。可惜這位有「王中之王」美譽的提格蘭二世率領的「帝國」好景不常，末期陷入與羅馬帝國永無止盡的戰爭，最後戰敗，除了亞美尼亞高原故有領土之外，那些後來拿到的領土幾乎全都失去了。帕提亞王國滅亡後，受到希臘化時代影響的亞美尼亞必須面對薩珊王朝（二二六～六五一年）的威脅，還必須與薩珊王朝的國教祆教對峙；亞美尼亞與羅馬帝國相同，在四世紀初設立國教為基督教。羅馬帝國與薩珊王朝經歷了漫長戰爭，結果於西元三八七年，亞美尼亞被分割成東西兩邊，拜占庭亞美尼亞（西亞美尼亞）與波斯亞美尼亞（東亞美尼亞）各自走上不同的道路。從此之後，亞美尼亞人沒再奪回過去版圖，大致是以「東亞美尼亞」為中心，由幾個小領主建立的地方政權分立而治（詳情請參照喬治・伯努丁〔George A. Bournoutian〕，《亞美尼亞人的歷史》〔*A Concise History of the Armenian People*〕）。

東西兩大帝國的戰爭在五到六世紀愈演愈烈，許多亞美尼亞人移居君士坦丁堡與賽普勒斯，拜占庭皇帝也強制將亞美尼亞人遷至奇里乞亞（現今土耳其南部）。另一方面，亞美尼亞人也深受拜占庭帝國（三九五～一四五三年）重用，不僅擔任將軍等要職，八至九世紀之際更出現亞美尼亞人出身的皇帝。

後來，亞美尼亞人在現今土耳其南部建立了奇里乞亞亞美尼亞王國（Armenian Kingdom of Cilicia，一一九九～一三七五年），特別之點在於，這是亞美尼亞人唯一不在「故土」成立的國家。當時正值薩拉丁（一一六九～一一九三年在位）奪回耶路撒冷的時期，奇里乞亞的亞美尼亞人便與教宗及神聖羅馬帝國合作，獲得他們承認合法地位，升格為「王國」。亞美尼亞王國後來與基督教

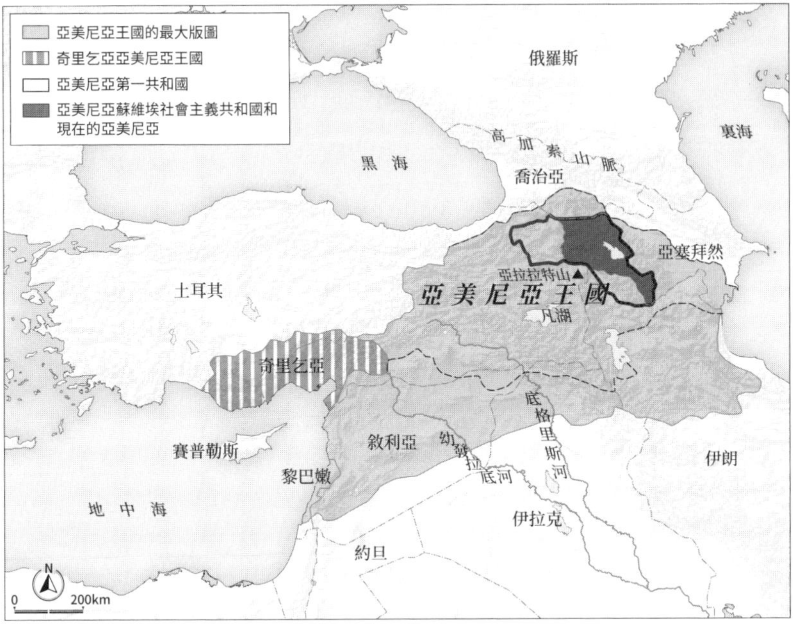

圖 2-1　從亞美尼亞眺望亞拉拉特山

各方勢力緊密連結，卻引發國內亞美尼亞信徒反彈，逐漸失去人民的支持。十三世紀後期，新興的馬木路克蘇丹政權（一二五〇～一五一七年）開始侵略奇里乞亞亞美尼亞王國奪取領土，即使亞美尼亞向蒙古軍求援，還是逃不過在一三七五年滅國的命運。

亞美尼亞在三〇一年將基督教奉為國教，是世界史上第一個基督教國家，比羅馬帝國承認基督教（三一三年米蘭敕令）還早十幾年。四五一年，迦克墩大公會議將基督一性論*定為異端，而亞美尼亞使徒教會（又稱為亞美尼亞正教會）與敘利亞正教會、亞歷山大科普特正教會都是主張一性論的非迦克墩派。亞美尼亞使徒教會由大公長（Catholicos，相當於宗主教）、主教、司鐸、修道士等神職人員組成，現今亞美尼亞西部的瓦加爾沙帕特是教會的根據地，設有主教座堂，該座巴西利卡式教堂興建於四世紀初。五世紀初期亞美尼亞人發明了自己的文字，也就是亞美尼亞文字，還翻譯了《聖經》。雖然儀禮皆使用亞美尼亞語，但基本上與希臘正教等東方基督教有許多共通之處。不僅如此，耶路撒冷舊城將聖殿山（Temple Mount）之外的其他地方分成四區，除了猶太區、穆斯林區、基督徒區之外，另一個就是西南邊的亞美尼亞區。自四世紀亞美尼亞將基督教定為國教後，就有亞美尼亞人移居至此。十二世紀的十字軍時期，該區重建了聖雅各主教座堂，亞美尼亞人就在那一帶居住生活。而耶穌長眠的聖墓教堂，也是亞美尼亞使徒教會的主教座堂。此外，位於現今土耳其東部海拔高度五千公尺的亞拉拉特山（Mount Ararat），相傳就是大洪水之後諾亞方舟抵達的高山。從亞美尼亞國徽正中間就是亞拉拉特山的圖騰來看，亞拉拉特山已成為亞美尼亞人的心靈寄託。

拜占庭帝國滅亡後，住在「伊斯蘭化」的西亞的亞美尼亞人說著亞美尼亞語，使用亞美尼亞文字，堅守基督教宗派之一亞美尼亞使徒教會信徒的身分，保有自己的語言、文化與宗教認同。不過，即便是在亞美尼亞本土，他們也一直都是「少數分子」。直到十九世紀初俄國建立亞美尼亞省，鼓勵西亞的亞美尼亞人遷入以改變居民組成結構，這樣的情形才有所改善。

鄂圖曼帝國與薩法維帝國的抗爭

十六世紀初，伊朗西北部的大不利茲建立了薩法維帝國。這時的鄂圖曼帝國對於這些意欲侵蝕帝國東邊領土的新興勢力非常敏感，因此很快就有了反應。更大的原因在於，薩法維帝國信仰什葉派，鄂圖曼帝國自詡為順尼派的盟主，自然無法忍受薩法維帝國的存在。什葉派第一代伊瑪目（Imam），也就是「真正的指導者」是先知穆罕默德的堂弟兼女婿阿里（'Ali ibn Abi Talib）。什葉派之名來自於 Shia-ne-Ali，意思是阿里的追隨者。就像十六世紀末來到波斯灣荷姆茲島的葡萄牙旅人泰舍拉（Teixeira）所說的「什葉派追隨阿里，順尼派追隨穆罕默德」，薩法維帝國成立之後，什葉派與順尼派也是涇渭分明。自此之後，東邊的薩法維帝國與西邊的鄂圖曼帝國便展開了長期的激烈

＊ Monophysitism，主張耶穌復活後只能有一個位格，神性與人性也合而為一，只有神性，進而否定耶穌具有人性。這跟正統教義所講的「位格合一」（the hypostatic union）主張耶穌神人二性並存，並結合成一個位格有所不同。

領土爭奪戰，尤其是亞美尼亞人、喬治亞人與庫德人生活的高加索山脈到安納托利亞一帶（後來也包含伊拉克）。

薩法維帝國的開國君王是伊斯邁爾一世（Shah Ismail I，一五〇一～一五二四年在位），他是薩法維蘇非道團（Safaviyya）的年輕導師（Shaykh，謝赫）。薩法維帝國以亞塞拜然到安納托利亞一帶為中心向外擴張，一五〇一年伊斯邁爾一世推翻白羊王朝（十四世紀後期～一五〇八年）在大不利茲即位，同時宣布以什葉派為國教，發行的貨幣除了刻有「萬物非主，唯有真主，穆罕默德是真主的使者」的清真言之外，還刻了「阿里是真主所喜悅的」（wa-Aliyun waliyu 'llah）的什葉派代表文字。貨幣上也刻了阿里、哈桑、胡笙等十二名伊瑪目的名字。帝國剛成立時，為了讓突厥系游牧民族等支持者了解薩法維帝國信仰的什葉派，甚至將教團的導師（也就是伊斯邁爾一世）奉為「神」，如此「偏激」的作風「脫離」了原有教義。鄂圖曼帝國對薩法維帝國侵略自己的東境感到相當憤怒，便找各種理由攻打標榜自身為「什葉派」的薩法維帝國，正當化自己的進攻行為。

首先攻進伊朗的是塞利姆一世（Selim I，一五一二～一五二〇年在位）。他在一五一四年的查爾迪蘭戰役使用大砲與槍枝，擊敗了伊斯邁爾一世的軍隊。這次戰敗使得伊斯邁爾一世頓失「神性」，此後薩法維帝國就一邊確立以十二伊瑪目為基礎的「正統」什葉派信仰，一邊與歐洲各國建立軍事同盟以便夾擊鄂圖曼帝國。另一方面，鄂圖曼帝國的塞利姆一世轉而攻打敘利亞，滅了馬木路克蘇丹政權，從東安納托利亞、伊拉克、阿拉伯半島漢志地區、敘利亞與埃及都成為塞利姆一世的囊中物。之後他的兒子蘇萊曼一世（Suleiman I，一五二〇～一五六六年在位）更遠征歐洲，平定匈牙利。一五二九年，蘇萊曼一世率兵圍困哈布斯堡王朝首都維也納（史稱維也納之圍，Siege of Vienna），還在普雷韋扎海戰擊潰西班牙、威尼斯與教宗組成的聯合艦隊，掌握地中海的制海權，成為十六到十七世紀威脅歐洲各國的強盛國家。

一五五五年，鄂圖曼帝國與薩法維帝國第一次和談，但兩國在高加索地區到伊拉克一帶的國土爭議並未就此停歇，攻防戰持續膠著。就在僵持不下之際，一五八二年鄂圖曼帝國軍占領了東亞美尼亞首府葉里溫。內亂不斷的薩法維帝國由阿拔斯一世（Abbas I，一五八八～一六二九年在位）即位，平定內亂後，他奪回了高加索和亞塞拜然，伊拉克地區也納入統治。可惜的是阿拔斯一世薨逝後，鄂圖曼帝國再度奪回伊拉克的統治權。後來又在一六三九年重新簽訂協議，東亞美尼亞屬於薩法維帝國，喬治亞西部、西亞美尼亞和伊拉克則納入鄂圖曼帝國版圖，兩國「國境」就此底定。和平條約讓鄂圖曼帝國東境恢復和平，並有餘力轉戰歐洲。穆罕默德四世（Mehmed IV，一六四八～一六八七年在位）在位的一六八三年，大維齊爾（相當於中國的宰相）卡拉·穆斯塔法帕夏（Merzifonlu Kara Mustafa Pasha，一六七六～一六八三年在職）率領鄂圖曼帝國軍隊第二次包圍維也納（史稱維也納之戰，Battle of Vienna），但僅包圍短短兩個月就被波蘭與德意志援軍集結擊潰。維也納之戰的結果導致歐洲和鄂圖曼帝國之間的勢力消長，出現大幅變化。

如此這般，十六到十七世紀鄂圖曼帝國與薩法維帝國爭奪東安納托利亞、高加索與亞塞拜然地區。陷入紛爭的亞美尼亞人遭到兩強夾擊，在焦土作戰的摧殘下失去土地，成為俘虜，最終被半強制地遷往伊斯坦堡和伊朗。

薩法維帝國統治下的亞美尼亞人與新朱法區

一六〇三年，阿拔斯一世遠征高加索地區，企圖收復失土。阿拔斯一世明白此地無法避免鄂圖曼帝國的攻擊，他也看重亞美尼亞人的商業貿易網絡，不希望此地落入鄂圖曼帝國手中，便將所有居民遷往伊朗避難，選擇在阿拉斯河北岸的朱法區（現在是亞塞拜然的領土）實施焦土作戰。根據波斯文史料記載，這次遠征總共帶了三千戶亞美尼亞人，而根據歐洲人撰寫的遊記內容，則有十五萬人到六萬戶，也就是三十萬人之譜，不同史料記載的數字相差甚大。他們被送往薩法維帝國的新首都伊斯法罕、裏海南岸的吉蘭省、馬贊德蘭省、札格洛斯山的古城哈馬丹等地務農，一部分人則在溫暖潮濕的裏海南岸養蠶繅絲。由於氣候關係，每年入冬前都要遷徙到其他地方避寒，他們在風土氣候完全不適應的地方居住，生活相當苦，許多人都病倒了。根據十七世紀亞美尼亞人的史料記載，高加索地區的許多穆斯林和基督徒在阿拔斯一世遠征前配合遷居波斯（伊朗）的原因在於，「鄂圖曼人*對亞美尼亞人十分殘暴，強行奪取他們的財產，課徵重稅，踐踏他們的土地，嘲笑他們的信仰（基督教），還有其他類似的橫徵暴斂。」而且，鄂圖曼帝國不是只對亞美尼亞人如此，他們對喬治亞人和穆斯林也採取同樣的態度。「由於受到毫無人道的對待，他們投靠波斯的王(Shah)，希望獲得王的援助，找到可以擺脫鄂圖曼箝制的方法。」〈大不里士的阿拉克爾（Arak'el of Tabriz)，《歷史之書》(*Book of History*)。〉

一六〇五年，薩法維帝國的君主開闢出伊斯法罕扎因代河南岸的土地，給幾千戶亞美尼亞人居住。由於其中有兩千戶來自朱法鎮，因此借故鄉之名，將此處命名為「新朱法區」（New Julfa）。移居到新朱法區的亞美尼亞人在這裡興建教堂，商人也由此往海外發展。新朱法區用城牆圍起，興建一棟棟亞美尼亞人的傳統石屋，而非伊朗高原當地常見的紅磚屋。第一間教堂是一六〇五年開工的凡克主教座堂，也是亞美尼亞使徒教會的主教座堂。阿拔斯一世、薩法維（一六二九～一六四二年在位）、阿拔斯二世（一六四二～一六六六年在位）等歷代薩法維帝國君王都會在亞美尼亞人的節日，例如復活節或耶穌升天節造訪新朱法區的教堂，參加節慶。此外，穆斯林禁止釀酒，但國王允許亞美尼亞人釀酒，因此在新朱法區內外建造了好幾座葡萄園。

這群擁有信仰自由與自治權的亞美尼亞人在區長（Kalantar）的統治下，不只是薩法維王室的「御用商人」，更重要的是，當時歐洲國家正在謀劃組成「抗鄂圖曼同盟」，亞美尼亞人也在中間擔任使節或口譯，備受薩法維帝國重用。對王朝來說，亞美尼亞人是與其他國家強化軍事與經濟關係之際最重要的橋梁。由於這個緣故，居住在新朱法區的亞美尼亞人擁有一些商業特權，例如皇室管理的生絲全都是由亞美尼亞人獨占販售，也享有免稅待遇，因此不少亞美尼亞人透過人脈，躍身成富可敵國的大商賈。

十七世紀後期，滯留伊斯法罕的法國珠寶商讓．查丁（Jean Chardin）形容新朱法區「可能是全

＊原文使用トルコ人，直譯應為土耳其人。但近代早期歐洲人主要將鄂圖曼帝國的土耳其人稱為鄂圖曼人，且「土耳其人」一詞在更晚近的土耳其民族建國時期被賦予特殊意義，已非原本的血緣族群名稱，因此本處採用更貼近當時人們使用的詞彙。

世界最大的村子」。根據他的說法，這個村子裡有新舊兩個移民區，有五條大馬路和好幾條小路，還有十一間教堂、一座修道院、一座女子修道院，以及三千四百到三千五百戶人家。「舊移民區」是從阿拉斯河畔朱法區搬過來的亞美尼亞人居住區，受到薩法維帝國歷代君主的保護，居民經商致富之下產生許多富裕家庭，在街區裡蓋出一棟棟華麗氣派的豪宅。此外，「新移民區」主要有袄教徒、從亞美尼亞母國葉里溫移居的亞美尼亞人，以及包括官方不允許住在伊斯法罕市中心的耶穌會傳教士在內的歐洲基督徒，是這些「非伊斯蘭教徒」生活的區域。（讓．查丁《伊斯法罕誌》）

新朱法區的亞美尼亞商人建構出以伊斯法罕為中心，從歐洲通往亞洲的貿易網絡。十七世紀的伊朗貿易採分工制，由「波斯人或猶太教徒」負責國內貿易，「亞美尼亞人」負責國際貿易。不讓穆斯林參與國際貿易的原因是可能會破戒，因為穆斯林教義禁止收利息，還有一些飲食上的禁忌。亞美尼亞人信奉基督教，與同為基督徒的歐洲各國做生意，完全沒有任何隔閡。不僅如此，由於歷史背景的緣故，亞美尼亞人除了會說亞美尼亞語、土耳其語，在歐洲經商的人們還得通曉義大利語和法語。根據亞美尼亞裔的伯努丁和塞布．戴維．阿斯拉尼安（Sebouh David Aslanian）等人的研究，阿勒坡、威尼斯、利弗諾、印度西岸的果亞、蘇拉特等地，早在十六世紀後期就設置了亞美尼亞人的居留區。進入十七世紀之後，馬賽、阿姆斯特丹、伊茲密爾、孟加拉、下緬甸的勃固等地也設有居留區。十七世紀後期，包括倫敦、巴黎、莫斯科等歐洲主要城市在內，欽奈（馬德拉斯）、孟買，甚至是菲律賓的馬尼拉，也都有他們的據點。

就這樣，亞美尼亞人在十七世紀建構了全球商業網絡。亞美尼亞商人的大本營是伊斯法罕的新

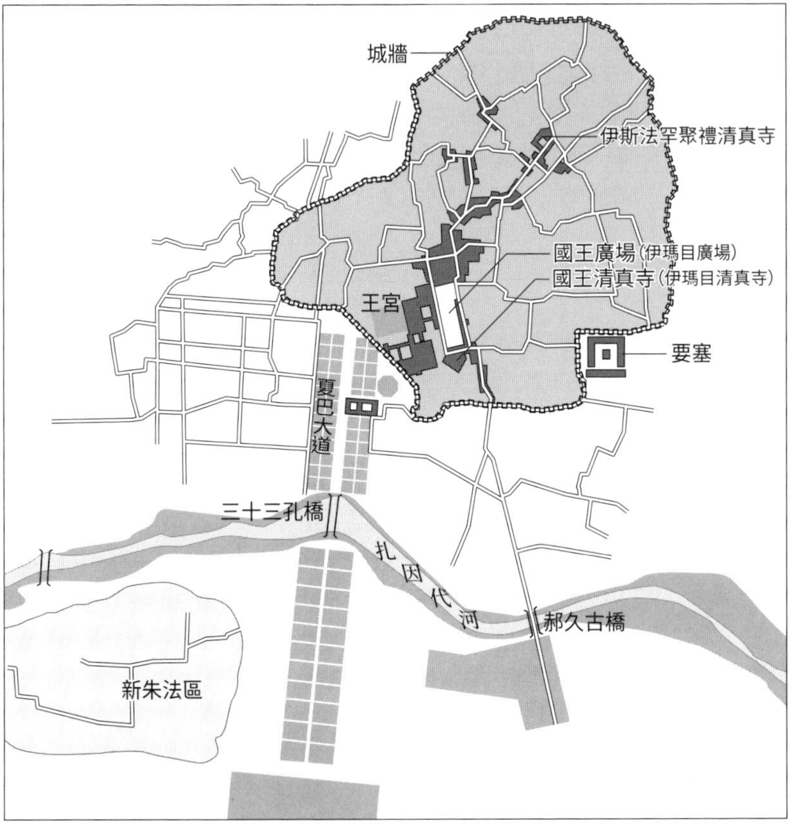

薩法維帝國的伊斯法罕
在河的南岸開闢新朱法區。

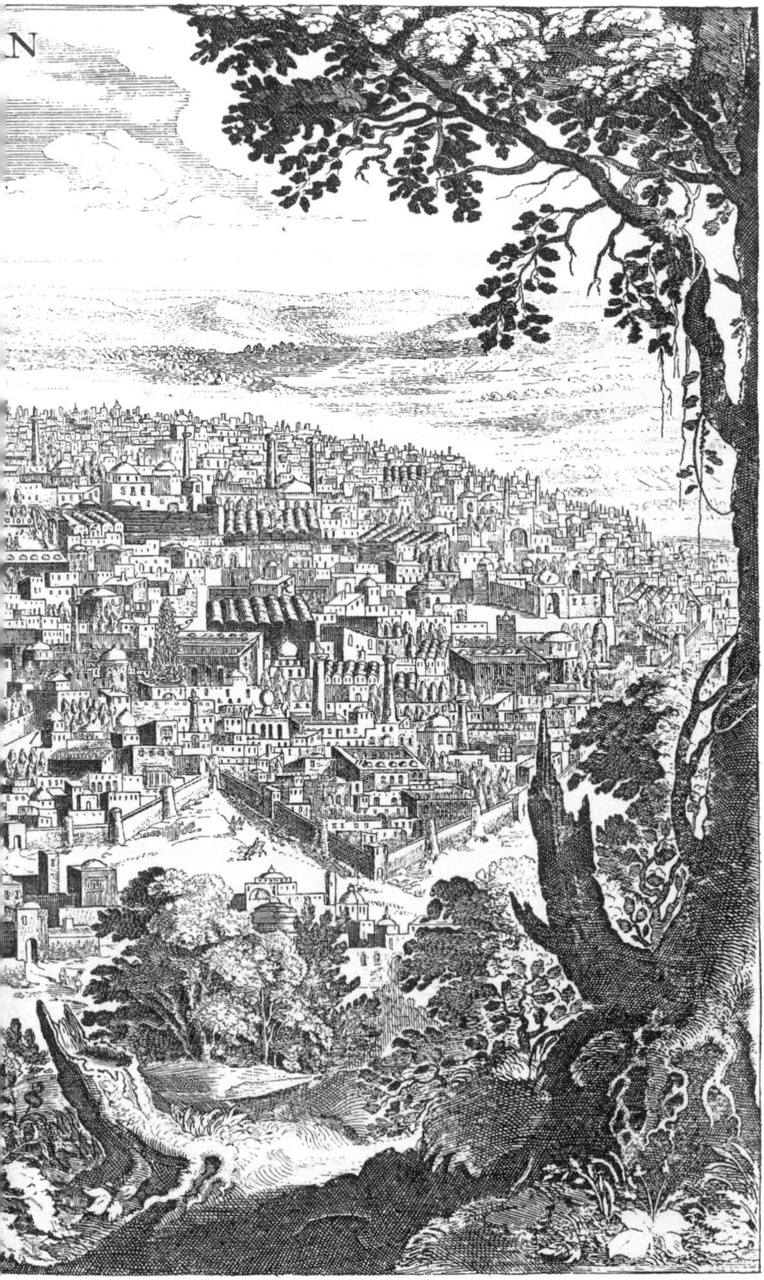
N

圖 2-2　十七世紀中葉的伊斯法罕（引自阿利烏斯的遊記）
左上方的小區塊寫著「Julfa」（朱法區），但相對位置並不正確。

朱法區，以家父長為中心，所有兄弟一起經商，建立家族事業。親戚朋友則以代理商的身分加入，形成多達百人的經商團隊。新朱法區的亞美尼亞人壟斷伊朗的生絲貿易，跟蒙兀兒帝國統治下的印度與英國東印度公司簽訂協議，成為特權商人。此外在一六六七年，莫斯科大公阿列克謝·米哈伊洛維奇（Alexis of Russia）也賦予亞美尼亞商人在俄國境內販售生絲的免稅特權。不少亞美尼亞家族也遠渡義大利，與教宗建立良好關係。十七世紀中葉，六度前往伊朗、印度旅行（途中還訪問了東南亞大陸區和爪哇島）的法國商人讓—巴蒂斯特·塔維尼爾（Jean-Baptiste Tavernier）如此描述亞美尼亞商人：

他們在短時間內變成貿易高手，現在沒有任何生意是他們不做的。不只是歐洲，他們的足跡還遍布了印度、東京（越南的河內）、爪哇、菲律賓等全亞洲，東方國家一個也不放過。但中國和日本除外。他們下定決心，只要一天不成功，就一天不回伊斯法罕。（中略）事實上，沒有人比亞美尼亞人更會做生意，那是因為他們十分簡樸，誠實正直。（中略）他們每個人都隨身攜帶自己的睡墊和被子，還有開伙工具（這才是儉約的最高境界）。若是前往基督教國家，他們會帶著番紅花、胡椒、肉豆蔻等辛香料，到鄉下地方換取麵包、紅酒、奶油、起士、乳製品等等。從基督教國家回來時，就會帶著布料、紐倫堡和威尼斯的金屬用具，例如小手鏡、銅或琺瑯製戒指、假珍珠等，充作在村子落腳的伙食費。他們剛開始做生意時就帶著二十萬埃居的錢，以及數不清的英國與荷蘭製布料、高級薄織物、眼鏡（銀鏡）、威尼斯產珍珠、胭脂、手銖等商品回到波斯，沒有任何商隊像他們這樣不將值錢的貨物用船運回來。他們認為這些商品最適合在伊朗或印度販售。

——塔維尼爾《六段旅程》（*Les six voyages*）

勤儉純樸的亞美尼亞商人前往歐洲各地的鄉下經商，大量採購歐洲當時生產的產品，並帶回伊朗或印度賣掉，賺取龐大利益。

薩法維帝國保障新朱法區亞美尼亞人的信仰自由，讓他們從事國際貿易，享受榮華富貴。但在一六七〇年代，「他們享受的富貴生活已經消逝」；隨著薩法維帝國日落西山，他們的榮耀也跟著黯淡無光。一七二二年，阿富汗人攻打伊斯法罕，亞美尼亞人逃離新朱法區，前往過去在亞洲與歐洲各地建立的據點避難。在阿富汗人入侵後百年，英國外交官馬爾科姆（John Malcolm）即如此表示：「若根據朱法區主教的命令計算，波斯的亞美尼亞人數預估為一萬兩千八百八十三人。人數還不到阿富汗人入侵前的六分之一。」

2 一位亞美尼亞人改宗者的生涯

亞美尼亞人阿布加爾

十七世紀中葉，伊斯法罕亞美尼亞人居住的新朱法區有一名小男孩誕生了。他的名字叫阿布加爾。那是在西元前後榮耀亞美尼亞王國的國王之名，也是亞美尼亞人很常見的名字。他在外遊歷數十年之後回到伊朗，用波斯文撰寫回憶錄。這本註明了伊斯蘭曆一一一九年都爾喀爾德月（第十一月）四日（西元一七〇八年一月二十六日）這個日期的回憶錄缺少了開頭部分，在書寫完畢的日期後又加了好幾頁，中間好幾頁也多所缺損，因此不算是本完整的著作。與同時代宮廷書記官撰寫的編年史不同，這本回憶錄大量使用對話體，而且以十分淺顯易懂的波斯文寫成。目前收藏在德黑蘭大學的手抄本是唯一驗明正身的版本，不過仍無法證實這是作者親手寫就的，大多數學者認為這本書可能是口述筆記，或是以接近口述筆記的方式完成本書。

阿布加爾一族是響應阿拔斯一世的政策，移居到伊朗、朱法區出身的亞美尼亞富商。根據回憶錄內容，他的祖父曾在新朱法區興建教堂，父親在印度逝世，兄弟和堂兄弟在國外經商，每次外出做生意，家族代理人一定會同行。對照其他史料可以推估出，其祖父興建的教堂應該是「聖伯利恆教堂」。聖伯利恆教堂位於新朱法區主廣場旁，碑文描述聖伯利恆教堂是哈耶．彼得羅斯．瓦利賈尼安（Khaje Petros Valijanian）在伊斯蘭曆一〇七七年（西元一六二七年）自掏腰包興建而

圖 2-3　新朱法區的聖伯利恆教堂內部
薩法維帝國建築樣式的特色，是使用大量綠松石和青金岩點綴，鮮豔的綠色調十分美麗。教堂還有圓頂天花板。

成。「Khaje」是十七世紀大富商使用的尊稱，瓦利賈尼安家族是新朱法區可以使用這個尊稱的二十個左右的名門望族兼富商之一。彼得羅斯遷居到朱法區二十多年後，拿出龐大財產為家族興建教堂。他有四個兒子，分別是波哥斯（Poghos）、米納斯（Minas）、霍漢尼斯（Hovhannes）與古卡斯（Gukas）。相傳波哥斯經商失敗，薩非朝蘇萊曼一世（Suleiman of Persia，一六六六～一六九四年在位）資助他東山再起。不僅如此，波哥斯兩個兒子之一的霍漢詹（Hovhanjan）後來改信伊斯蘭教，後世新朱法區亞美尼亞人留下的紀錄中也能看見他的名字（記為 Hovhannisyan，《伊斯法罕新朱法史》）。由上述內容推測，阿布加爾來自朱法區數一數二的富商瓦利賈尼安家族，那個名為霍漢詹（名字是心愛的約翰之意，可能是受洗名或暱稱）的人物就是他。也就是說，新移民彼得羅斯是阿布加爾的祖父，在印度逝世的波哥斯是阿布加爾的父親，而阿布加爾還有一位兄弟，名為哈可夫詹（Hakobjan，他的兒子在阿富汗人入侵伊斯法罕後帶著龐大財產移居印度的欽奈〔Chennai〕，還被任命為英國東印度公司的顧問，擔任當地亞美尼亞商人的領袖，並投入大筆資金興建橫跨阿達亞河的第一座橋梁）。

關於阿布加爾的生卒年尚不明。在阿布加爾小的時候，他的祖父彼得羅斯還健在，而彼得羅斯大約是在一六四九年過世，因此推估阿布加爾應是在一六四〇年代後半出生的。此外，阿布加爾和第一任妻子育有一女法蒂瑪，與第二任妻子育有一子穆罕默德。

聖伯利恆教堂有一座日期為伊斯蘭曆一一六〇年（西元一七一一年），寫著「哈耶．霍漢詹」（Khaje Hovhanjan）與他的雙親、妻子、兒子、女兒和死去女兒名字的紀念碑。教堂內其他家族的紀念碑都有「與基督同在」這類的文字，只有這座紀念碑沒有。阿布加爾撰寫回憶錄時為一七〇八年，碑文落款的時間是幾年後，因此推估，阿布加爾應該是在六十多歲的時候離開人間。

阿布加爾的祖父在十七世紀中葉移居到薩法維帝國的伊斯法罕，成為第一代移民，並自掏腰包興建教堂。由此可見，阿布加爾出生在十分虔誠的基督教家庭，而且是家境極為富裕的亞美尼亞貿易商。儘管如此，阿布加爾從小對各種事物的感受性極強，個性剛正不阿。雖然他從小在祖父興建的教堂中度過，但對基督教信仰愈來愈感到懷疑。不過，從小他就會打開家裡倉庫的門施捨窮人，害怕地獄的業火，每天向上帝祈求不要讓他墜入地獄。

到了十七、八歲（其實應該是二十出頭到二十五歲之間），阿布加爾從聖經裡的文字領悟到伊斯蘭教比基督教更好，於是表示要放棄基督教，改信伊斯蘭教，並取了一個伊斯蘭名字「阿里．阿克巴」（Ali Akbar，偉大的阿里）。對於一個在亞美尼亞人新朱法區長大的年輕人來說，放棄同胞的宗教成為伊斯蘭教徒，是很大的改變，內心的苦惱糾葛不言可喻。來自家族和社群的強烈反對，讓他心力交瘁到三個月無法下床。

成為「新穆斯林」的阿布加爾，很快就被家人送到有親戚居住的伊茲密爾，就此展開他的遊歷生涯。亞美尼亞商人有一個慣例，父母會在孩子年輕時將他們送到國外歷練。阿布加爾也不例外，但他這次被送出去還有另一個考量：那段時間陸續有人改信伊斯蘭教，他的家人認為無法再讓他待在伊朗。

遊歷生涯

成為「新穆斯林」的阿布加爾，後來的遊歷軌跡如下：

①伊斯法罕→②伊茲密爾→③威尼斯→④培拉特？（文獻記載為BRRQAT）→⑤揚博爾→⑥伊斯坦堡→⑦伊茲密特→⑧巴統→⑨特拉布宗→⑩葉里溫→⑪大不利茲→⑫伊斯法罕

離開伊斯法罕後，阿布加爾第一個抵達的地方是隸屬鄂圖曼帝國的伊茲密爾。伊茲密爾位於愛琴海東岸，如今是繼伊斯坦堡、安卡拉之後，土耳其的第三大城市。希臘語舊稱士每拿，是伊奧尼亞聯盟主要城市之一，在鄂圖曼帝國統治下發展成最繁榮的港都。想要經營黎凡特貿易，以及來自威尼斯、佛羅倫斯、法國、荷蘭和英國的商人，全都住在這裡。亞美尼亞商人早在十一至十二世紀就經常往來此地，到了十七世紀則經由大不利茲、阿勒坡等陸路商道將伊朗生絲運往伊茲密爾，再賣給歐洲商人。阿布加爾家族應該也是從事這類貿易。不過，年輕時期的阿布加爾待在伊茲密爾的期間，新朱法區發生了一起區長改信伊斯蘭教的事件（一六七三年，詳情後述）。這件事很快傳入了伊茲密爾；或許是受此影響，阿布加爾只在伊茲密爾待了九個月。在堂兄弟的邀請下，一行人搭船離開伊茲密爾，前往威尼斯。

亞美尼亞人從六世紀左右就與威尼斯建立關係，最遲到十二世紀，威尼斯已經出現美尼亞人居住的社群。十三世紀中葉，威尼斯總督專為亞美尼亞商人建造提供住宿的教堂，兩者關係之深由此

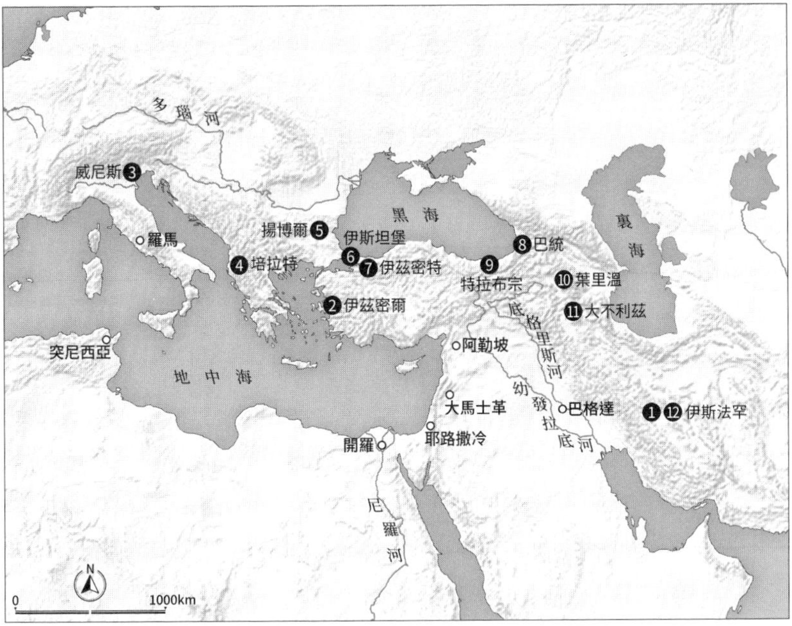

阿布加爾的遊歷軌跡

可見一斑。聖馬可廣場位於運河圍繞的舊市區中心，廣場旁有一條「亞美尼亞巷」(Calle dei Armeni)，那裡還有一間一六八〇年重建的小型亞美尼亞教堂（聖十字聖殿）。阿布加爾在自己的回憶錄如此形容這座城市：

> 威尼斯（Venedik）是座小巷間穿梭著一條深河（運河）的城市，以小船運送物資，而非馱馬。河的兩側有陸地，人們都往陸地移動，城市裡幾乎沒有馱馬，也沒有任何一名穆斯林。

阿布加爾在威尼斯學習繪畫與工藝，他對於家業，也就是貿易並不熱衷。就在他花了七至八年學成技藝之後（可能興起了回國念頭），來自朱法的商人向政府誣告，將阿布加爾關進威尼斯的監獄。他的罪狀是在伊朗褻瀆耶穌、偷盜，以及殺害基督徒。阿布加爾的親戚一直不能接受他改宗的行為，要求家族代理人監視他的一舉一動，一旦發現阿布加爾想回故鄉伊斯法罕，就想盡辦法把他留在威尼斯。鋃鐺入獄就是代理人想到的方法。阿布加爾在某個節日遭到警察用黑布包起來，直接關進警察機構的漆黑牢獄。阿布加爾的親兄弟趕到阿布加爾斡旋，終於讓阿布加爾按照規定，如期在四十天後釋放出獄。但對阿布加爾來說，竟然因為「穆斯林」的身分坐牢，讓他感到極大屈辱。他十分厭惡親族對他施加的壓力，決定出外摸索自己的人生。阿布加爾坐牢時曾夢見先知穆罕默德給他的啟示，讓他下定決心離開「沒有穆斯林」的威尼斯。

阿布加爾與家族代理人們一起坐船離開義大利，前往鄂圖曼帝國的領地。當他獨自待在存放商品的艙室裡時，一名穆斯林大商人向他搭話。這段很有意思，容筆者引用多一點內容：

我向那位商人走過去，他問我：「你是哪裡人？」我回答：「我是伊斯法罕人。」他又問：「那些商品是那兩位老人的嗎？」我說：「不是，他們是我表兄弟的代理人。」「你是穆斯林嗎？」「是的，原本是卡菲勒（kafir，意指不信神者），我來自朱法。現在是穆斯林。」「你成為穆斯林幾年了？」「十一年。」「父母還健在嗎？」「母親還在，父親在印度過世了。」「你為什麼會成為穆斯林？」「我在福音書中受到啟發，才成為穆斯林。」「太好了！故鄉有妻子在等你嗎？」「沒有。」

這名大商人看向（兒子古蘭的）老師，說了幾句話後，又轉頭對著我說：

「你真的來自朱法嗎？」「是的。」「你的父親和祖父是商人嗎？還是代理人？」「他們都是大盤商，我們家在朱法是望族。」

聊完之後，大商人對阿布加爾說，要是他留在這裡，就把女兒嫁給他。阿布加爾當場接受大商人的提議，不過，他的堂兄弟代理人們發現他和穆斯林在說話，於是大罵「和穆斯林說話成何體

圖 2-4　威尼斯的「亞美尼亞巷」
聖十字聖殿就在左邊。

統」，雙方吵成一團。代理人們接著又說：「你打算娶穆斯林為妻嗎？我給你一大筆錢，你給我回去威尼斯，在那裡娶妻生子，永遠不許離開！」嚴厲斥責阿布加爾。阿布加爾態度強硬地說：「我不會留在這裡，也不回威尼斯，更不會回去伊斯法罕。過去我一直和你們在一起，那些異教徒對我扣上莫須有的罪名，你們卻從未救過我，還要等我的兄弟來，我才能被放出來。我在威尼斯坐牢時夢見了先知，他說要救我，但條件是要離開異教徒的土地。你們還想要讓我恢復異教徒的身分嗎？我絕對不會再回去！」當天晚上，穆罕默德再次進入阿布加爾的夢境，祂告訴阿布加爾現在不是結婚的時機，因此阿布加爾告別了大商人，與代理人繼續接下來的旅程。

他們走陸路前往 BRRQAT（可能是阿爾巴尼亞的培拉特），途中阿布加爾結識了鄂圖曼帝國的法官（Qadi），並藉此擺脫了與家族糾葛不清的關係，踏上新的旅程。阿布加爾在法官故鄉保加利亞的揚博爾避開代理人耳目，投奔法官，還與他的女兒結婚。此外，阿布加爾一行人之所以在 BRRQAT 遇到法官，是因為該地的法官遭罷免，想跟著商隊一起回到揚博爾。這位法官在 BRRQAT 花了兩個月的時間做準備，途中也與其他管區遭罷免的法官會合。根據史料記載，當時許多遭罷免的法官們都很顧慮歐洲人（Frank），由此可以確定一六八三年第二次圍困維也納之前，鄂圖曼帝國和歐洲各國的關係十分緊張。

揚博爾是座位於保加利亞東南部的城市，很早（一三七三年）就被鄂圖曼帝國征服，設置法務部（由法官管理的部門），包括正教徒在內有不少穆斯林人口，但除了阿布加爾之外，不清楚是否有其他亞美尼亞人住在這座城市裡。阿布加爾在回憶錄裡提到，他的法官岳父曾說「揚博爾有許多亞美尼亞商人」，但岳父建議阿布加爾不要與亞美尼亞商人來往。加上阿布加爾的生活相當窮困，連去浴場的錢都沒有，因此不清楚脫離家族的阿布加爾如何在揚博爾生活。

尋求安居之地

阿布加爾在揚博爾過了六年，他的法官岳父逝世。可能是為了生活，他和妻子、岳母以及小舅子們一起前往伊斯坦堡。在伊斯坦堡，他的妻子已經做好心理準備，打算和阿布加爾去伊朗，但他的岳母及小舅子們反對，於是他們回到了揚博爾。阿布加爾在伊斯坦堡時期發生了兩件大事。首先，他的第一個小孩出生了（依照夢中得到的啟示，取名為法蒂瑪）；第二件大事則是他在聽聞順尼派和什葉派的主張之後，讓他的信仰產生了動搖，不知道該信哪一個才好（詳情後述）。阿布加爾從一開始就傾向什葉派，但在穆罕默德四世遭到神聖羅馬帝國、波蘭、威尼斯聯軍擊敗、丟掉了匈牙利、被迫退位的亂世下，他決定經由喬治亞及葉里溫，回到伊朗。遺憾的是，他的妻子在伊茲密特過世，搭乘的船在前往喬治亞的巴統途中還被耶尼切里軍團洗劫一空，再次入獄。這是他人生中第二次坐牢，這次的罪名是「什葉派信徒」。幸好在當地什葉派導師的斡旋下，以齋戒月「特赦」的名義，將他遣返回特拉布宗。

就這樣，阿布加爾在特拉布宗滯留一年，做好準備之後，終於啟程前往亞美尼亞主要城市葉里溫。阿布加爾是在伊朗新朱法區出生的「第三代移民」，此時他才真正踏上了「故國」的土地。十七世紀末的葉里溫總督由薩法維帝國任命，阿布加爾在這位總督的統治下度過了十年。此外，一六七三年讓．查丁從伊斯坦堡到黑海，也曾途經喬治亞抵達葉里溫，他在《波斯紀行》（*A Journey to Persia*）中形容「這是一座又大又醜的城市」。還說葉里溫有幾座教堂、許多浴場，以及讓商隊住宿的地方，市場商家林立，販售各種布料和糧食。讓．查丁也說葉里溫的空氣很好、土壤肥沃，葡萄酒「醇厚美味又便宜」。

儘管阿布加爾在葉里溫經濟無虞，同為亞美尼亞人，他卻因信仰不同宗教，在「故國」的生活不算祥和。不僅如此，阿布加爾十二歲的女兒法蒂瑪，以及與第二任妻子生下的兒子穆罕默德都相繼早逝，讓他更潛心於信仰。他如此說道：

> 我開始每天晚上做禮拜，我已經兩年又五、六個月沒在被窩裡睡覺。我整個晚上都在做禮拜或禱告，一直到天亮，想睡的時候會靠著坐墊休息，但每次快要睡著，就會有人出現叫醒我，我知道做禮拜的時間到了。

> 我的日課如下：每天晚上先唸一千遍獻給先知的祈禱辭，祈求真主原諒我的罪過一千次，再唱一千次的「真主至大」。一個晚上會做兩、三次賈法爾（Ja'far Tayar，先知穆罕默德的堂兄弟，

圖 2-5　1673 年左右的葉里溫（引自讓 · 查丁的遊記）

阿里的哥哥）的禮拜，接著頌詠《古蘭經》，虔誠祈禱，朝著基卜拉（麥加方向）唱第一回的「萬物非主，唯有真主」一萬兩千次，再唱六千次「阿拉，除了祂之外沒有別的神，並且在永恆中自食其力」，總共四種大讚辭各唱六千次。直到黎明將至，我才得以解脫。之後，再開始進行半夜的禮拜和深夜黎明的禮拜。結束後，我還要為什葉派信徒、賽義德、賽義達、學者、專家、信徒、女信徒、穆斯林、女穆斯林、所有帝王祈禱，按照慣例做了兩次跪拜，頌讚辭。聽見早上的宣禮，就趕緊起床完成早上的禮拜，朗誦幾段《古蘭經》。

阿布加爾潛心信仰，徹夜禮拜，深深覺得自己是個「什葉穆斯林」。之後他決定離開「故國」，回到從小生長的伊朗。阿布加爾在大不利茲待了一段很短的時間，變得比以前更加信奉真主，也更常向什葉派的伊瑪目們禱告。他到馬什哈德巡禮伊瑪目麻札時親炙其風采，並在伊瑪目的加持下，成為可以治癒病人的虔誠信徒。阿布加爾最後回到伊斯法罕時，他已經以「朱法區的新穆斯林阿里．阿克巴」之名聲名遠播，成為受其他穆斯林崇敬的人物。伊斯法罕的名士與妻子紛紛前來造訪，希望他協助生產或治療疾病。

以上就是阿布加爾回憶錄的大致結尾。綜觀阿布加爾的經歷，剛開始是「亞美尼亞商人」，利用家族人脈行走各地，走遍基督教社會和同胞的居住區。趁著「結婚」之際脫離家族的他，儘管經濟窮困，但得以「穆斯林」與一家之主的身分進入新社會。雖然他是「穆斯林」，卻因為傾向什葉派，很難在順尼派社會生存，為了尋求安居之地不得不再次遷徙。阿布加爾的「故國」亞美尼亞夾在順尼派與什葉派之間，沒有他的立足之地。阿布加爾花了三十多年遊歷各國，最後以名符其實的「什葉穆斯林」之姿，回到自己出生的故鄉伊斯法罕。

猶豫不決的阿布加爾和地域社會

阿布加爾的經歷最令人感興趣的一點，是他遊歷各地的過程與地域社會相呼應，動搖了他的信仰。阿布加爾出生在什葉派薩法維帝國首都伊斯法罕的亞美尼亞人居住區，後來又在順尼派鄂圖曼帝國統治下的伊茲密爾亞美尼亞人居住區、天主教城市威尼斯，以及鄂圖曼帝國領地住過，最後再返回亞美尼亞人「故土」的葉里溫。

阿布加爾在晚年變成極為虔誠的穆斯林，每晚通宵頌詠《古蘭經》好幾千次，潛心禮拜，但他並非從一開始改宗就是這樣。他在剛成為穆斯林時，遭到家人與居住區的亞美尼亞人強烈反對，讓他感到後悔，忍不住想著「耶穌的教義比較好」，陷入不安的情緒之中，也懷疑自己「為什麼要選擇成為穆斯林」。

不僅如此，阿布加爾待在天主教基督徒占多數的威尼斯時年紀還很輕，身為「新穆斯林」的他每天都感到孤獨，受到排擠，感到十分惶恐。他曾說「威尼斯只有異教徒，我很討厭」，強烈表達自己對威尼斯的厭惡。從這一點來看，比起同胞齊聚的亞美尼亞人居住區，他更嚮往信仰相同的穆斯林社群。事實上，他曾因穆斯林的身分被捕入獄，只能倚靠「夢」裡出現的先知穆罕默德與伊斯蘭教聖者。他待在「只有異教徒」的威尼斯長達八年，或許也讓他更加堅定自己的信仰。無論如何，他在獄中第三十七天的時候夢見了穆罕默德。穆罕默德對阿布加爾說：「阿里・阿克巴，不要怕。」從此之後，他維持了自己的信仰。

此外，法官岳父過世後，阿布加爾帶著家人前往伊斯坦堡定居，當時他說了一段話很有意思：

> 伊斯坦堡有很多什葉派烏理瑪（學者），這些烏理瑪說：「我們的教義是真的。」順尼派烏理瑪也說：「我們的教義是真的。」這讓我陷入思考，究竟「誰的教義才是真的」？

阿布加爾不分晝夜想著「誰的教義才是真的」，每天以淚洗面，在順尼派與什葉派之間猶豫不決，不知該選哪一個。由此可以推估，阿布加爾待在義大利時並未意識到宗派的不同，他的心中只充滿信仰。後來到了鄂圖曼帝國領地的揚博爾居住，鄂圖曼帝國根據伊斯蘭法律，派遣法官到各地，在各個轄區建構了嚴密且嚴格的統治體制。由於阿布加爾的岳父是鄂圖曼帝國的法官，筆者大膽猜測，阿布加爾在揚博爾是以「順尼穆斯林」的身分過生活。就算改宗的「新穆斯林」身分沒問題，社會也不可能接受法官的女婿信仰薩法維帝國的「國教」什葉派。總而言之，從阿布加爾一生經歷的軌跡來看，可以確定的是待在鄂圖曼帝國領土的期間，特別是在岳父的管理下，阿布加爾應該是以「順尼派信徒」的身分生活。等到他的岳父過世，他才萌生回到出生地伊斯法罕的想法，對於「什葉派」的情感也再次湧現。這個情形導致他從這段期間起，經常夢見什葉派的代表人物伊瑪目們。另一方面，在鄂圖曼帝國的巴統，他因為「什葉派」的身分被捕入獄，之後遷往葉里溫時，他也在順尼派和什葉派之間擺盪。不過在經歷孩子死亡等種種不幸之後，到了晚年，他對什葉派的信仰已經到了堅定不移的程度。

不過，在一七〇〇年左右，鄂圖曼帝國與薩法維帝國之間的對立，可說是帶有一半情感對立的宗教爭議。簡單來說，薩法維帝國最初成立時是以領土問題為主，什葉派與順尼派之間的宗派爭論不過是藉口；但過了兩百年之後，雙方政權與居民們的對立，追根究柢還是在於宗派的差異：

> 法律之徒（法律學者）就道義心與信心這個觀點來看，鄂圖曼人對波斯人抱持的厭惡感或憎恨感是很劇烈的，鄂圖曼人隨時都做好攻擊波斯人的準備。由於學者們極度討厭他們（波斯人），便

經常說：「就算是故意殺人，殺害四十名波斯人或什葉派學者的罪，就跟殺害一名基督徒一樣，沒什麼大不了的。在合法戰爭中，殺死一名波斯人比殺死四十名基督徒更值得讚賞。」

——引自克魯欣斯基（Father Krusinski），《波斯晚期革命的歷史》（*The history of the late revolutions of Persia*）

鄂圖曼帝國統治下的順尼穆斯林，對伊朗裔什葉穆斯林懷抱的憎惡感是「所有鄂圖曼人普遍的情緒」，他們認為「波斯人是最危險的異端（Hereticks）」。留下這些文字紀錄的克魯欣斯基是出身波蘭的耶穌會傳教士，以神父的身分長駐伊朗，遣詞用字上或許稍顯誇張。不過，薩法維帝國統治下的「波斯人」與鄂圖曼帝國統治下的「鄂圖曼人」，宗教對立若真的如此激烈，那就不難想像即使是「新穆斯林」，信仰上較偏什葉派的阿布加爾，繼續待在鄂圖曼帝國領土內，一定會有生命危險。鄂圖曼帝國受到第二次圍困維也納失敗與政變影響，政權已經搖搖欲墜，因「什葉派信徒」的身分被捕入獄，遭到耶尼切里軍團攻擊的阿布加爾，為了保護自己的性命，不得不想辦法經由故土亞美尼亞前往伊朗，尋找安身立命之地。

從阿布加爾的人生經歷與信仰上的糾葛可以發現，他深受「地域社會」與「同胞社群」的感化與影響。換句話說，可以看出「地域社會」與「同胞社群」共同擁有單一宗教或信仰，同時還強迫每個人都要接受的現象。

在這種情形下，最能發揮作用的是「家族」。相對於在「異教之地」保有自己信仰的阿布加爾，他的親族一直期待他能恢復基督徒身分。其中最堅定反對阿布加爾改宗的人，是他的母親。阿布加爾甚至夢見母親大罵他是「卡菲勒」。此外，阿布加爾會在威尼斯坐牢，也跟他的家族不希望成為穆斯林的阿布加爾返回全是穆斯林的伊朗居住脫不了關係。阿布加爾的親兄弟寫信給威尼斯總督要求釋放阿布加爾時，信上寫著：「他已經在基督徒之間生活了八年。」這句話代表的意思是，就算阿布加爾變成穆斯林，他也不會造成基督徒任何威脅（一般咸認，為了省去麻煩，信上應該是寫著「阿布加爾不是穆斯林」之類的內容）。加上他的家族一直希望阿布加爾在威尼斯娶基督徒為妻，只要不是穆斯林，成為不同宗派的天主教徒也沒關係，這才是他的家族最真切的想法。由此可見，阿布加爾的家族堅定反對他改信伊斯蘭教。

另一方面，阿布加爾拒絕接受家人的想法，最後娶了穆斯林為妻。可以確定的是，娶了法官的女兒，讓阿布加爾身為穆斯林的信仰之心更加安定祥和。不過，阿布加爾進入的是順尼派法官的家庭，又讓他面臨了伊斯蘭教「不同宗派」的新難題。阿布加爾在岳父死後得到某種程度的「解放」，或許也有經濟上的考量，他開始想念故鄉，決定離開鄂圖曼帝國的領土。只有妻子支持他實現願望，跟著丈夫前往「什葉派之地」。

接著來看地域社會。無論是威尼斯或鄂圖曼帝國的領土，阿布加爾都是「異教徒」，他也因為「異教徒」的身分坐牢。不僅如此，在亞美尼亞的葉里溫，身為穆斯林的阿布加爾也被教堂主教或司鐸叫出來，逼迫他恢復基督教信仰。對方問他：「你相信耶穌或其他先知的信仰和教義嗎？」

阿布加爾回答：「所有先知的信仰只有一個，但那不代表你們的教義全是錯的。」

這場會議最後以互相謾罵告終，但由此也可看出同胞社群內對於拋棄共同信仰的「異教徒」存在感到不安，亟欲排除「異端分子」的態度。

如上所述，十七世紀後期阿布加爾遊歷的所有地域社會，都有排除不同宗教「異端分子」的傾向。結果，堅持自己是穆斯林的阿布加爾離開了威尼斯，這讓他更加堅定，什葉派信徒的身分已經無法待在鄂圖曼帝國的領土。即使是在「故土」亞美尼亞，他也沒有立身之地。於是，阿布加爾不再是「霍漢詹」（心愛的約翰），而是什葉派穆斯林「阿里．阿克巴」，在遊歷幾十年後，最後不得不返回自己出生的故鄉伊朗。

3 改宗或遭國家驅逐的「異教徒」們

天主教傳教士與新朱法區的亞美尼亞人

透過一名伊斯法罕出身的亞美尼亞人改信伊斯蘭教，加上後來遊歷各國的經歷，十七世紀後期西亞社會什葉派與順尼派的歧異，盡數彰顯在薩法維帝國與鄂圖曼帝國等兩大帝國的領土交疊上。

不過，這類「宗派和地域性」的糾葛，不只存在於伊斯蘭教與西亞。放眼十七世紀的基督教世界，新教和天主教的對立也突顯出「地域」與「國家」結合的特性，比起鄂圖曼與薩法維的宗派對立更為激烈。這般對立更隨著歐洲人進出亞洲影響，進而波及到亞洲。當時世界各地加速排除「異端分子」的主因，就跟天主教傳教士從事的傳教活動有關。

歐洲各國頻繁遣使出訪薩法維帝國治下的伊朗，目的不只是為了貿易，也是為了組成對抗鄂圖曼帝國的軍事聯盟。基於禮尚往來，阿拔斯一世也派遣外交使節造訪歐洲各國。其中尤以哈布斯堡王朝與教宗派往天主教各國的使節最多，一五九九年英格蘭人安東尼．雪莉爵士（Sir Anthony Shirley）率領的使節團出使伊朗，也造訪了莫斯科、布拉格、羅馬與西班牙。遺憾的是，這個使節團受到安東尼．雪莉爵士盜領公款和逃亡牽連，並未取得任何具體成果。不過，使節們與羅馬教宗克萊孟八世（Clemens VIII）、神聖羅馬皇帝魯道夫二世（Rudolf II）、西班牙國王菲力普三世（Felipe III）等領袖會面。對薩法維帝國來說，這是尋找對抗鄂圖曼帝國盟友的重要契機。

伊朗的外交使節到訪，對羅馬教宗來說是向東方國家傳教的大好機會。伊朗使節來訪短短兩年後，一六〇三年教宗派遣三名托缽修會系統奧思定會（Augustinians）的葡萄牙傳教士前往伊朗，又於一六〇七年從羅馬派遣三名加爾默羅會（Carmelites）的修士出使伊斯法罕。由此可見，十七世紀許多天主教傳教士與修會都以傳教為目的造訪伊朗。這些天主教修會的傳教活動十分興盛，各教會派別有時會將彼此視為競爭對手，而伊朗為了牽制這些傳教活動，往往頒布禁教令，或實施強制改宗等高壓的宗教政策（其實不只伊朗，在日本、中國等整個亞洲皆然）。原因很簡單，天主教傳教士在伊朗傳教的對象，不是長久以來眾人皆知、信仰堅定難以傳教的穆斯林，而是祆教徒、猶太教徒，以及聶斯脫里派、喬治亞人、亞美尼亞人等基督教徒。

從阿拔斯一世的時代開始，天主教傳教士就在伊朗國內少數派宗教信徒進行傳教，這個舉動惹惱了亞美尼亞人和君王。住在伊斯法罕的加爾默羅會神父曾經如此說道：

> 好幾名亞美尼亞人對王說：「（奧思定會的）神父要求亞美尼亞人成為葡萄牙人（也就是改信天主教），想要搶走我們維持了好幾個世紀的信仰。」王一聽大為光火，事實上，葡萄牙人在荷姆茲島成天侵擾王的子民（占領荷姆茲島），王早就看葡萄牙人不順眼了。
>
> ——引自《波斯加爾默羅會編年史》（*A Chronicle of the Carmerites in Persia*）

另一方面，加爾默羅會想方設法接觸薩法維帝國內的基督教徒，讓他們改信天主教。自知是少數派的亞美尼亞人對此深感不快，因此拚了命地迴避當時的政權，以及基督教內部不同宗派的修士與傳教士，想要避開來自第三人強迫改宗的壓力。十七世紀後期，傳教師的傳教活動愈來愈頻繁，加深了亞美尼亞人的「警戒心」與「堅定信仰」的決心。

亞美尼亞人堅守自己的信仰，未曾改信其他宗教。儘管身為穆罕默德教徒（Mohammedanism，穆斯林）的君主對基督徒課以重稅，亞美尼亞人仍默默忍受。另一方面，面對兩百多年前羅馬教會就派遣傳教團前來傳教，亞美尼亞人也不屈服。在如此艱困的環境中堅守自己的信仰。羅馬帝國將司鐸和修士送往伊朗擔任傳教士，企圖吸收亞美尼亞的基督徒進入自己的教會。為了達成這個目的，羅馬教廷用盡各種方法，耗費龐大金錢，卻什麼成果也沒有。就算在歐洲成功讓人改信羅馬天主教，但對方一回國就會變成比過去更為虔誠的亞美尼亞人。（中略）亞美尼亞人討厭與亞美尼亞教會想法完全對立的羅馬教會的所有想法。

——讓・查丁《波斯紀行》

讓・查丁身為法國的胡格諾派（新教徒），提到伊斯法罕的亞美尼亞人時，以「真令人同情，不過，他們絕對是古基督教徒」來形容。還語帶嘲諷地表示：「亞美尼亞人無論是神職人員或一般民眾，全都毫無學識可言。儘管如此，他們對於自己宗派的虔誠信仰之心極為堅定，談論信仰的方法也很健全公允。」《伊斯法罕誌》裡有這麼一段話：

耶穌會傳教士提到英國人與荷蘭人時，曾經這麼說：「他們是受到詛咒，令人忌諱的異端分子。」亞美尼亞人回答：「你說的對，確實如此。」「不管是在羅馬或馬賽，我們想印亞美尼亞文的《新約聖經》，卻從沒拿到印刷許可；不過在阿姆斯特丹，很快就印出來了。」

先提一下這段耶穌會傳教士與亞美尼亞人對話的背景。亞美尼亞人對於前來傳教的耶穌會傳教士抱持戒心，心懷不滿。耶穌會傳教士斥責英格蘭教會的英國人和新教徒居多的荷蘭人為「令人忌諱的異端分子」。至於回話的亞美尼亞人則說，天主教信仰堅定的羅馬人和法國的馬賽人對同為基督徒的亞美尼亞人十分冷淡，反而是荷蘭首都阿姆斯特丹的居民對亞美尼亞人毫無偏見，能在當地印刷以亞美尼亞文寫成的《新約聖經》（以亞美尼亞文鉛字印刷的第一本聖經，於一六六六年出版）。信仰新教胡格諾派的讓．查丁，透過天主教耶穌會傳教士與信奉「古基督教」之一支亞美尼亞正教的亞美尼亞人互相嘲諷的對話過程，同時揶揄兩者，也強烈批判頑冥不靈、器量狹小的耶穌會：

過去歐洲人在波斯的聲望頗高，亞美尼亞居民也很尊敬（耶穌會的）傳教士們，但如今已不是那麼一回事。那群人（新朱法區的亞美尼亞人）不能接受自己人被耶穌會傳教士說服改宗，於是威脅耶穌會的傳教士，若敢強迫我們的人改宗，他們就要向王告狀，說耶穌會的傳教士想將亞美尼亞人納入歐洲人的統治之下。傳教士十分害怕，他們最不希望的就是被趕出帝國首都。按照傳教士的說法，「教團的榮譽也是羅馬教會的榮譽」。他們追求的不是留在一處創造成果，而是在世界各國的宮廷興建自己的修道院。

——讓．查丁《伊斯法罕誌》

從讓・查丁這一席話中，可以看出新教與天主教抱持著潛在的敵愾之心，以及新朱法區的亞美尼亞人與天主教傳教士之間針對棄教、改宗衍生出的緊張氣氛。事實上，耶穌教會惹得新朱法區的區長不快，他們在新朱法區居住不過十年，就在一六五四年被趕出新朱法區。四十年後，也就是一六九四年，獲得許可得以在新朱法區居住和興建教堂的天主教修道會加爾默羅會，也遭到亞美尼亞人驅逐。

棄教、改宗的新朱法區亞美尼亞人

一六三九年的和平協定讓薩法維帝國不再受鄰國鄂圖曼帝國的威脅，其與歐洲人的關係，也從軍事同盟轉向經濟貿易活動。由於這個緣故，薩法維帝國認為羅馬天主教傳教士的傳教行為「百害而無一利」。

優待亞美尼亞人、也會前往新朱法區教堂的阿拔斯二世，在一六五〇年代後半，將伊斯法罕城牆裡的亞美尼亞人趕出城，遷至新朱法的新移民居住區，據說肇因於穆斯林不滿亞美尼亞人喝酒與釀酒所致。這項政策使得伊斯法罕市區內的異教徒人數大減，同時宮廷開始對過去免稅的亞美尼亞人課徵高額稅金。不僅如此，一六五七年還發出公告，強迫非穆斯林改宗。也就是說，帝國內的兩萬戶猶太教徒必須改宗，成為穆斯林。改宗的猶太教徒，男性可獲得二伊朗里亞爾（伊朗的貨幣單位）、女性可獲得一伊朗里亞爾的補助。同樣地，阿拔斯二世也強迫伊朗境內所有亞美尼亞人改宗。原因在於十七世紀後期，薩法維帝國的大維齊爾贊格內（Shaykh Ali Khan Zanganeh，一六六九～一六八九年在職）是位「偏激的穆罕默德教徒」，他強烈憎惡基督教，認為基督徒住在波斯會汙穢帝國，是讓帝國混濁的元凶。他想將所有基督教居民趕出波斯，外國人也不例外（讓・查丁《波斯紀行》）。因此從十七世紀後期到十八世紀初，伊朗國內、特別是首都伊斯法罕的基督徒紛紛棄教改宗，儘管亞美尼亞人拚命努力與反抗也沒用。阿布加爾的改宗，也可視為是受到這樣的時代「氛圍」影響所致。

話說回來，讓．查丁也詳細記錄了那位與阿布加爾相繼改宗的新朱法區區長的經歷。「（一六七三年八月）二十四日這一天，伊斯法罕所有基督徒，特別是亞美尼亞人陷入了悲慘的境地。他們的領袖阿嘎．披利區長，也就是亞美尼亞人位於伊斯法罕郊外最大居住區的首長，背棄了基督教。」這名區長是位「不懂裝懂的學者」，他閱讀以前穆斯林思想家的著作，發現自己身為基督徒卻無法找出伊斯蘭教的教義破綻。由於這個緣故，他決定改宗，但他很擔心主動棄教後可能引發的一連串效應，包括「所有亞美尼亞居民的反彈」、「家人會感到絕望」、「目前在歐洲做生意、握有龐大財產的代理人們正好趁此機會占為己有，那些錢再也拿不回來」。於是他決定順水推舟，假裝自己是受蘇萊曼一世的命令所迫，不得不改宗。對於區長改宗事件，讓．查丁還有以下描述：

這些可憐的背教者，都具有神賜的各種出眾才華與龐大財產，從這點來考量，他們棄教的行為可說是罪孽深重。加上他還是當地商人中最有錢的一位，資產超過兩百萬里弗爾，而且沒有孩子也沒有兄弟。穆罕默德教徒認為他的改宗是莫大的勝利。（中略）對於他的棄教，最失望的是羅馬天主教會的傳教士們，尤其是方濟嘉布遣會的修士們，一年前才從他手中成功取得寫有「關於聖體祕跡，亞美尼亞基督徒和羅馬教會具有相同信仰」的證明文件，他們都堅信這位區長是最虔誠的天主教徒。

——讓．查丁《波斯紀行》

區長改宗不只衝擊羅馬教會，對新朱法的亞美尼亞人來說，同樣覺得不可置信。這件事讓亞美尼亞人擔憂，是不是所有人都要被迫改宗；不僅如此，大家更擔心「我們之中意志最不堅定的人，可能受不了壓力而背棄基督教」。王賜給改宗的區長一整套馬服、馬和馬具。有人認為區長改宗可能出自純粹的信仰之心，就跟阿布加爾一樣；也有人認為區長餘生都要在伊朗度過，因此選擇了對自己有利的條件，可以避免支付大額稅金。如同往例，改信天主教對亞美尼亞商人也一樣有利，有助於他們在歐洲做生意。

阿布加爾的改宗是在這樣的時代氛圍下發生，他的家族和新朱法區的亞美尼亞人社群完全無法接受他的決定，也是可以想見的結果。阿布加爾的家族把他送往屬於基督教圈子裡的威尼斯，就算當天主教徒也無所謂，只希望他可以繼續信仰基督。阿布加爾的家族想盡辦法避免家族成員出現穆斯林。另一方面，儘管阿布加爾是改宗成為穆斯林的亞美尼亞人，但他晚年還是在伊斯法罕的新朱法區度過。無論信仰有多堅定，他畢竟是個象徵改宗者的「新穆斯林」（Jadid al-Islam）」，想在一出生就是穆斯林居住的城市裡生活，還是非常困難的。或許事實不盡然如此，但在這個世紀轉變的時期，基督教傳教士的活動，加上與之抗衡的當局強硬政策，都讓專為非穆斯林（亞美尼亞人）開闢的新朱法區無法再維持社群特有的宗教性。一六九一年，亞美尼亞人失去了他們的免稅特權，新朱法區其他的亞美尼亞區長也改信伊斯蘭教。這些前仆後繼的改宗者如實反映了一件事：想在穆斯林國家的伊朗生活，與其當個少數派宗教信徒，不如成為穆斯林，才能確保經濟與政治的龐大好處。

宗教寬容性的喪失與貫徹「一國一教」原則

在一六八三年鄂圖曼帝國第二次圍困維也納的兩年後，也就是一六八五年，承認新教信仰自由的《南特敕令》（*Édit de Nantes*）被廢止。原本留在法國的少數新教徒就此離開，法國成為天主教國家。至於成立英格蘭教會的英格蘭，國王詹姆士二世則在一六八七與一六八八年頒布《寬容宣言》（*Declaration of Indulgence*），強化了天主教傾向，歷史學家認為這是引發光榮革命的遠因。一六八〇年代，「國家」與「宗教」成為歐洲十分關注的問題。

西亞也是一樣。鄂圖曼帝國持續推動順尼派思想，將什葉派視為異端並嚴厲打壓。誠如本章介紹，第二次圍困維也納時，生活在鄂圖曼帝國領土的一名亞美尼亞改宗者（穆斯林），對於他從小生長的薩法維帝國選擇的什葉派抱持好感，但也因為他是「什葉穆斯林」遭到排斥，甚至坐牢。薩法維帝國強迫非穆斯林住在郊外的特定地區，好幾次強迫少數派信徒改宗，宗教社群的獨特性愈來愈淡薄。再將目光轉到東方世界，蒙兀兒帝國的君王奧朗則布（Aurangzeb，一六五八～一七〇七年在位）一改過去的宗教寬容政策，恢復向非穆斯林課徵人頭稅的政策。此外，豐臣秀吉頒布的《伴天連追放令》、江戶幕府實施的《慶長禁教令》（一六一二、一三年）與宗門改制度、清朝的禮儀之爭、暹羅的驅逐法國天主教勢力運動與政變（一六八八年）等，十七世紀在亞洲各地都有熱情的天主教傳教士宣揚外來宗教，引發當地政權反彈，並實施恢復既有宗教或強制改宗政策，這樣的例子相當多。從這些現象可以得知，歐洲人進出亞洲不只撼動了政治與經濟，在思想和信條層面，也深深影響了各國的地域社會。

十六世紀歐洲引發的宗教改革，以及對抗宗教改革的行動，導致基督教社會產生極大變動。到了十七世紀，世界各國都失去了宗教寬容性，並基於宗教原理重建國家和地域社會秩序，貫徹「一國一教」原則。個人都被迫做出選擇，在深植於地域社會的信仰與宗教中被「同化」，或是「移居」陌生地區。法國出身的胡格諾派教徒讓．查丁，在伊朗和印度經商成功後遠渡英國；有著同樣境遇的塔維尼爾則移居安特衛普，並表示即使在歐洲，也會出現因宗教與宗派不同而無法繼續住在故國的時代悲歌。

一六八三年是很重要的一年。鄂圖曼帝國包圍維也納失敗，完全顛覆了歐洲各國對鄂圖曼帝國的觀點，也象徵了在這段時期前後世界各地政治體制與宗教、宗派同一化的潮流趨勢。在這個時代，無論是哪個宗教的教徒，無論有著什麼樣的信條，都要賭上自身性命才能守護信仰。宗教為各個地域社會增添了自己的特色，維持與地域社會相同的信仰並不難；但若是堅守不同信仰，幾乎都會遭遇生命危險。不僅如此，隨著世界各地的信仰、地區與國家一體化，地域社會對於擁有不同信仰的他者所施加的壓力與日俱增。在如此驚濤駭浪的時代裡，每個人都被迫做出選擇：不是捨棄故鄉，過著「顛沛流離」或「亡命天涯」的日子，就是「改宗同化」，擁有與地域相同的信仰。

第三章　海盜與原住民是最大煩惱：西班牙殖民地猶加敦半島

伏見岳志

1　海盜與坎佩切港

一六八三年維拉克魯茲掠奪事件

一六八三年五月三十日，駛入墨西哥灣維拉克魯茲港的船隊放眼所見，是一座遭到掠奪、破壞殆盡的城市。維拉克魯茲是位於西班牙美洲殖民地（西屬美洲）北半邊、新西班牙總督轄區（Virreinato de Nueva España）最大的港口城市。來自殖民地各處的白銀等各式商品全都在此集散，從太平洋另一邊菲律賓運來的亞洲商品也在此處卸貨。船隊的主要任務是從西班牙西南部的加的斯（Cádiz）運送商品與乘客至此，再將聚集在維拉克魯茲的各種產品運回西班牙。為此，船隊花了兩個半月的時間橫渡大西洋，通過加勒比海，來到維拉克魯茲。沒想到，他們來的前幾天，也就是五月十八日早上，一群約八百到一千人左右的海盜搶灘登陸，占據了維拉克魯茲港。錢幣、胭脂染料等銷往西班牙的商品，還有待價而沽的一千多名非洲奴隸，全都落入海盜之手。海盜們砸毀了教堂聖像，殺害許多平民百姓，有權有勢者都被監禁在海盜船或外海離島，等待支付贖金放人。這就是歷史上知名的「維拉克魯茲掠奪」事件（Attack on Veracruz）。在此之前，維拉克魯茲從未遭受如此嚴重的襲擊，悽慘的現狀讓不少船隊成員內心蒙上陰影，胡安．布魯諾．泰萊茲．德．古茲曼（Juan Bruno Téllez de Guzmán，一六四七～一七〇九年，以下簡稱泰萊茲）就是其中一人。泰萊茲原本打算前往維拉克魯茲東方大約六百公里遠的猶加敦半島（Yucatán），先前他在加的斯港擔任西印度貿易廳（Casa de la Contratación de las Indias）的財政官員，利用自己的人脈和獻金取得了猶加敦總督一職。* 他要前往的猶加敦半島也常有海盜侵襲，受害程度遠大於維拉克魯茲。特別是一六六〇年代以後，海盜侵襲的頻率增加，若將他們在外海脅持商船、在海岸擄掠當地居民這類較輕微的案子也算進去，猶加敦半島幾乎可說是每年都被海盜攻擊。泰萊茲看到維拉克魯茲的慘狀，想著自己即將前往海盜更猖獗的地方就任總督，心情之沉重可想而知。

永遠的犧牲者坎佩切港

各位可能會疑惑，為什麼海盜會頻繁襲擊猶加敦半島？此處是馬雅古文明的核心地區之一，相關遺跡群中有五個被登錄為世界遺產。提到馬雅文明，一般會認為是個位於內陸森林的古文明。馬雅文明確實涵蓋了內陸森林地區，會有這樣的印象也沒錯。不過要注意，猶加敦是個半島，東西北三邊都被大海包圍，擁有超過一千五百公里的超長海岸線。我們就來看看地圖，確認一下位置。

從北美洲往南延伸並往東彎的部分，也就是從墨西哥南部特萬特佩克地峽到宏都拉斯一帶，有個朝北突出的半島，就是猶加敦半島。位於半島東北端卡多切角的東北東方，則是古巴島的聖安東尼奧角。這兩個角隔著寬度約兩百公里的猶加敦海峽遙遙相望，相當於日本下關與韓國釜山之間的距離。海盜以古巴島南邊的牙買加島與東邊的伊斯帕尼奧拉島為據點，而猶加敦半島是與古巴島相連的其中一個列島，對海盜來說往來相當方便。

猶加敦半島上最常被海盜攻擊的地方，是位於西岸的坎佩切港（Campeche）。根據某位研究者的說法，坎佩切是海盜攻擊下「永遠的犧牲者」。自一六六〇年代以降，海盜便頻繁攻擊坎佩切，在一六六一、六三、六五、六九、七三與七八年都留有海盜攻擊的紀錄。從加勒比海經猶加敦海峽入侵墨西哥灣的船隻，第一個抵達的港都就是坎佩切，加上此處是半島唯一的貿易港，自然成為海盜鎖定的目標。泰萊茲總督的前任總督是安東尼奧．德．萊塞卡．阿爾瓦拉多（Antonio de Layseca y Alvarado，一六三九～一六八八年）。萊塞卡在寫給母國的書信中有以下的描述：

＊職位為 Capitanía General de Yucatán。西屬美洲殖民地行政體制由 Virrey（有副王之稱，在殖民地擁有相當於國王的大權）掌管總督轄區（Virreinato），地方層級長官為 Gobernador。但進入波旁王朝後出現了新的行政區劃（Capitanías），由 Capitanía General 掌管，包括太平洋另一頭的菲律賓及本章提及的猶加敦皆屬此類。該級長官原則上隸屬 Virrey，事實上直接向國王負責。就性質來說，這三種職稱都可稱作「總督」，日文原文亦以總督稱呼猶加敦的首長，故本章統一譯為總督。但若要細分，亦有「總督（Viceroy)」、「都督（Capitan General）」、「省督（Governor)」的區別。

圖 3-1　美洲大陸中部（1698 年）

上圖引自威廉・丹皮爾（William Dampier）著作《最新環球航海記》（*New Voyage round the World*）。中間偏左，位於古巴旁邊的就是猶加敦半島，標示為 IUCATAN。字母 A 與 T 之間則是坎佩切，維拉克魯茲港位於坎佩切灣左側，外海有一座要塞島聖胡安德烏拉堡。在古巴右側的伊斯帕尼奧拉島上，標示著德屬托爾蒂島與小戈阿沃。

（坎佩切的）居民多次經歷海盜侵襲，內心充滿恐懼。由於太過恐懼，居民們只要看到海面上有船，或晚上聽見槍聲，就會立刻逃出城外，盡可能將貴重物品藏在森林裡，想方設法保護自己的生命財產。恐懼的情緒使居民痛苦不已，因為只要聽到海盜來襲的通知，母親就要帶著孩子一起逃進森林避難，任由風吹雨淋，不只導致婦女流產，居民們也罹患各種疾病。等到海盜離開，居民們回到城市裡，家家戶戶早就被洗劫一空。

泰萊茲總督上任的時間點，是一六七八年海盜侵襲坎佩切之後，當地只剩下燒殺擄掠後的殘破情景，堡壘崩塌、民宅毀損，亟待重建。不僅如此，泰萊茲總督也憂心坎佩切毫無防衛能力。以往萊塞卡總督每次向母國回報當地情形時，都會點出防衛能力不足的困境，包括槍砲武器的數量不足；大部分的火藥潮濕，無法使用；守衛隊員死傷慘重，卻因財源不足無法增加守衛人數，還必須裁員因應；民兵組織士氣低落，完全無法成事等等。新上任的泰萊茲總督計劃在猶加敦總督府所在地梅里達和前任總督見面。相信他在聽取對方說明坎佩切的防衛弱點之後，一定會做好心理準備；若是在他的任期內，坎佩切遭到海盜攻擊，應該很快就會被攻陷。

一六八五年坎佩切掠奪事件

事實上，那群掠奪維拉克魯茲的海盜，兩年後也攻擊了坎佩切。這群海盜的首領是勞倫特·德格拉夫（Laurent de Graff）與米歇爾·德格拉蒙（Michel de Grammont）。德格拉夫出身荷蘭多德雷赫特，前半生經歷不詳，但他似乎早就在荷蘭近海脅持他國船隻，幹起海盜的勾當。據說他後來被西班牙船艦俘虜，送往摩洛哥外海加納利群島的甘蔗田做苦工，也曾傳說他在俘虜他的西班牙船艦上擔任砲手。唯一可以確定的是，一六七〇年代後期他在加勒比海登上海盜船，開始攻擊西班牙船隻和港口城市。他的根據地為伊斯帕尼奥拉島西部的法國殖民地（後來的法屬聖多明哥，Saint-Domingue）小戈阿沃港。沒多久，德格拉夫獲得法國官員給予的私掠許可證（lettre de marque），他可以攻擊敵國船艦，在海上活動的機會也愈來愈多。另一方面，德格拉蒙則是出身巴黎的貴族，因為在決鬥時殺死對方而逃往伊斯帕尼奧拉島。德格拉蒙擅長陸戰，在海盜之間名聲響亮，也因此獲得法國官員給的私掠許可證。他們兩位與其他海盜一起掠奪了維拉克魯茲，然後在猶加敦半島東北邊卡多切角外海的女人島分配搶來的戰利品，接著便各自尋找目標，繼續燒殺擄掠。德格拉夫從海上封鎖了南美北岸的卡塔赫納港（Cartagena），德格拉蒙則攻擊北美佛羅里達的聖奧古斯丁（San Agustín），侵略沿岸的原住民傳教區。一六八五年，兩人再次於女人島會合，並決定下一個攻擊的目標就是坎佩切。

同年七月六日午後，由超過三十艘船組成的船隊出現在坎佩切外海。一千多名海盜嘗試登陸，第二天早上擊退西班牙軍的抵抗，入侵港口。設立在城鎮中心廣場的主城塞也在十二天之後被攻陷。負責防禦的西班牙人士氣十分低落，民兵部隊成員之一的西普里亞諾如此表示：

> 看到排列陣形的海盜高舉法國旗幟登陸，士兵們紛紛四處逃竄。司令官看到這一幕，想把大家叫回來一起抗敵，於是大喊兒子、兄弟和朋友出面，發現沒人呼應他，就開始飆罵你們這群狗！這群壞蛋！全都是背叛國王的懦夫！儘管如此，還是無法阻止士兵臨陣脫逃。大多數人全都逃進森林裡，只剩下四十人左右留在原地。

主城塞有專門戍守的軍隊，但士兵們也很害怕海盜的炮火攻擊：

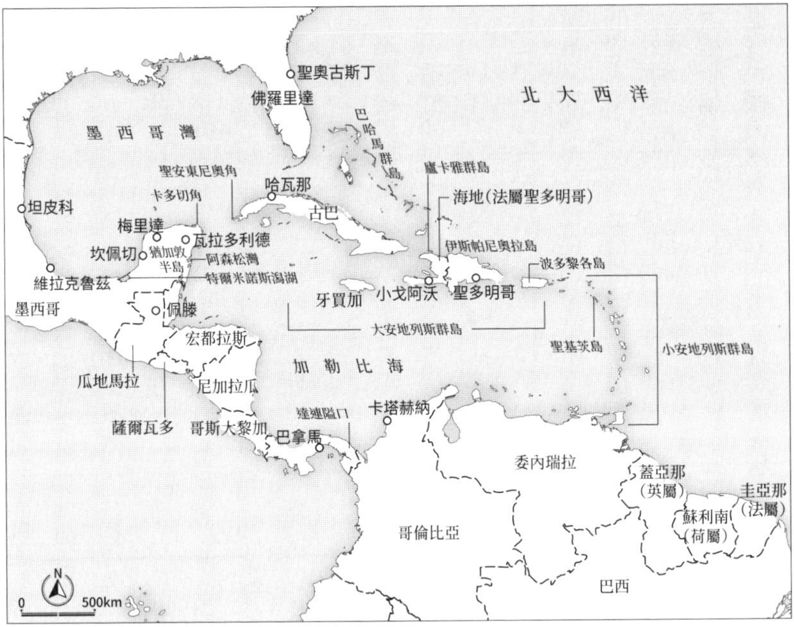

猶加敦半島與周邊地區

士官長向大家宣告，他決定明天與海盜談和，這個做法可以保住軍隊的名譽，光榮撤退。即使如此，士兵們仍充耳不聞，放下繩梯套逃往海岸。士官長見狀也跟著逃跑，最後只剩下三名不願背叛士兵和背上臭名的士官，以及之前被士官長關在城塞裡的三名英格蘭人。

所有士官中，最奮力抗敵的是率領帕度人部隊的隊長克里斯托弗・德・拉巴納萊斯（Cristóbal de Rabanales），帕度人部隊的「帕度」是西班牙文「pardo」，與「casta」、「moreno」、「mulatto」等字的意義相近，都是帶有棕色、混血之意，通常是當地用來稱呼擁有非裔血統的混血族群。包括加勒比海沿岸在內，西班牙殖民的美洲大陸各地住了許多非裔族群。他們大多數是從非洲來的奴隸，有的受主人眷顧，主動放他們自由；有的由朋友為他們贖身；有的則是自己存夠錢後，向原主人贖回自己的自由，擺脫了奴隸身分。加上當地規定可以繼承母親身分，因此第二代混血兒一出生就是自由之身，不屬於任何人。這些非裔住民組成民兵團，駐守在頻受海盜攻擊的加勒比海與墨西哥灣沿岸城市。他們雖是自由之身，但膚色與長相往往讓人聯想到非裔身分，所以他們常常被當成奴隸一般歧視。為了翻轉這一點，這些帕度人積極加入民兵組織；他們很清楚，只要民兵團發揮作用，就能提升族群地位，若能獲得隊長或旗手等稱號，更能增添個人榮耀。帕度人部隊的隊長拉巴納萊斯就是最典型的例子。他看到城塞被攻陷、法國國旗迎風飄揚的景況，仍毫不畏懼與海盜持續槍戰；甚至到最後不得不棄城撤退時，他依舊在附近的森林持續抵抗。

遺憾的是，拉巴納萊斯無法力挽狂瀾，海盜只花了六週的時間就拿下了坎佩切。海盜們搜刮民宅，搶奪教堂的裝飾品，還抓了將近三百名當地民眾監禁拷問。到了八月二十五日，也就是聖路易日（Saint Louis），海盜決定撤退，要求總督支付八萬披索與糧食，他們就返還港口並釋放俘虜。當時泰萊茲總督已經從總督府所在地梅里達率領軍隊，在坎佩切附近的聚落擺好陣勢，便拒絕了海盜的要求。海盜知道自己的要求遭拒後，便處決了部分俘虜，帶著剩下的兩百四十三名俘虜和搜刮來的戰利品離開，離開前還先放火燒了坎佩切，才搭船回到女人島。城裡的房屋燃燒殆盡，街上瀰漫著遭無情殺戮的馬和其他動物屍體的惡臭，已經完全無法住人。不僅如此，「城市變成廢墟灰燼，城塞也殘破不堪，只剩下附近聚落的居民依稀記得這個地方曾經有人居住」。

衰退的貿易活動

一六八三年左右的加勒比海與墨西哥灣，仍有許多海盜猖獗。一六五〇年代到八〇年代，這三十年間是該海域海盜最猖狂的時期。其實在此之前海盜活動就很頻繁，後來搶劫商船的頻率愈來愈高。從一六二〇年代起，西班牙以外的歐洲勢力，包括英格蘭、法國、荷蘭等國家，就在加勒比海逐步增加活動據點。從一六二四年英格蘭占領聖基茨島開始，歐洲勢力就伸入小安地列斯群島的各個無人島，在當地開闢種植園，種植菸草與甘蔗。後來又在大安地列斯群島設置據點，英屬牙買加和法屬聖多明哥就是最具代表性的例子。不少在種植園工作的契約奴工與黑奴相繼脫逃，隨貿易船造訪各島的船員也棄船逃跑，在加勒比海各地遊走流竄。他們在野外獵捕烏龜和牛，做成煙燻肉串。當地原住民圖皮人（Tupi）將這種調理法稱為「boucan」，後來人們便根據此方言，稱呼這群人為「buccaneer」（海盜）。後來這群海盜便集結起來，一起攻擊海上航行的船隻並洗劫港口城市。一六五五年以後，占領牙買加的英格蘭官員大量發放私掠許可證給海盜，允許他們攻擊敵國船艦。到了一六七〇年代，法國不時與荷蘭、西班牙對立，因此位於伊斯帕尼奧拉島西部的法屬聖多明哥也開始發行私掠許可證。有了各國政府做後盾，海盜的私掠行為愈發囂張，就連沒有私掠許可證的海盜也敢明目張膽地搶劫。坎佩切就是海盜鎖定的目標之一。

西屬美洲殖民地靠貿易發展經濟，不只是來自西班牙的殖民者，受到殖民統治的原住民和混血後裔也亟需舶來品。他們消費的商品相當多樣，有來自各殖民地的特產品、包括西班牙母國在內的歐洲製品，以及橫渡太平洋的加雷翁大帆船（Galeón）帶來的亞洲物產等等。綜觀西屬美洲殖民地的整體貿易結構，用來換購舶來品的主要出口商品，其中最大宗為白銀等貴金屬，接著是各種染料、藥品和嗜好品。不過，後面幾樣所占的比例遠遠不及貴金屬。

有趣的是，猶加敦半島不生產貴金屬，因此用來換購舶來品的主要出口商品，是由原住民猶加敦人、也就是馬雅人生產的商品。在被西班牙人征服之前，猶加敦人的主要產品包括布和絲等棉織品、從無刺蜂巢採集的蜂蠟、沿岸製的鹽和漁獲、十九世紀拿來做繩子的瓊麻，以及製成黑色與紫色染料的墨水樹等等。成為西班牙的殖民地之後，用來製成紅色染料的野生種胭脂蟲也成為重要商品。上述商品幾乎都沒出口至歐洲，而是從坎佩切經由維拉克魯茲運往墨西哥內陸，再利用換來的白銀等貴金屬購入各種商品。換句話說，若坎佩切港無法發揮功能，這類以物易物的交易活動就會停滯，從根本上動搖殖民地經濟。

港口要塞化

有鑑於此，坎佩切港的防禦整備，成了迫在眉睫的課題。十七世紀中葉以後，坎佩切推動了各種措施，包括成立帕度人部隊、增建堡壘、在主城塞配置常備兵、建造警備艇等等。不過，誠如前方所述，這些防禦措施完全無法抵擋海盜攻擊。一直到一六八六年，當局才開始建造圍繞坎佩切的城牆，從根本上解決問題。

當地早在一六六三年就已經有城牆建設計畫，不過後來做了一些修改。坎佩切的市區街道網規劃為方格狀，整體呈長方形，沿岸有二十個網格街道，往內陸方向只有五個網格街道。在一六六三年的規畫中，城市四周有四方形城牆，每個角都設置了稜堡。然而最大的問題是，這個規畫並非出自專家之手。

後來在一六八〇年，萊塞卡總督委託軍事工程師馬丁．德拉托瑞（Martín de la Torre）重新審視城市規畫。容筆者岔個題外話，這名工程師博學多聞，針對同一年出現的哈雷彗星還寫了一本手冊，闡述彗星帶來的基督教神學訊息。由於在墨西哥大學傳授數學和天文學的卡洛斯．德．西貢薩．岡戈拉（Carlos de Sigüenza y Góngora）認為哈雷彗星遵循自然法則，並無神學意義上的訊息，因此德拉托瑞才寫了手冊反駁岡戈拉的說法。在與岡戈拉辯論的同時，德拉托瑞提出了各種建築計畫，坎佩切的城市規畫就是其中之一。在德拉托瑞的規畫中，城牆為九邊形，每個角都設置稜堡，也針對城牆角度做了改良。增加稜堡與修正角度應該是為了減少火砲的死角。事實上，一六八六年開始興建城牆時，也修改了幾處德拉托瑞的設計。

從最初完成的設計到真正動工，前後拖延了二十多年的時間。之所以遲遲未興建城牆，其中一個原因是海盜頻繁攻擊，總督沒時間動工興建。另一個更重要的原因，則是必須籌措資金。公共建設的費用通常是向居民籌措或臨時加稅，若要興建能圍起整座城市的城牆，費用相當龐大。根據軍事工程師德拉托瑞的預估，猶加敦半島盛產石灰與石材，勞工工資也很便宜，比起古巴哈瓦那市要塞化的費用還低。即使如此，仍舊需要花上四萬披索。因此，設定的財源包括坎佩切港、總督府所在地梅里達市，以及其東邊的瓦拉多利德等三座城市市議會籌措的資金、向各原住民部落課稅、神職人員的捐獻、加徵鹽稅等等。在這些財源中，最難徵得的是鹽稅。不只是受海盜攻擊影響，包括鹽產量銳減，以及坎佩切港居民的強烈反彈也是原因。

居民反對加徵鹽稅的理由有兩個：第一，加稅將削弱價格競爭力。猶加敦的鹽都是出口至維拉克魯茲港或北邊的坦皮科港。除了保存魚類需要鹽，位於坦皮科內陸的礦坑地區，也需要鹽來精製白銀。值得注意的是，白銀的生產量從一六三〇年代起逐年萎縮，只靠礦坑附近的鹽山就能滿足需求。加稅會導致價格上升，一定會進一步降低猶加敦鹽的需求量。另一個反對加稅的原因，是課稅手續會拖延鹽的收穫與出口作業。猶加敦沿岸有許多潟湖，每年十月到隔年二月的乾季，潟湖裡的海水會蒸發，產生結晶鹽。工人將結晶鹽弄成塊狀，堆積在沙灘曬乾。到了四月就用小船將鹽磚運往坎佩切港，裝進貿易船。課徵鹽稅會拉長這個過程。若要在鹽田直接徵收，等待官員來收稅的期間剛好遇到雨季將臨，必須展開火耕作業，就無法確保原住民的勞動力。五月之後開始降雨，又會使鹽溶化。若要在坎佩切港收稅，就需要花時間檢查，也可能被海盜搜刮一空。對當地居民來說，他們只想在最短時間內，以最快的速度將鹽運送出去。

由於反彈過於強烈，政府籌措資金的進度相當緩慢，好不容易終於在一七〇四年興建完成坎佩切市的城牆。當時海盜猖獗的時代已經結束，城牆無法保護猶加敦半島的貿易活動。某種程度來說，一六八〇年代市民反對以建設城牆為目的加徵鹽稅的做法是正確的。不過，如今還留存的部分

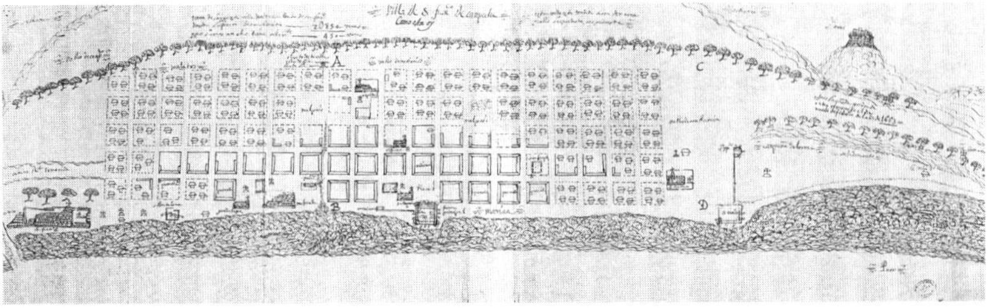

圖 3-2　1660 年的坎佩切市

沒有城牆圍起，屬於開放性結構。棋盤狀街道沿著從東北往西南延伸的海岸線規劃，由此圖可以看出，城中心有「主城塞」、廣場、主教堂，城市角落則有堡壘。海岸到內陸一帶是非裔居民和原住民的居住區。

藏於西印度群島綜合檔案館（Archivo General de Indias）

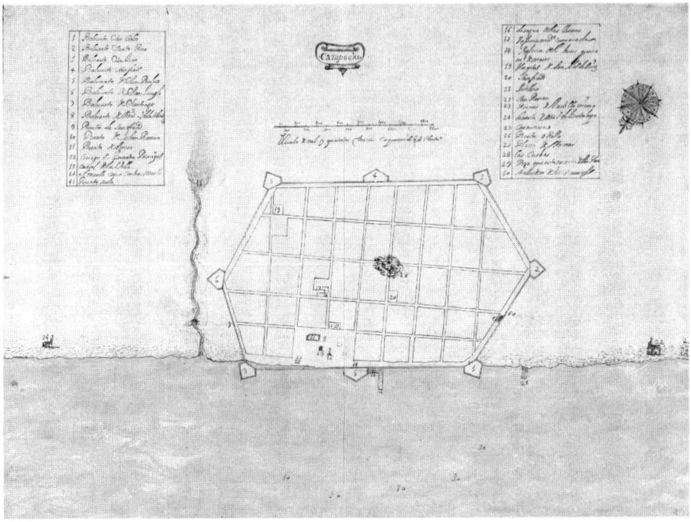

圖 3-3　坎佩切城牆的預定完成圖（1690 年）

可看出城牆為六角形，各角和長邊中央總計有八處稜堡。城中心的廣場有教堂、水井和屠宰場等等。左右兩邊有兩扇陸地城門，中間還有一個往棧橋的出入口。由於此處的水較淺，只有底部較淺的船可以到棧橋，大型船必須停在外海，亦即遠處標示著 30 的地方。

藏於西印度群島綜合檔案館

城牆與城塞，以及坎佩切舊市區，已經在一九九九年由聯合國教科文組織登錄為世界文化遺產，是現在極為熱門的觀光景點。從這一點來看，城牆也並非毫無貢獻。

2 墨水樹砍伐者

漫長海岸線讓海盜有機可趁

光靠鞏固港口城市防衛，是無法有效遏止海盜肆虐的。坎佩切的城牆建設始於一六八六年，德格拉夫也在這一年再次登上猶加敦半島，這一次他從半島東邊的阿森松灣入侵。阿森松灣有一處登錄為聯合國教科文組織世界文化遺產的錫安卡恩生物圈保護區（la Reserva de la Biosfera Sian Ka'an）。珊瑚礁圍繞著海岸生長，海牛與紅鶴在此快樂生長，陸地的熱帶雨林還有蜘蛛猴及白尾鹿。當時只有從西班牙殖民地逃亡的原住民住在這裡。德格拉夫在此登陸，往北穿過一百五十公里的森林地帶，直逼猶加敦第三大城、位於內陸的瓦拉多利德。沒想到德格拉夫最後迷路了，在抵達目的地之前不得不撤退。根據十九世紀的史書內容，這是因為帕度人部隊的隊長靈機一動，改變了海盜用來指引方向的標誌位置，所以讓德格拉夫迷失方向，但事實是否如此無從得知。唯一可以肯定的是，不只是坎佩切港，半島各地的海岸線都經常遭受海盜的攻擊與洗劫。

圖 3-4　1940 年代的坎佩切空拍照

棋盤狀規劃的街道四周有城牆，許多地方因為擴大市區的關係拆掉了城牆。現存的部分城牆與城塞、棋盤狀城市和殖民地時代的街景，已經被聯合國教科文組織登錄為世界文化遺產。

在海岸採鹽的原住民和非裔住民，甚至是西班牙人，也頻繁受到襲擊。划著獨木舟在外海捕魚的原住民經常被海盜綁架，這些被綁架的人都被迫在船上搬貨、捕魚，或是在岸邊抓烏龜、捕牛，有些人則被送到伊斯帕尼奧拉島或外海的托爾蒂島清理船身。他們雖然是自由之身，卻被當成奴隸做苦役，還有人被賣到北美的英屬卡羅萊納省為奴。這些人有的後來逃脫，跑到海邊划著獨木舟，往南邊的西屬佛羅里達求助。

另一方面，加勒比海各地都有人被海盜船綁架，送到猶加敦海岸強迫採集食材或砍伐樹木。來自遙遠新英格蘭的原住民被抓到猶加敦海岸伐木，期間還有人殺害船長，想從陸路返回故鄉。在這些例子裡，前後經歷最令人驚訝的，當屬阿隆索·拉米瑞茲（Alonso Ramírez）。拉米瑞茲來自波多黎各，他不想和父親一樣成為造船工，所以從古巴來到墨西哥。一六八二年妻子過世後，他乘坐加雷翁大帆船橫渡太平洋，前往菲律賓。在菲律賓近海做了幾年生意，從事貿易和運輸業，後來他與夥伴（華裔基督教徒）一起被正在環遊世界的威廉·丹皮爾（William Dampier，詳情後述）抓上船。拉米瑞茲和夥伴在船上度過了漫長的日子，後來被釋放，來到猶加敦半島東部海岸。他們上岸後在森林裡遊走，最後和德格拉夫一樣，來到了瓦拉多利德。新西班牙總督轄區的總督加爾韋伯爵（Gaspar de la Cerda, 8th Count of Galve）一直在注意海盜動向，他在首府墨西哥城訊問拉米瑞茲，負責訊問的人是前方介紹過，在墨西哥大學任教、論證哈雷彗星法則的岡戈拉。他撰寫的《阿隆索·拉米瑞茲的苦難》（*Infortunios de Alonso Ramírez*，一六九〇年出版），是十七世紀西屬美洲殖民地的代表性散文作品。這條全長超過一千五百公里的猶加敦半島海岸線，充斥著綁架、逃脫、漂流等各種故事。

海盜經常造訪猶加敦半島，不只是因為海岸線很長。他們要從自己的據點，也就是加勒比海的各個島嶼入侵墨西哥灣，就必須經過半島與古巴之間的猶加敦海峽。位於猶加敦半島東北邊卡多切角外海的女人島與科蘇梅爾島，雖是現今墨西哥首屈一指的渡假勝地，但也是海峽入口，是當時海盜們練兵的集合地點。不僅如此，那一帶的食物資源相當豐富，包括烏龜、野生火雞、豬、淡水與鹽。如果需要人手，也能聘請原住民幫忙。此外海盜也很喜歡以玉米粉製作的薄餅或湯等原住民料理。對他們來說，猶加敦半島是個方便的好地方。

蓬勃發展的墨水樹伐木業

一六六〇年代，猶加敦半島沿岸出現了新的商機，更加吸引海盜駐足，那就是墨水樹。墨水樹原產於猶加敦半島，是生長於海岸附近濕地的豆科喬木。十七世紀的歐洲國家稱它為蘇木或染料樹，猶加敦馬雅語（馬雅不是單一民族的名稱，而是擁有共同文化的多語系民族的集合）稱之為「Ek'」，為黑色之意。顧名思義，將乾燥後的墨水樹樹幹拿去煮，就能淬鍊出黑色或紫色染料。歐洲需要墨水樹來染色羊毛和麻織品。尤其在一六六二年英格蘭議會開放進口墨水樹染料後，需求更進一步擴大，原產於猶加敦海岸地區的墨水樹立刻成為最具吸引力的商品。海盜當然不可能錯過這個機會。

之前介紹過的英格蘭人丹皮爾（一六五一～一七一五年），是知名的墨水樹伐木業者。在他於一六八三年展開第三次環球航行之前，他曾在半島西邊參與砍伐活動。從英格蘭坐船前往牙買加的丹皮爾，在一六七五年搭上貿易船，航向猶加敦半島。此行之目的是為了到猶加敦半島西岸南部採購墨水樹。順利完成任務後，丹皮爾回到牙買加，自此對墨水樹伐木業產生興趣。後來他再次回到半島西岸，在當地待了一年左右。他所撰寫的《最新環球航海記》（已有日文版）一書中，第二卷也補上了〈坎佩切的二次航海〉章節，記錄這次待在半島西岸的經歷（可惜這一章日文版並未收錄）。

根據丹皮爾的描述，被稱為坎佩切灣的猶加敦半島西岸大約從一六六〇年代起，西班牙以外的歐洲人，例如英格蘭人等紛紛造訪此處。一六五五年英格蘭占領牙買加後，以牙買加為據點的海盜們開始頻繁造訪半島沿岸。他們在沿岸扣住西班牙船，發現多數商船運載木材。最初海盜將這些木材當柴燒，直到有一位船長將木材帶回英格蘭賣出高價，此事宣傳開來，大家才發現墨水樹的價值。由於這個緣故，當海盜洗劫成果不如預期時，就會砍伐此樹，在牙買加賣掉。剛開始只在卡多切角附近砍伐，但半島西岸也有許多墨水樹，從砍伐地將木材運到海岸十分方便，因此才改從半島西岸進出。一六六二年英格蘭議會開放墨水樹進口，即反映出了當時猶加敦半島的實際狀況。

一六七六到一六七七年之間，丹皮爾待在半島西岸南部，此處有許多河川與沼澤。好幾條河流都匯入特爾米諾斯潟湖（Laguna de Términos），潟湖與海隔著幾個細長形沙洲，海水就從沙洲的縫隙進入潟湖，形狀與日本的佐呂間湖相似。潟湖附近長滿了紅樹林。

由於沙洲外海有油田，如今該地區的人口達到三十萬人。但在丹皮爾待在那裡的當時，只有不到三百名墨水樹伐木工，加上幾處原住民部落，人口相當稀少。

墨水樹伐木工由數人組成一隊，在匯入潟湖的河岸邊建造以椰子葉鋪成屋頂的小屋，在此居住。但夏天雨季時節會遇到淹水，嚴重時甚至快淹到床鋪。墨水樹大多生長在河岸濕地，為了方便砍伐後運送樹幹，才會選擇住在河岸附近。再加上利用獨木舟，就能捕捉潟湖裡的魚、烏龜和海牛。若過膩了河邊生活，劈開草叢往內陸移動就是廣闊的平原，可以獵捕牛、馬、鹿、火雞等動物。此外，還能攻擊附近的原住民部落，綁架原住民強迫他們在野地工作，或將他們當成奴隸，賣給來自牙買加、新英格蘭的貿易船。伐木工將墨水樹或原住民賣給貿易船，換取糧食、衣服、武器等必需品，以及萊姆酒、潘趣酒等等。接著便開始飲酒作樂，每次乾杯就開槍慶祝，宴會往往長達三到四天，直到酒喝完為止，有些人還會把才剛換到的物資全部吃完、用完、花完。

丹皮爾在此從事的工作，是將砍下來的墨水樹幹搬到船上。他在短短一個月的時間內就贏得信任，與三名蘇格蘭人成為好友，一起參與砍伐作業。在這裡工作的日子並不平穩，時常發生意想不到的事，例如感染寄生蟲導致腿部紅腫，最後請黑人看病，同伴甚至還被鱷魚攻擊。最後他將砍下來的墨水樹全部賣給貿易船，順利回到牙買加。丹皮爾待在猶加敦半島的期間，曾經坐船沿著海岸來到維拉克魯茲港附近的阿瓦拉多河，所以他很熟悉維拉克魯茲以北的地理位置。上述經歷和傳聞都收錄在〈坎佩切的二次航海〉章節之中。

砍伐者與海盜是一線之隔

從上述紀錄來看，丹皮爾認為墨水樹伐木工的行為邏輯很新穎，簡單來說就是「勤勉」。丹皮爾是從三名蘇格蘭伐木夥伴中，兩名商人出身的夥伴身上看出這一點。他們來到特爾米諾斯潟湖，是為了帶四十噸墨水樹回到新英格蘭，然後將賺取的利潤拿來買小麥和其他商品，再帶回潟湖，交換墨水樹和皮革。丹皮爾認為「一般來說，受過良好教育的人都會盡全力提升自己的人生，若有機會賺取龐大利益，就會變得十分勤勉和節儉。他們的生活是用母國（英格蘭）的產品交換勞動成果得來的，正因如此，墨水樹事業是英格蘭最有賺頭的事業之一。」由此可看出「勞動成果的交易符合英格蘭本身利益」的經濟觀。重視勤勉與節儉的態度，亦即勤勉革命，便在海盜的世界蔓延開來。

不過，這個變化過程十分緩慢。在丹皮爾的描述中，有些伐木工毫不勤勉，表現出「墮落」的模樣。最具代表性的例子，就是另一名蘇格蘭伐木夥伴普萊斯．莫里斯（Price Morris）。莫里斯原本是一名海盜，他雖是船長，卻不熱衷工作。他認為「只要搶到足夠的東西，就要把人生（時間）和金錢全部拿去喝酒與爭風吃醋，盡情花費不手軟」。其實不只是他，許多海盜後來都轉職為伐木工，參加一六七一年由亨利．摩根（Henry Morgan）發動的巴拿馬港攻擊事件的羅伯特．希爾勒（Robert Searle）就是其中一例。不少人無法戒除當海盜時的習性，就像丹皮爾所說的：「無論是砍伐墨水樹或狩獵動物，確保糧食充裕，都不及燒殺擄掠來得刺激。而且這類人從未忘記自古以來的酒宴習慣。」只要採購船一到，就在船上舉辦盛大宴會。宴會結束後，「大多數人酒醒了就會下船到岸邊繼續伐木，但過去的習慣早已養成他們墮落的態度，即使當了官也不安分，淨幹些邪門歪道的事。」掠奪與浪費的舊習慣也存在於墨水樹伐木者之間。

話說回來，為什麼保有海盜作風的他們，會轉而從事墨水樹伐木業？這與加勒比海一帶的國際情勢變化有關。根據丹皮爾的說法，墨水樹事業的蓬勃與掠奪經濟的衰退密切相關：

英格蘭人在牙買加建立了穩固的據點，一六七〇年更與西班牙簽訂和平條約，以洗劫西班牙人維生的私掠活動者不得不轉行。這些私掠活動者（海盜）過慣了奢侈浪費的生活，手邊的錢根本不足以維生。他們不是到小戈阿沃（伊斯帕尼奧拉島西部的法國據點）繼續燒殺擄掠，就是到坎佩切灣砍伐墨水樹謀生。

一六七〇年代以後的牙買加經濟雖然有些動盪，但重心已慢慢轉移到與種植園的交易上。借用前面丹皮爾的說法，那些勤勉節儉的人「到公部門當官」。另一方面，私掠許可證會助長海盜的「邪門歪道」與「墮落」作風，因此官方也不再隨意發放。唯一的例外是法國還與西班牙、荷蘭為敵，所以在伊斯帕尼奧拉島仍舊允許私掠行為。不過，隨著一六八六年十二月英法簽署和平協議，伊斯帕尼奧拉島也開始禁止私掠事業。換句話說，海盜的劫掠行為已經不再受到各國允許。許多海盜在此現況下，只能改行當伐木工。

西班牙的潟湖掃蕩作戰

猶加敦半島南部出現愈來愈多砍伐墨水樹的伐木者，這是西班牙政府所不樂見的事。原因有四點。第一，墨水樹是此處唯一銷往歐洲的商品，這些伐木工會影響相關貿易規模。從坎佩切銷往西班牙母國的墨水樹出口量，一六五〇年代為七六二五英擔（一英擔為一百英磅：一英磅大約是四六〇公克）；一六六〇年代降為六四三五英擔；一六七〇年代更是減少至三五〇〇英擔；一六九〇年代只剩下一三二二英擔。在坎佩切販售一英擔墨水樹的價格為四雷亞爾（〇．五披索），即使在全盛時期，總額也不到四千披索。然而隨著歐洲市場需求擴大，墨水樹價格也跟著飆漲，猶加敦殖民地的居民當然期待能賺取更多利潤。

第二，潟湖地帶已經成為海盜掠奪活動的據點。伐木工與海盜的界線並不明顯，伐木工也會綁架附近居民，搶奪家畜與沿岸鹽田，扣留通過外海的西班牙船。一六七八年坎佩切遭襲時，特爾米諾斯潟湖正是海盜的集結地點。

第三，逃亡的原住民也是問題。從猶加敦半島北部西班牙殖民地逃出來的原住民，在潟湖一帶和伐木工產生交集。西班牙人認為，這些原住民脫離了天主教會的權威，已經不是教徒，在未舉辦婚禮的狀況下發生男女關係，不只引發道德問題，還逃避了納貢義務，是墮落的懶人。簡單來說，西班牙統治新大陸時，希望能靠宗教的力量使原住民變成文明人，但逃亡的原住民代表這個使命以失敗告終。

最後的第四點，猶加敦殖民地的西班牙人最擔憂的，是潟湖地帶很可能會成為英格蘭的領土。英格蘭已經與西班牙簽訂和平條約，因此英格蘭並未侵略西班牙在新大陸的殖民地，但英屬牙買加總督核發航行許可證給墨水樹伐木工與採購船，讓他們頻繁進出潟湖地帶，這明顯算是英格蘭對西班牙土地與財產極具敵意的侵害行為。若長此下去，潟湖地帶早晚會被英格蘭所控制。

受到不安情緒策動，猶加敦總督與上級的新西班牙總督開始摸索如何掃蕩潟湖地帶的「敵人」。丹皮爾待在潟湖的期間，猶加敦總督早已從坎佩切派出載著武器的高速帆船攻陷潟湖，逮捕伐木工、破壞營地。被抓的伐木工被囚禁在坎佩切城塞，也有人從維拉克魯茲被帶往內陸的墨西哥城，在種植園、運輸公司，甚至是礦坑做苦工。一六八〇年，萊塞卡總督下令西班牙人、原住民、非裔居民組成總數超過五百人的掃蕩部隊，分別搭乘七艘船，前往特爾米諾斯潟湖。他們地毯式搜索海岸與河川，將所有發現到的運輸船、伐木據點與墨水樹焚燒殆盡，更逮捕了攻擊鄰近村莊的海盜。被抓的俘虜護送回坎佩切，原住民則當場接受洗禮，放他們回原本的部落。掃蕩行動的成功，讓萊塞卡總督後來獲得了「特爾米諾斯潟湖侯爵」的貴族頭銜。由非裔居民組成的帕度人部隊隊長拉薩羅·德·爾坎托（Lázaro del Canto）也接受總督表揚，獲得年金獎勵。

不過，這類掃蕩行動的效果並不長久。幾個月後，伐木工又回到潟湖，人數很快就超過百人。一六八六年他們再次攻擊坎佩切港，萊塞卡的繼任者泰萊茲總督便開始準備新一波的掃蕩行動，一六九〇年還派出了大規模遠征隊。儘管如此，伐木工還是回到此處攻擊鄰近村莊。這樣的情形一而再、再而三地發生。一七〇〇年，西班牙王位繼承戰爭（Guerra de Sucesión Española）開打，又給了英格蘭攻打西班牙殖民地的藉口。直到一七一七年，西班牙的掃蕩行動才終於成功，並在沙洲設置要塞。不過，當時半島東邊的貝里斯河已經有伐木據點，也就是英屬宏都拉斯（British Honduras）。對西班牙來說，防衛領土變成極難解決的課題。

動盪的西班牙主權

一六八三年左右，英法等非西班牙勢力在新大陸的據點不只是加勒比海的各島嶼，也擴及到大陸區。潟湖和貝里斯河就是最好的例子。從鄰近的宏都拉斯到尼加拉瓜（Nicaragua）加勒比海海岸，都住著拒絕西班牙統治的原住民、逃亡的黑奴，以及由混血後代組成的米斯基托族（Miskitos），以行動表示對英格蘭王室權威的認同。不僅如此，一六九八年蘇格蘭公司進軍東邊的巴拿馬和哥倫比亞之間的達連隘口（Región del Darién），也獲得當地原住民首領的協助，很快就試著將此處當成自己的殖民地統治。換句話說，從猶加敦到中美洲一帶的加勒比海沿岸，很有可能逐漸不再是西班牙的領土。

若擴大範圍來看，英格蘭、法國與荷蘭在南美洲北部沿岸的圭亞那地區（現在的委內瑞拉與巴西之間的區域）互相競爭，各自建立據點。再往南邊看，從巴西里約熱內盧出發的葡萄牙遠征隊來到拉布拉他河流域，一六八〇年在西班牙殖民地布宜諾斯艾利斯的對岸建立據點科洛尼亞—德爾沙加緬度。若將目光移向北美，一六七〇年來自英國殖民地巴貝多的殖民者在西屬佛羅里達以北建設查理鎮（Charlestown，現在的南卡羅來納州查爾斯頓）；一六八二年，法國人拉薩勒（La Salle）來到密西西比州，將密西西比河注入墨西哥灣的整個河谷命名為路易斯安那，以法國國王路易十四命名，將此地納入法國領土。如此這般，南北美洲各處的西班牙殖民地逐漸被其他國家侵吞。

當然，西班牙絕對不允許其他國家入侵領土。西班牙人每次在潟湖抓到伐木者，就會問他們為什麼來此砍伐墨水樹。一六八六年十月，在坎佩切被逮捕的列卡度．埃雷斯（Ricardo Eres，可能是理查．埃利斯〔Richard Elles〕的西語發音）所說的答案，或許可做為參考。埃雷斯是來自倫敦的船員，四十歲，已婚。他在牙買加因海盜罪入獄，被判處絞刑，後來逃獄搭船來到潟湖。他在潟湖待了七週左右，和其他十六人一起搬運墨水樹，然後就被抓到西班牙船上。坎佩切港的軍事司令官表示，潟湖的森林、土地，以至整個新大陸都屬於西班牙國王。其實埃雷斯很清楚這一點，他也知道英格蘭與西班牙簽訂了和平條約。兩國臣民如果打破和平狀態，就會被視為叛國者，處以死刑。但他們之所以長期在西班牙國王的土地上伐木，是因為牙買加總督允許他們搭船過來。

牙買加總督發放許可證給伐木者，是根據一六七〇年英格蘭與西班牙在馬德里簽訂的和平條約內容。為了讓彼此忘卻過去的敵意，停止攻擊，在第七條明文規定「大不列顛王國（Kingdom of Great Britain）的國王殿下及其臣民此時所擁有的西印度和位於美洲大陸的所有土地、地方、島、殖民地、統治區，國王殿下及繼承者們擁有完全的主權，可永久享受、擁有與統治領土」。不過，條文並未明確指出哪些地方屬於英格蘭領土。簽訂條約時，海盜早已在潟湖伐木。因此，牙買加總督和英格蘭議會一直認為潟湖是自己的領土，但西班牙坎佩切港的軍事司令官和猶加敦總督並不這麼想。潟湖並非英格蘭派遣軍隊或根據殖民計畫刻意占領的土地，也沒有英國官員進駐，所以應該算是西班牙領地。

兩國之所以對條文有著完全相反的解讀，是因為對統治的理解不同。西班牙統治西半球的根據來自一四九三年的《教宗詔書》（*Bulla apostolica*），自十七世紀前期起，西班牙的立場就變得愈來愈強硬。他們希望以地圖上的經線劃分領土，這樣的立場使得西班牙的統治權擴及指定經線的所有空間。另一方面，英格蘭是以實效性來判斷西班牙統治權。簡單來說，實際統治權的必備條件為土地上有居民，而且居民也接受其統治。西班牙在地圖上的統治權，與英格蘭實際上的統治權，這兩種想法互相牴觸。

3 逃亡的印地安人

威脅殖民地支配權的南部森林

從實際統治權這個觀點來看，在猶加敦殖民地的西班牙人還有另一項煩惱。那就是逃亡的印地安人問題。任期到一六八三年的猶加敦總督萊塞卡如此寫道：

> 每天都有一名印地安人逃往森林，因此人口大幅減少。可以確定的是，他們過著崇拜偶像和自由不羈的生活，但他們並不滿足於這樣的生活型態。那些留下來的人則聽信毫無根據的預言，認為現在正是被解放的古老信仰重新復甦的時候。

引文的開頭使用「森林」兩字，原文（西班牙文）是monte或montaña，通常指「山」，但猶加敦半島幾乎沒有山。尤其是北部，除了坎佩切附近的丘陵地帶，其他幾乎都是石灰岩平原。基於猶加敦半島的地理特性，monte指的不是山，而是森林。半島南部有一大片廣闊的森林。

猶加敦半島北部與南部的地理環境大相逕庭，北部表土較薄，植被以高度較低的落葉樹為主。大多數地方的年降雨量低於一千毫米，大部分的雨水會從石灰岩的表土滲透至地下岩層。

表土四處受到侵蝕的結果，就形成了無數凹陷的石灰阱，此處湧出的地下水和雨水都會累積在凹洞內。北部就是遍布灌木與石灰阱的平坦地形。相對於此，半島南部生長著茂密的闊葉林，樹高較高，年降雨量為一千五百毫米，再往南走，有些地區的年降雨量甚至超過三千毫米。還有許多濕地、河川與湖泊，一到雨季，好幾座湖就會連在一起。西班牙人將森林茂密的南部地區稱為「山」。

半島北部的原住民就是逃到了南部的森林地帶。逃亡者增加，原住民部落提供的貢品和勞役就會減少，導致大幅依賴原住民的殖民地經濟停滯不前。加上原住民脫離了天主教信仰共同體，使得西班牙無法貫徹原住民社會的統治理念，也就是基督教「文明化」。此外，原住民社會一直在鼓吹殖民統治即將告終，如果留在北部的原住民也被鼓動逃亡與棄教，將會動搖西班牙的統治基礎。文明的海岸平原區與野蠻的山區，這樣的歐洲地中海式二元對立觀念在此重演。

方濟各會修士克里斯托瓦爾・桑切斯（Cristóbal Sánchez）在一六六九年七月寫信給坎佩切代理軍事司令官，裡頭如實描述了逃亡的原住民與西班牙統治下的原住民接觸的景象。桑切斯是薩卡布琴（Sahcabchén）的司鐸。從坎佩切港沿著海岸往南走五十公里，有一處名為錢波通（Champotón）的小港口。由此處往內陸走五十公里，就是薩卡布琴。該處位於西班牙領地的西南角，若再往南進入非西班牙領地，就是海盜占據的潟湖地區，以及逃亡原住民居住的森林地帶。接著來看一下司鐸的信：

薩卡布琴與同地區的其他部落都在賣鹽、肥皂和斧頭。由於供給至坎佩切市的貨量相當龐大，光是我在此地的五個月期間，已經有超過一百法內加的鹽運出森林，這個數字還不包括同地區的其他部落。肥皂和斧頭也是源源不絕地往外運。部落裡毫無秩序可言，根本無從得知運出的數量有多龐大。此外，沒有買家的時候，部落裡的印地安人就會騎馬出去（森林），取得蜂蠟。不僅如此，聖地牙哥有一名鐵匠，大家都會去他那裡購買在森林工作時必備的斧頭和其他工具。不妨將他驅逐至坎佩切，並對奇納和聖地牙哥這兩個部落的居民設下罰則，讓他們沒有部落官員允許就不能去坎佩切市。這多少可以挽救現況。如果沒了供給，或許就能阻止原住民逃往森林居住的情形。

薩卡布琴所在地區的部落有許多來自坎佩切市的商品，非西班牙領地的原住民也想拿到這些商品，因此這個地區成為非西班牙領地與西班牙領地的貿易中繼站。綜觀非西班牙領地原住民想要的商品內容，包括半島內陸無法生產的鹽，以及斧頭等所有鐵製品都是由西班牙人帶進來的。從這點來看，非西班牙領地的居民要製造這些物品很是困難。另一方面，西班牙領地的原住民向外出口蜂蠟，以取得他們想要的商品。後面會介紹蜂蠟的重要性，建構出兩者互補的交換關係。

逃亡的理由——分配型生產定額制度

原住民為什麼要逃到森林裡？我們可以從一封一六七〇年二月八日寄給猶加敦總督的信件內容看出端倪。寫信人是位於森林的沙耶卜（Sayab）部落首領唐．帕布．庫（don Pablo Couoh），以及兩位長老佩德羅．密斯、加斯帕．奧與約瑟夫．伊耶，使用的是猶加敦馬雅語，由猶加敦馬雅語官方通譯翻成西班牙語。根據書信內容：

> 我們很久以前就離開自己的部落，原因是治安官執行的分配制度不公。我們會先收到用來購買蜂蠟的金錢，每位原住民要交出十二英磅的蜂蠟，每一英磅給一雷亞爾。治安官會在之後某一天來收取蜂蠟，如果我們沒辦法事先準備好，就必須花兩雷亞爾抵一英磅蜂蠟。此外，每個人也會收到用來收購到一英磅胭脂蟲的錢，在期限前無法準備妥當的人，就必須花十二雷亞爾抵一英磅胭脂蟲。每位印地安女性會有六彼爾納小棉布的額度，已婚印地安人則是價值一英磅的四十顆可可。此外，還有肥皂、斧頭、番刀與大棉布等商品額度，都必須自己用絲與斗篷來抵。以上是為了應付治安官而做的事情，為此，我們甚至不得不賣掉出席彌撒穿的衣服。

這裡的治安官指的是猶加敦總督派往部落的官員，他們負責分配生產出來的商品，再用非法的便宜價格收購商品，對原住民造成很大的負擔。信中也寫了，原住民還要準備貢品（大棉布、玉米、火雞）給委託監護制（Encomienda）的監護者（Encomendero），每到節日還要捐獻給教區司鐸（蜂蠟、絲、美洲鬣蜥、雞蛋、魚、油脂、蜂蜜、玉米、辣椒、豆子），如果無法準備，就要付出金錢。

納貢、布施與分配這三個制度，前兩個從十六世紀就存在了。西班牙國王以部落為單位將原住民委託給征服有功的西班牙人，這些監護者必須負責保護原住民，同時讓原住民信仰天主教，同時也有接受納貢與勞役奉獻的權利。這就是委託監護制。自從一五八三年進行納貢人口調查、統一納貢負擔額後，就未曾變更。布施則是由原住民代替監護者，支付給負責推動天主教信仰的教區司鐸的報酬。每到節日，原住民的負擔就會變重，不過捐獻量大致是固定的。

相較於此，分配制度，也就是西班牙語所說的「Repartimiento」制，施加在原住民身上的負擔可視情形增減，但從十七世紀中葉開始急速增加。Repartimiento 指的是分配、分派之意，意指各種制度。舉例來說，委託監護制與徭役也可使用這個字，隨著地域與時代的不同而有所差異。不過，此處指的是生產定額型的分配制，也就是事先分配貨幣或物資給原住民部落，之後再向部落收取對價的生產品。不過，十七世紀前期並不是就沒有分配制度。根據一六〇三年的文獻紀錄，治安官們「從卡斯提亞王國（Reino de Castilla）、中國、新西班牙總督轄區等地大量取得各種商品，帶進自己管轄的部落，從事大規模貿易。這些商品包括（墨西哥中部）特拉斯卡拉（Tlaxcallān）產的帽子、羊毛布料、絲綢、麻布、彩色棉線、番刀、刀子、剪刀、斧頭、可可、紙、紅酒、黑蠟燭等等」。這裡指的就不是商品的生產額度，而是購入額度。這種購入額度型的分配制度，在墨西哥中部與安地斯各地實施，同樣是為了將原住民社會納入廣域商品流通網而執行的手段。

不過，到了十七世紀後期，生產定額型的分配制在猶加敦半島變得相當重要。根據對分配制的研究，在礦坑與種植園等原住民部落以外地區的商品生產，通常都屬於購入額度型。原住民在部落外賺取的勞動報酬，都是用來支付商品款項。另一方面，重視原住民部落生產的地區，則是給原住民金錢，購買他們生產的貨物。位於猶加敦半島西南邊的瓦哈卡市（Oaxaca），則是實施生產定額型分配制度最具代表性的地方。此處可以抓到胭脂蟲（比猶加敦野生種胭脂蟲的品質更好），是種在歐洲價格不斐的紅色染料。分配給原住民部落的就是這種胭脂蟲。猶加敦也是以原住民部落的商品生產為基礎，因此主要實施生產定額制。

分配制度肥大化

生產定額型分配制度可隨意增減對原住民部落的貨幣供給量，調整原住民部落的負擔。既然如此，為什麼從十七世紀後期開始，原住民部落的負擔會愈來愈大呢？最大的原因是原住民人口減少。猶加敦殖民地原住民人口的變遷趨勢與其他原住民人口較多的西班牙領地不同。在新大陸各地，從十五世紀末被西班牙征服後伴隨而來的暴力和生活環境變化，加上來自舊大陸的傳染病，使得原住民人口驟減。加勒比海島的原住民幾乎全都病死，人口稠密的墨西哥中部與安地斯地區的人口數也驟減至將近二十分之一。反觀猶加敦半島，在殖民初期的人口減少較為平緩。根據歷史人口學的研究，十六世紀後期，征服猶加敦後的原住民人口為二十五萬人，到了十六世紀末減少至將近二十萬人。之

圖 3-5　〈坎佩切的住民〉（*Inwoners van Campeche*），卡雷爾 · 艾拉德（Carel Allard）作

收錄於 1726 年出刊的《歐洲、亞洲、非洲與美國的軍事力量》（*Les Forces de l'Europe, Asie, Afrique et Amerique*）。面對畫像左邊的男性手裡拿著劍，和摺起來的吊床；右邊的女性則帶著篩子。身上的服裝是納貢與分配制度常見的棉布。這應該是根據遊記繪製的想像圖。背景的坎佩切市則是參考 1671 年出版的《美國——關於新世界最新且最準確的描寫》中刊登的版畫。這張版畫也是根據遊記等資料繪製的想像圖，裡面畫著不存在的蜿蜒海岸，以及有標高的山。

後稍微增加，一六四〇年代突破二十萬人，但到了十七世紀後半，人口再次減少，一六八〇年代跌破十萬人。在墨西哥中部與安地斯等地，就看不到這種第二次人口大幅減少的現象。

第二次人口減少的原因眾說紛紜，可以確定的是，一六四八年曾經爆發傳染病。根據當時的紀錄，爆發的傳染病被記錄為「鼠疫」，也有研究認為具體的病因是黃熱病。事實上，猶加敦半島直到二十世紀還不時爆發黃熱病，日本細菌學家野口英世為了研究黃熱病也曾待在此處（梅里達有一處以他名字命名的研究所）。不過，此時傳染病流行的範圍較廣。一六四八年的維拉克魯茲港、墨西哥市，隔年古巴的哈瓦那、新格拉納達（Nueva Granada，現在的哥倫比亞）、波多黎各等地，也都有疫病流行的報告，從加勒比海海域往外擴散。不僅如此，西班牙南部各個港口也在同時期傳出疫病，因此傳染病很可能橫跨大西洋兩岸，大範圍擴散。無論如何，這次的傳染病使得猶加敦殖民地的人口急速減少。

原住民人口減少，導致每個人固定負擔的納貢和布施範圍縮減，這對委託監護制度的監護者、教會相關人士與王室來說極為不利。更嚴重的是，當生產品市場的流通量減少，靠商品買賣維生的商人、其他西班牙人和各族裔的混血後代都會受到影響。由於這個緣故，當地才會實施可以增減額度的分配制度，以獲得更多的生產品。

分配制度的推行與各種人物有關，其中最受注目的是巡察原住民部落的「治安官」們。官方法令規定了原住民部落與外部世界之間的關係（例如土地所有權），這個職務就是為了監督原住民部落是否遵守官方法令而設置，若因此衍生出相關紛爭，也負有仲裁義務。治安官們每次巡察時，都要求部落官員執行分配制度，遇到原住民無法上繳貢品的情形，就將對方逮捕入獄或嚴刑拷打。由於這個緣故，原住民十分憎恨治安官，經常向司鐸告發，或是偷襲治安官。一六六九年，薩卡布琴的居民將安東尼奧．岡薩雷斯（Antonio González）治安官綁起來在廣場上痛毆一頓，甚至嚴重到將該名治安官分配到的火腿和肥皂掛在他脖子上，處以極刑。為了阻止愈來愈多原住民逃亡，司鐸和總督也曾下令撤銷治安官任命和禁止巡察，但只能治標不能治本。

無法禁止治安官執行分配制度的原因顯而易見，因為治安官搜刮來的生產品全都交給了司鐸和總督。特別是總督，會從多名治安官手中接收原住民的生產品，他可以說是這個制度最大的受益人。一六八三年卸任的萊塞卡總督在最後任期執行的分配制度，總計至少拿到二〇九五塊大棉布、一〇一二阿羅巴二英磅的蜂蠟*、三〇八七塊小棉布及一六〇英磅的棉線。這個時期整個半島上貢的大棉布，半年約七五〇〇塊；由此看來，萊塞卡總督拿到的數量十分驚人。

任何人想當上總督必須先花一大筆錢，正因如此，總督才會插手分配制度。西班牙王室陷入財政困難的窘境，因此從十七世紀前期逐漸導入賣官制度；到了一六八〇年代，就連總督如此重要的官職也能買賣。以接任萊塞卡的泰萊茲總督為例，他付給王室的金額就高達八千達布隆（三萬兩千披索）。這是很大的一筆金額，相信泰萊茲也是向別人借來的。相較之下，總督的年薪只有一六二四披索，任期為五年，怎麼算也不可能超過三萬兩千披索。再加上家人的生活費，以及從西

＊阿羅巴，arroba，西班牙舊重量單位。

班牙帶過來的黑奴與三名隨從，整體花費相當驚人。如果不倚靠分配制度這類「業外收入」，別說是存錢了，就是想還債也還不起，更不可能維持總督應有的生活品質。

綜合上述狀況，一六八三年猶加敦殖民地的分配制度肥大化現象，已然不可逆轉。承受不了沉重負擔的原住民開始大規模逃亡，也是理所當然的結果。一六六九年，目睹大逃亡現象的司鐸桑切斯如此說：「就我來看，過去六個月從猶加敦各地逃亡的原住民，大多數逃去了薩卡布琴，然後再躲進森林，沒有任何一個人回來。」儘管猶加敦司鐸曾針對這一年逃亡的實際人數進行局部調查，但整體規模仍不明確。不過，根據一六六四年原住民保護官（Protector of Aborigines）的報告內容，同年逃亡者人數高達一萬兩千人，同時期的原住民人口估計只有十萬人左右，由此可見逃亡比例相當高。

魅力十足的南部生活

西班牙殖民者的作為導致原住民大量逃亡，原因已經清楚說明了。接下來也必須思考，森林生活究竟有何吸引人的地方。以常識來思考，森林深處並不適合生活。誠如之前描述過的，半島南部多為森林，還有大量濕地、河川與湖泊，每年雨季許多小湖會形成一座大湖，甚至會淹大水。由於這個緣故，進入半島南部的西班牙人都受不了如此嚴酷的生活環境。埃爾南·科爾特斯（Hernán Cortés）在征服阿茲特克帝國（Azteca）後的一五二四至一五二五年，於遠征宏都拉斯途中橫貫這個地區。當地的茂密森林、沼澤濕地與豪雨讓遠征隊吃足苦頭，損失大量兵馬，行軍極為困難。

一六七〇年，西班牙軍隊為了搜捕躲進森林的逃亡者，不僅迷路，也沒有食物可吃，好不容易才找到逃亡者的聚落，搶奪對方的食物和衣服。對西班牙人來說，森林路徑複雜不明，一不小心就會遇難，也無法確保足夠的糧食。而且森林裡也沒有貴金屬。在這種情形下，很難讓人想要征服。

此處的情形與南美洲的亞馬遜類似。十六世紀相傳亞馬遜流域的熱帶雨林有大量黃金，當時有好幾支探險隊深入亞馬遜流域。不過，所有探險隊都迷了路，也吃光了糧食，同伴分崩離析，還遭到原住民攻擊，結果十分悽慘。淘金夢碎後，幾乎沒人想再嘗試征服亞馬遜「森林」對西班牙人來說，是極難駕馭的地方。

另一方面，站在原住民的角度來看，森林就不是那麼惡劣的居住環境。猶加敦半島的森林可以獵捕到墨西哥鹿、野豬、老鼠、兔子與鳥類，有時還能獵到吼猴、貘等動物。不僅如此，還能採集人心果、麵包果、南茜果等果實，以及蜂蠟。河川與湖泊也能捕魚。加上有些地方排水性佳，可透過火耕與灌溉，種植出高產量的玉米。原住民還能在森林裡栽種半島北部不易成長的可可等作物。這裡豐富的食物來源深深吸引原住民。先前介紹過的司鐸桑切斯曾在森林傳教，當時的信件也提及森林的生產力相當高，令人驚訝：

> 這一帶的土地真的太好了，猶加敦北部完全無法相比。此處有許多河流，土壤也很肥沃，十分吸引人。此地居民務農可以年收兩次，還能靠大量狩獵與採集來的獵物與果實自給自足。這麼棒的地方，也難怪印地安人壓根不想回猶加敦北部。

若知道如何運用南部森林的生態，就會明白這個地方的資源有多豐沛。早在西班牙人來到此處之前，就有好幾個依賴此處豐沛生態的政權形成，還創造出世界遺產提卡爾（Tikal）與帕倫克（Palenque）等古文明莊嚴建築群。長久以來，猶加敦半島南部一直是馬雅文明的中心。

西元八到九世紀，政治中心移往半島北部，奇琴伊察（Chichén Itzá）與烏斯馬爾（Uxmal）等地蓬勃發展。專家認為政治中心北移的原因包括人口過度稠密、政治對立、氣候變化等各種因素，目前沒有統一見解。唯一可以確定的是，在政治中心遷移之後，原住民依舊住在南部。

十六世紀，橫貫此處的科爾特斯曾與多個原住民部落接觸交流，潟湖地區的阿卡蘭人（Acalan，現在稱為瓊塔爾〔Chontal〕）靠著可可貿易興盛繁榮，與科爾特斯同行的貝爾納爾．迪亞斯（Bernal Díaz）在其著作《征服新西班牙信史》（*Historia verdadera de la conquista de la Nueva España*）中，也記錄了馬薩特卡人（Mazateca，阿茲特克帝國的納瓦特爾語「鹿的子民」之意）。由於森林中有許多鹿，馬薩特卡人以鹿為信仰中心，因此得名。其中勢力最龐大的是以馬薩特卡南邊佩滕伊察湖（Lago Petén Itzá）島嶼為據點的部落。部落領袖名為卡內克（Kan Ek'），他以身為半島北部政治中心之一奇琴伊察勢力的後代為榮。即使進入殖民地時代，半島南部的森林也存在多個這樣的集團。

這些集團並非在森林過著封閉的生活，他們也與北部來的逃亡者，甚至是西班牙領地的原住民保持交流。接著再來看薩卡布琴的司鐸桑切斯寫的信：

> （一六六九年三月下旬）一行五人的使節團帶著楚托克（Tzuctok）首領（batab）亞姆（Yam）的親筆信來訪。亞姆是所有森林民族崇敬的領袖，由原住民凱哈切族（Kejache 或 Cehach）及其王國指派為王，在此興起的野蠻印地安人紛紛向他靠攏，聽從他的命令。這封信是要求波波拉（Popola）與薩卡布琴所有部落的所有領袖，在村莊的入口處、離聚落有些距離的地方蓋一棟大房子，讓亞姆王或奉他之命前來的使者可以住在這裡。

凱哈切在猶加敦馬雅語的意思是「鹿的子民」，應該就是迪亞斯在著作中提及的馬薩特卡人。楚托克位於凱哈切的勢力範圍內，亞姆不只要逃亡的原住民順服於他，也要求薩卡布琴地區的原住民也敬他為王。不僅如此，每當聖週即將到來之際，凱哈切的神職人員就會帶著手拿弓箭的兩百二十位原住民造訪各部落。各部落領袖要奉上禮物，宣誓效忠亞姆，據稱他們「一連十天，每天晚上舉辦宴會，崇拜偶像，喝得爛醉。白天也舉行祭典或午餐會，宴請使節和相關人等。每個部落都爭相拿出最好最豐盛的食物款待。使節在造訪各部落的期間，與近臣、書記處理訴訟案件，接受人民無數請託。」這些部落雖然受西班牙統治，但還是保持著凱哈切族的習慣，臣服於部落首領的權威之下。

凱哈切族也要求人民拒絕西班牙統治。某位與西班牙人交好的族長，帶著妻子逃入森林，由凱哈切王信任的阿隆索·皮楚接任新族長。這位新族長要求人民穿上與凱哈切族一樣的衣服，殺害來訪的西班牙人，暫緩與西班牙人和混血民族的往來貿易。

不僅如此，亞姆王還對逃亡的原住民提出以下要求：

在整個猶加敦地區引發動亂，首先清空坎佩切附近的所有農場與村莊，俘虜所有人並帶進森林，殺光坎佩切市的所有男丁，帶走所有婦女，像西班牙人過去對待我們那樣，逼他們伺候我們，為我們工作。搶走他們的武器彈藥之後，就繼續攻打梅里達市和其他地區。

凱哈切族煽動逃亡的原住民，讓整個半島出現大量逃亡的現象，企圖顛覆西班牙的統治權。桑切斯早已預見這一切。吸收逃亡原住民並擴大勢力的凱哈切族與他們後方更南部的佩滕低地（Cuenca del Petén），是西班牙人的最大威脅。

4 征服森林之民「伊察族」

擔憂原住民背離的王室

擴大範圍來看即可發現，一六八三年左右的西屬美洲有好幾個地區爆發了原住民不服從運動，對抗西班牙殖民地。最為人所熟知的就是一六八〇年八月美洲原住民培布羅社群（Pueblo）的叛亂事件。他們襲擊了新西班牙總督轄區實質統治的北部邊境聖塔菲（Santa Fe，位於現今美國新墨西哥州）與周邊的傳教村，數百位居民和修士被殺害。培布羅人相信只要擊退西班牙統治者，傳統的原住民神祇就會再次降臨，讓他們重返榮光。西班牙軍隊花了整整十二年才奪回聖塔菲。一六九〇年，北墨西哥銀礦城市帕拉爾近郊也爆發了塔拉烏馬拉人（Tarahumaes，現稱為拉拉穆里人〔Rarámuri Indians〕，是一群擅長長跑的民族）的起義事件。另一方面，將目光轉向北美東岸，一六八〇年左右名為韋斯托（Westo）的原住民社群頻頻入侵西屬佛羅里達，他們攻擊方濟各會經營的瓜萊（Guale）傳教村，將村民賣往英格蘭領土為奴。南美的智利與捷克也發生了西班牙殖民者與原住民之間的衝突。接著來看中美洲，第二節介紹過的米斯基托族首領也承認英格蘭國王，被賦予傑里米一世（Jeremy I）的稱號，跟附近的非裔逃亡奴隸和海盜共同對抗西班牙。

一六八三年，英格蘭與法國都在積極占領西班牙尚未實質統治的新大陸土地（請參照第二節）。西班牙很擔憂這些歐洲勢力會與自己未征服的原住民合作，擴大占領範圍。北美東岸的韋斯托人與宏都拉斯的米斯基托族，明顯都與英格蘭建立了合作關係。猶加敦半島南部也是其中一個需要擔憂的地區。從墨水樹伐木工聚集的潟湖往河川上溯，就會來到佩滕伊察湖，這裡是佩滕伊察主要城市的所在地。*潟湖已成為實質上的英格蘭領土，如果能與佩滕伊察的原住民合作，從猶加敦南部、宏都拉斯到巴拿馬的廣闊地區，就成為西班牙無法插手的空間。儘管兩者並沒有嘗試合作的

* 即諾赫佩滕（Nojpetén），佩滕伊察湖上的一座島嶼，是伊察馬雅王國的首都。

證據，但西班牙人經常目睹伐木工與逃亡原住民在潟湖一起生活，絕對會使他們感到芒刺在背。

面對統治權在新大陸各地搖搖欲墜的現況，西班牙國王卡洛斯二世（Carlos II）感到強烈危機，遂於一六八六年五月十四日頒布敕令，要求派遣軍隊，征服新西班牙總督轄區各地尚未接受統治的原住民。發給猶加敦地區的文件中寫道：「坎佩切、瓜地馬拉及其海岸圍起來的地區還有原住民異教徒存在，而且近在咫尺，你們卻不努力讓他們歸順與改宗。」他指責這些指派的官員怠忽職守，沒有盡到應盡的首要責任。不只是猶加敦，新西班牙總督和各地行政長官皆與神職人員合作，以「溫和而有效」的方法，盡全力讓各負責區域內的所有原住民異教徒歸順並改信天主教。凡是新歸順西班牙的原住民，都可免除二十年的納貢與徭役，但必須集中接受關於天主教教義的教育，做為交換條件。

考量當時猶加敦半島的狀況，不對新歸順原住民施加經濟負擔，是必要的手段。在這項敕令頒布之前，西班牙就曾對逃亡原住民施加軍事上的壓迫，但效果不如預期。舉例來說，萊塞卡總督在掃蕩海盜的同時，也企圖鎮壓逃亡的原住民。從一六七八到一六八〇年，西班牙組織了好幾支遠征隊，從多個地點進入森林，發現了好幾處逃亡原住民的聚落。不過，多數原本住在聚落的逃亡原住民，早在遠征隊來之前，就已經逃到凱哈切統治區，或是更南邊的佩滕伊察地區。即使如此，西班牙人依舊抓了二三四一人，將他們送到目前已經有統治權的村莊。下一任總督泰萊茲也在一六八七年執行遠征任務，這支遠征隊是由一二九名西班牙人（不含隊長）與一四一名原住民組成，他們在森林開出一條路，搜索逃亡原住民的下落。這一次他們抓到了一六六六名原住

圖 3-6　猶加敦地圖，首都梅里達市、瓦拉多利德、坎佩切與巴卡拉爾（Bacalar）等各個城市，以及各總督轄區和主教區所屬的部落——塔巴斯科（Tabasco）、特爾米諾斯潟湖與佩滕伊察（1733 年）

除了猶加敦各地城鎮部落外，還標註了主要道路。中間往南的道路通往佩滕伊察，右邊往南南東走的路通往瓦拉多利德港。瓦拉多利德於 1652 年遭到海盜迪亞戈 · 埃爾 · 穆拉托（Diego el Mulato）攻擊後就廢棄，於 1729 年重建。左邊海岸的湖泊是潟湖。

藏於西班牙軍地圖局

民，送往九個新部落居住。沒多久，總督開始在新部落實施分配制度，惹怒了被安置在新部落的逃亡原住民。他們立刻與西班牙人尚未征服的凱哈切族和伊察族（Itzá，又稱為伊薩族）聯繫，想要驅逐或殺害派到當地的西班牙人。儘管泰萊茲總督成功抓回了逃亡原住民，但他實施的分配制度加重原住民的負擔，很難阻止原住民再次逃亡。不如像王室建議的那樣推動和平統治，限制或禁止對原住民施加經濟負擔，才是解決之道。

伊察族的預言書

自從發布上述敕令後，西班牙人就在猶加敦與瓜地馬拉兩側開闢出一條貫穿森林、連結兩個地區的道路。海盜的出現導致海上交通式微，為了確保穩定的物流，建立陸路通道成了首要任務。除了這個目的之外，開拓道路就能直通凱哈切和佩滕伊察地區，並派遣修士到當地。再者，這也是讓原住民和平歸順的方法。馬丁．德．烏爾蘇阿．阿里茲門迪（Martín de Urzúa y Arizmendi，一六五三～一七一五年）總督是完成這項計畫的重要人物。烏爾蘇阿總督生於西班牙北部的納瓦拉，來到墨西哥之後，就在當地發展自己的事業。一六八六年，他與猶加敦地區財務官員的女兒結婚，一六九〇年被任命為下一任猶加敦總督。一六九五年就任後立刻著手建設縱貫道路，並與方濟各會的地方教區區長協議，派遣修士到凱哈切和伊察地區。

為了呼應西班牙官方的動作，一六九五年十二月二十六日，佩滕伊察派遣四名使節前往總督府所在地梅里達市。烏爾蘇阿總督、地方權貴和大批原住民在市外剛興建完成的方濟各會中庭迎接使節，還帶他們到市中心的大教堂祈禱，之後前往總督府。使節之一亞加（AjChan）自稱是佩滕伊察王卡內克的外甥，手裡拿著有羽毛裝飾的頭冠。他說：

> 我奉伊察族之王，偉大的卡內克之命前來，希望我族能與西班牙人和平共處。雙方對話，結束所有戰爭，也請求通商，開放必需品買賣。這頂（代表伊察王之）頭冠跪在西班牙國王面前，希望能喝同一杯水，住在同一個家裡。祖先預言的時刻已然降臨。因此，我們的王與四位首領對西班牙國王行臣下之禮，希望能受到（西班牙）國王的庇護與援助，請求派遣神職人員，為我們洗禮，宣揚真神戒律。

對總督和西班牙殖民者而言，這一刻可說是實現了西班牙國王的政策，以和平方式收編尚未征服的原住民。

話說回來，從亞加的一席話中，也能看出伊察族的盤算。關鍵在於「祖先預言的時刻」，這裡所說的預言是什麼呢？後來在西班牙母國出版的《佩滕伊察征服記》（*Historia de la conquista de la provincia de el Itza*）一書中，有這麼一段話：

伊察的王與人民從很早以前就知道真神與神聖的天主教信仰。根據預言者留下的文字紀錄判斷，請願神聖信仰與天主教的時候已然來臨。只有王與推崇偶像崇拜的大祭司和其他祭司能解讀預言內容，再由他們宣告於民。

被派遣至佩滕伊察的方濟各會修士安德烈．德．阿曼達諾（Andrés de Avendaño y Loyola）發現了預言書，那是一張樹皮。「折成屏風狀大約是十二寸照片大小，厚度與八雷亞爾墨西哥幣差

圖 3-7　馬德里圖畫書

在柔軟樹皮製成的阿馬特紙上，寫著文字與圖畫。這與阿曼達諾神父在佩滕伊察看到的預言書一樣，可以摺成屏風狀。這張阿馬特紙是十九世紀在馬德里發現的，由來眾說紛紜，一般認為這是西班牙征服之前，在猶加敦半島製成的。藏於美國博物館。

不多，上面寫的文字和象形圖案，是古代預言使用的古老計數法。」這張樹皮稱為「阿納特」（anath），在阿茲特克使用的納瓦特爾語中，稱為「阿馬特」（amate），指的是鞣製過的樹皮。這張樹皮上記錄了用馬雅文字寫下的預言。

在西班牙征服猶加敦之前，猶加敦馬雅人寫了許多預言書做為參照。可惜十六世紀受到迪亞哥·德·蘭達（Diego de Landa）的影響，許多預言書被燒毀失傳。蘭達最有名的作品就是《猶加敦紀事》（*Relación de las cosas de Yucatán*），裡頭完整記錄了猶加敦半島的地理、風俗與歷史，其中也有不少關於馬雅文字的記載。將所有一切記進書裡並毀去實際文物，是這群以蘭達為首、十六世紀民族誌學者兼傳教者的研究作法。到了十七世紀末，修會還收藏著幾本預言書，以便參考內容。但在尚未被征服的佩滕地區，仍持續使用預言書。

所謂的預言書，其實就是記錄過去發生之事的史書。猶加敦馬雅人認為，書中記載的事情，每隔十三卡盾（K'atun，大約是二五六年）就會發生一次。基本上馬雅曆由兩個不同系統所組成，一個是宗教禮儀使用的二六〇日曆法，結合從一到十三的日數，以及從伊米旭（Imix）開始到阿浩（Ahau）結束的二十個日名，組合出每一個日（稱為金，k'in），例如三伊米旭（3Imix）。另一個則是二十進位的長紀曆（Long Count），用來記錄更長單位的時間，系統中的每一個位數都有名字。不過十位數為了要接近太陽曆，因此使用十八進位。舉例來說，一金×二十＝一烏納（winal，二十金）、二十烏納×十八＝一盾（tun，三六〇金，約一年）、一盾×二十＝一卡盾（七二〇〇金，約二十年）。由於卡盾是二十的倍數，因此最後一日一定是二六〇日曆法的第二十個名字，也就是阿浩（與一到十三其中一個數字的組合）。阿浩與各數字組合過一輪為十三卡盾，此為一個週期。在西班牙人出現的時間點，十三卡盾為一週期的想法愈來愈盛行。在馬雅曆法中，紀錄歷史事件的同時，也會標註發生這件事情時的卡盾（約二十年）名稱（各卡盾的最後一天都是〇〇阿浩）。而且，同一個名字的卡盾會發生同一件事。若用我們現在習慣的、以一百年為單位的觀念來比喻，就是在某個世紀（〇〇年代）發生的事情，會在下一個世紀的同一個年代再次發生。佩滕伊察的使節前往梅里達市的時期，正好是十阿浩的卡盾（一六七七～一六九七年）結束、八阿浩的卡盾（一六九七～一七一七年）開始的時間點。因此，只要調查過去的八阿浩，就能預測現在會發生什麼事。這就是馬雅預言的基本觀點。

佩滕伊察的預言書已經失傳，我們無法得知書中內容，而且以馬雅文字寫的預言書也幾乎都不復存在；但殖民地時期以全音素文字記錄預言內容的書籍，包括複寫本在內還有九本流傳至今，統稱為《契倫巴倫之書》（*Chilam Balam*）。契倫．巴倫是十五世紀末期預言者的名字（意思是預言家美洲豹）。以下介紹兩則在丘馬耶村（Chumayel）流傳的《契倫巴倫之書》中，對於八阿浩的記載：

> 八阿浩是伊察人放棄查坎普屯（Chakán Putum，即今日坎佩切一帶）的時候，伊察人開始漂泊，再次尋找新住所。在循環十三次卡盾的期間，伊察人都住在查坎普屯。只要到了八阿浩這個卡盾，伊察人就會在森林下、草叢下、藤蔓下漂泊，有時運不濟之感。

八阿浩是伊察人捨棄自己的村莊，分散至各地的時候。離散後的第六個卡盾，他們不再自稱馬雅。十一阿浩是馬雅人不再稱呼自己為馬雅的時候，他們稱呼自己為基督徒。所有地方皆歸順聖彼得與西班牙國王。

我們很難明確指出記載所指的到底是哪一件事，但可以看出伊察人會因為某個原因，每十三卡盾就遷徙一次，這個遷徙是他們改信基督教的必經之路。如果參考上述記載就會明白，伊察人認為現在正是放棄佩滕、接受西班牙統治的時候，有這樣的想法一點也不奇怪。問題在於，丘馬耶的預言書是以歐洲的全音素文字寫成，很明顯是在接受西班牙殖民統治後所改寫的內容。在尚未受西班牙統治的佩滕地區，當地人真的會參考這種內容經過改寫的預言書嗎？這一點啟人疑竇。

征服佩滕伊察

方濟各會的阿曼達諾修士以傳教使節的身分進入佩滕地區，他表示，伊察人內部對於接受基督教一事看法兩極。阿曼達諾一行人從梅里達出發，分別進入森林後吃足苦頭，費盡千辛萬苦才抵達佩滕伊察湖畔。佩滕伊察王卡內克麾下的四百名弓箭手，帶著阿曼達諾一行人搭乘逾八十艘獨木舟，登上湖中央的城市諾赫佩滕。他們抵達有著光滑堅固的牆壁和稻草屋頂的王宮，在原住民層層包圍之下，進入有十二名男子圍坐一圈的房間。正中間有一張大約二×一．五公尺的大型石桌，用來供奉祭品。阿曼達諾唸出猶加敦總督的親筆信，闡述與西班牙交好，接受洗禮的重要性，但佩滕伊察王卡內克與其他首領討論後仍然沒有共識。其中一名科沃伊城的首領（Aj Kowoj）主張「像我們這種偉大勇敢的民族，沒必要親近西班牙人，還信西班牙人的宗教」。但阿曼達諾反問，預言的日期已經來臨，你們不是應該接受西班牙人的統治才對嗎？面對阿曼達諾的提問，科沃伊城首領表示他要檢討預言書，還說：「時間到不到不是重點，我手中的石槍還很利呢！」阿曼達諾反駁：「如果你能擊敗我，你一心崇拜而且命令你打倒我的魔鬼帕科克（Pakoc）早就助你一臂之力，完成心願了。那個魔鬼在我面前根本無法發揮力量。」雙方激辯超過三天，卡內克還是無法說服科沃伊首領，但他已經決定接受天主教信仰，並臣服於西班牙國王。科沃伊首領和他的夥伴怒不可遏，打算殺掉阿曼達諾，卡內克親自划船帶阿曼達諾到岸邊，還讓他的兒子與女婿護送到中途，順利將人送返。雙方告別時，卡內克向阿曼達諾承諾，他一定會處罰科沃伊首領，還拿兩頂頭冠和一張扇子給阿曼達諾，做為給總督的贈禮。由此可知，儘管前往梅里達以示順從的和平使節所說的話，已經表明卡內克王的立場，但佩滕內部的意見仍然分歧不一。

事實上，隔年（一六九六年）二月，為了建設縱貫道路前往佩滕伊察湖的先遣部隊，即被估計多達數千名的伊察族弓箭手包圍，逃回西班牙領地，部分西班牙人遭俘，被帶上獨木舟，囚禁在湖中城市。根據後來佩滕首領的描述，那些被俘虜的士兵全都被挖出心臟，成為阿曼達諾見過的石桌上的祭品。

一直努力想讓伊察族和平歸順西班牙的烏爾蘇阿總督，決定採取軍事征服的手段。有別於半島東北部掃蕩法國海盜的作戰方式，一六九七年二月，烏爾蘇阿總督親自率軍前往佩滕伊察湖，著手打造船隻。和阿曼達諾去的時候一樣，卡內克還是堅持要接受西班牙統治，但反對派開始攻擊西班牙軍隊，雙方談判破裂。三月十三日，西班牙軍隊登陸湖中島嶼，挾著武器之威，很快就擊退了人數占優勢的伊察軍，攻破王宮。西班牙人隨後將諾赫佩滕改名為「伊察湖救濟聖母與聖保羅之城」(Nuestra Señora de los Remedios y San Pablo, Laguna del Itza)，在島上興建教堂，開始宣揚天主教。卡內克王與科沃伊被逮捕，其他權貴人士竄逃至森林各處。預言終究還是實現了。

建立功勳的烏爾蘇阿總督，在一七〇五年被授予利扎拉加伯爵（Count of Lizárraga）的稱號，後來還被任命為菲律賓總督。他在擔任猶加敦總督期間究竟有什麼政績？首先，他努力增加佩滕地區的人口。佩滕地區有著許多西班牙人不想移居深耕的「山」，所以他將被判處流放罪的犯人送進佩滕地區。接著，他充分利用了西班牙國王頒布的一連串敕令。第一個是一六七八年的敕令，西班牙國王允許載著六百噸紅酒的商船，從加納利群島進入西屬加勒比海，條件是每一百噸必須載五名移居者。接著遵照一六九三年的敕令，諭告從英格蘭和法國領地逃亡的黑奴，要求他們改信天主教，就能在西班牙領地恢復自由之身。種種做法都是要讓佩滕地區這般移居者較少的加勒比海周邊沿岸，有更多的西班牙臣民。烏爾蘇阿總督也利用國王敕令，讓加納利群島的島民前往佩滕地區居住，那些從半島東部宏都拉斯逃亡過來的奴隸也能在此安身立命。遺憾的是，效果並不顯著。

這位總督最大的政績，毋寧是對猶加敦全境實施分配制度。根據一七〇〇年的調查，方濟各會管轄的教區全年執行分配制度的規模，包括總督以外的人執行的分配制度在內，整體達到四萬四三五四塊小棉布、一〇二八塊大棉布、一萬五七〇五英磅的棉線、六萬八八八二英磅的蜂蠟，總額為一〇萬二四八八披索。若加上方濟各會管轄以外的教區，規模一定更大。這是十七世紀最大的分配制度，遠遠超過同時期委託監護制預估的四萬披索。其中，總督執行的額度就占整體的六成。可以想見，那些無法逃往森林的原住民，在分配制度中承受的負擔遠比以前更加沉重。

有一種說法叫「第二次征服」。若將西班牙在十六世紀的征服稱為第一次征服，之後執行的不同征服就是第二次征服。舉例來說，十九世紀在拉丁美洲各地，無論是社會或經濟，都演變成向歐美國家出口初級產品的特殊狀態，也很難避免地出現從屬化現象，這樣的狀況稱為「第二次征服」。但如果只看原住民社會，此用語大多是指十八世紀後期強化殖民統治的現象。根據南希．法里斯（Nancy Farriss）的《西班牙殖民統治下的馬雅社會》（*Maya society under colonial rule: the collective enterprise of survival*），猶加敦馬雅人的部落遭到殖民行政和牧場等部落外部勢力的侵蝕，約莫在一七八〇年代之前失去了自律性。自律性的喪失，相當於第二次征服。但如前所述，隨著西班牙人征服佩滕伊察，猶加敦馬雅農民也更難脫離殖民統治，必須正面承受殖民統治的負擔。若將這點納入考量，第二次征服的漫長過程，或許早在十七世紀末就開始了。

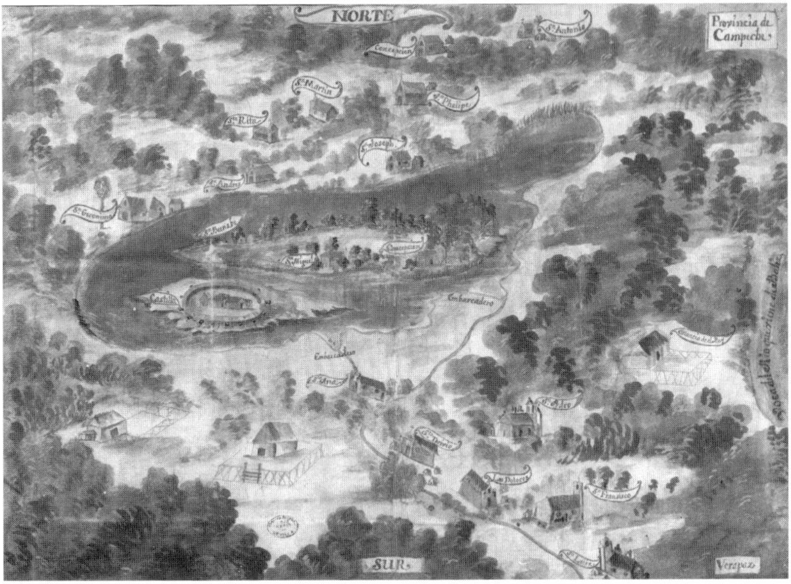

圖 3-8　佩滕地區的地圖，包含城塞與周邊聚落（1736 年）

這是征服後四十年左右佩滕伊察的模樣。湖上的小島是原本佩滕馬雅王國的首都。此時已經有城牆圍起，還配置了大砲防守。周邊聚落皆以教會相關建築來表示，還以天主教聖人的名字命名。右邊有一條流向貝里斯的河。

藏於西印度群島綜合檔案館

西班牙殖民統治的轉換期

一六八三年，西班牙殖民地猶加敦半島歷經了海盜攻擊、墨水樹伐木工私占土地、逃亡原住民人數增加等事件，受影響的未征服原住民苦不堪言。一四九三年教宗亞歷山大六世（Alexander PP. VI）的《教宗詔書》（*Inter Caetera*），以及隔年《托德西拉斯條約》（*Tratado de Tordesillas*）在地圖上的分割線，是十七世紀前期西班牙得以占領新大陸的根據。但在一六八三年的時空背景下，問題的焦點卻變成西班牙是否實際統治那些土地。海盜的攻擊不只使得沿岸西班牙殖民地瀕臨毀滅，其他歐洲勢力的殖民地與拒絕西班牙統治的原住民部落也遍地開花，早已侵蝕現實世界中西班牙的統治範圍。猶加敦半島正是最讓西班牙感受到統治危機的殖民地之一。

話說回來，那段時期西班牙確實盡了一切努力，想要恢復強勢統治。例如將港口要塞化，或是掃蕩潟湖的伐木工。西班牙軍隊征服了不服從的佩滕伊察和凱哈切人，開闢了縱貫道路，掃除西班牙人對於「山」的陰影，避免原住民大量逃亡。從這些舉動可以看出，西班牙的統治態度已經從地圖桌上的理念統治，轉為現實空間的實質統治。

為了真正達成實質統治，西班牙的財政負擔變得比過去沉重，包括加勒比海的海上防禦費用、要塞建築費用、駐軍與遠征隊的薪酬等等，都是王室必須支出的成本。加勒比海各地財政管轄區的收入，完全不足以應付防衛支出。為了解決問題，十六世紀末西班牙王室開始要求手頭較為寬裕的墨西哥等財政管轄區支付補助金（situado）給加勒比海各地。在十七世紀前期，這個由墨西哥提撥補助金給加勒比海地區的制度每年平均支出一九．五萬披索。這個數字比起同時期墨西哥發放給菲律賓的補助金二六．三萬披索，以及上貢給母國西班牙的六四．二萬披索都還少。不過在十七世紀後期，為了重振各殖民地搖搖欲墜的統治權，擴大補助金制度已經成為西班牙不可或缺的政策。

話說回來，西班牙王室對於增加新大陸支出態度並不積極。這跟他們想要減少殖民地支出，增加上貢母國的金額，填補窘迫的王室財政有關。加上墨西哥與安地斯的白銀產量從一六三〇年代逐漸減少，十七世紀後期上貢母國的金額已經減少至每年平均五一．六萬披索。在此條件下很難增加補助金額。同時期撥給菲律賓的補助金銳減至一六．三萬披索，撥給加勒比海各地的金額也只有一八．一萬披索，比起十七世紀前期呈現下滑趨勢。面對此現況，猶加敦半島想出了不依賴傳統財政結構的防禦整備辦法，諸如鼓勵移民、活用私掠船、利用當地居民支付的資金建設城牆等等。此外，當局也摸索新的財政來源，針對各監護者課徵新稅，以支付駐軍薪酬。至於城牆建設費用則導入鹽稅，以及從各原住民部落的共同金庫徵收稅金，來填補缺口。同時也增加關稅與酒稅，因應海上警備費用。猶加敦總督寫給母國的書信中再三強調，防禦整備絕對不會增加現有王室收入的負擔。

然而，不是所有需要強化統治力的邊境地帶都像猶加敦一樣有能力處理。猶加敦半島最大的優勢是原住民等生產人口較多，也有能出口至墨西哥的商品。由於具有一定規模的經濟活動，因此可以撥出防衛費用。相較之下，古巴、伊斯帕尼奧拉島、佛羅里達半島等地生產人口較少，駐守要塞等從事軍事活動的人數較多，就很難透過增加人民負擔的方式籌措防衛費用。一六八三年前後，法國與伊斯帕尼奧拉島之間的紛爭日益白熱化，最後引爆了大同盟戰爭（War of the Grand Alliance，一六八八～

一六九七年），西班牙王室不得不強化加勒比海地區的防衛整備，增加財政支出。一六八〇年代以後，補助金逐漸增加。一七一〇年代平均為二六萬披索，一七四〇年代則膨脹到一二九萬披索。此時墨西哥的白銀產量回溫，安地斯地區的白銀生產規模也開始提升，造就了增加防衛費用的條件。然而當時的現狀是，如果不增加防衛費用強化軍備，就無法保住殖民地，這一點也將西班牙王室逼上梁山。一六八三年左右的西班牙王室遂決定強化殖民統治權威，開始著手相關政策。

在西屬美洲殖民地史中，有所謂的波旁改革（Reformas Borbónicas）。過去對於波旁改革的解讀，都認為這是源自十八世紀後期啟蒙君主卡洛斯三世（Carlos III）推動的一連串改革。包括振興殖民地貿易與礦業、增稅、強化邊境與海上軍力，以及革新行政機構以利推動上述改革。筆者在第四節結尾提到的第二次征服，也是改革的結果。近年來關於波旁改革的研究，開始強調改革應始於一七〇〇年西班牙王室從哈布斯堡家族轉移至波旁家族之際。不過，在加勒比海沿岸地區以強化殖民統治為目的之改革，早在哈布斯堡王朝末期就已經萌芽了。

波旁王朝之所以持續推動改革，原先是為了因應歐洲各國侵略新大陸的現況，但改革本身與主權國家並立的歐洲國際秩序之成形，並非毫無關係。如今我們所討論的「一六八三年」，這樣的紀年源自歐洲基督教的曆法制度；若考量到這點，新大陸的歷史也被納入了源自歐洲的全球時間。

話說回來，回顧這段時期的「新大陸」會發現，此時也存在著宛如猶加敦馬雅人的週期性時間等不同時間觀。多元時間的共振，也可說是這個時代轉換期的特性。

第四章　中國福建省的社會空間

三木聰

1　汀州府知府王廷掄的治績

十七世紀後期的福建省

一六四四（崇禎十七、順治元）年，中國邁入了明清交替的重大轉換期。長達兩百八十餘年的明政權告終，以滿人為主的清朝接手統治中國。然而，清朝統治權並非在一夕之間穩固，廣大的中國各地對於清政權的深入感到抗拒，掀起了各種紛爭和混亂。舉例來說，清朝頒布薙髮令，強制所有人民改剃滿人髮型，此舉在江南地區引發激烈抗爭。此外，三藩之亂使得反清運動高漲，有一段時期，清朝在華中與華南一帶甚至陷入了政權存亡保衛戰。十七世紀後期的中國，正是一個從戰爭邁向和平、從混亂邁向安定的時代。福建省也是一樣。

本書主題是一六八三（康熙二十二）年，這一年七月，以臺灣為據點的反清勢力，也就是鄭氏政權滅亡。隔年，清朝成立臺灣府，隸屬福建省，臺灣正式納入清朝版圖。在此之前，一六七四年靖南王耿精忠在福建揭起反清大旗，此舉是呼應雲南平西王吳三桂的叛亂，加上廣東的平南王尚可喜，史稱三藩之亂。兩年後，耿精忠歸順清廷，三藩之亂也於一六八一年平定。

一六七八年，吳興祚就任福建省的地方行政長官，也就是巡撫。他在一六八〇年九月十二日對整個福建發布了一項文告，宣布將搜查鄉村是否私藏或隱匿火砲等武器，若查獲將全部沒收，相當於日本的《鐵砲狩令》（《撫閩文告》卷下・〈嚴查私藏鎗砲牌〉）。當時正是三藩之亂的尾聲，吳興祚努力維持福建社會的和平與穩定。此外，一六九〇年代中葉，王廷掄就任閩西毗鄰江西與廣東兩省的汀州府知府（原稱知府事），他認為「現在」這個時代「四海昇平，人民和樂」（《臨汀考言》卷六・詳議・〈諮訪利弊八條議〉）。走過一六七〇至八〇年代的戰亂時期後，福建山區真正邁入了「清朝的太平盛世」。

本章將聚焦於中國福建省，透過史料分析以各種形式交集的地方官、士大夫、商人與地主、佃戶（小農），並描繪出符合「歷史的轉換期」主題，十七世紀後期社會空間的樣貌。

誠如前述，本章要探討的地域，是清朝統治的十五省（十八世紀前期雍正年間以後為十八省）之一，亦即中國東南沿海的福建山區（內陸區）。清代的地方行政區劃沿襲明代，設置省、（道）、府、縣等行政層級，在福建也設置了相當於府的直隸州。福建有個雅稱為「八閩」，源自明代先在福建設置了八個府，後來又設置一個直隸州，共八府一州，這個體制一直沿襲到十七世紀後期（十八世紀前期以後為九府二州）。此外，福建省分成沿海區的四府一州（福州、興化、泉州、漳州四府與福寧州），以及內陸區的四府（延平、建寧、邵武、汀州），前者稱「下四府」，後者稱「上四府」。上述的福建山區指的是「上四府」，但本章將聚焦於「上四府」裡位置最西邊的汀州府，以此地為中心詳加考察。

汀州府知府王廷掄

王廷掄從一六九五年擔任汀州府知府，前後長達八年，他出身華北山西省澤州（現今山西省晉城市澤州縣）。當時基於迴避本籍原則，一般來說官僚不能就任出身省分的地方官，因此，王廷掄在取得監生（國子監學生）身分後，先後擔任了山東省青州府通判（府的三等官）、中央戶部（財政部門）的員外郎（四等官）、郎中（三等官）等職務，之後再遠赴華南的福建省當官。

知府是府的最高長官，一個府管轄好幾個縣，而縣是地方的基層行政機關。汀州府總共有八個縣，包括了府衙（公所）所在地汀州府的附郭（與府城相鄰的地區）長汀縣，以及寧化、清流、歸化、連城、上杭、武平、永定各縣。

我們先來看看知府王廷掄是如何統治地域的。他本人留下了最適合的史料來討論這個問題，那就是他自己寫的《臨汀考言》。在漢籍的經、史、子、集四部分類中，《臨汀考言》屬集部，與明清士大夫、讀書人寫的一般文集不同，就像書名「臨汀」（汀洲府的雅稱）之意，收錄的文章全都是他擔任汀州府知府時期所寫的。書中收錄的大多是行政文書，也就是對上級機關提交的上行文書「詳議」、對下級機關布達的下行文書「檄示」，以及對民間發出的「布告」，還有「審讞」等判牘（判決

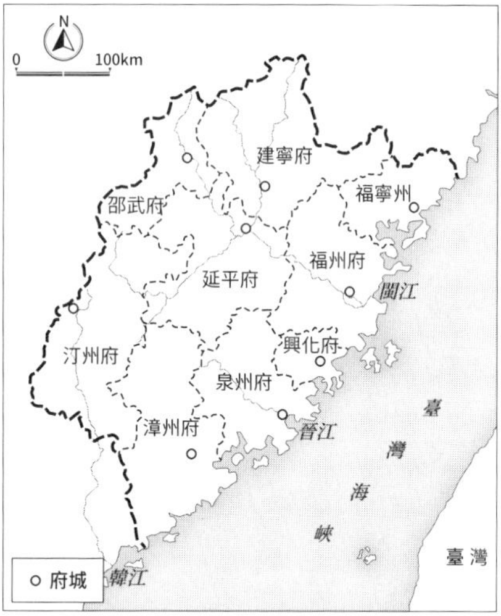

十七世紀後期的福建省與閩江、晉江、韓江

汀州府八縣

書）文件。我們可以從上述史料明白得知，王廷掄身為知府，如何影響汀州府的地域與社會。

不過，知府與知縣（縣的最高長官）這類地方官最重要的職責是「錢穀」與「刑名」。前者是賦稅，後者是刑律。由於這個緣故，他們到地方衙門赴任時，通常都會帶著兩者的專家，也就是「錢穀師爺」和「刑名師爺」做為智囊。此外，現代中國著名哲學家馮友蘭的自傳《馮友蘭自傳》中寫道，在規模極小的縣，只會有一名「刑錢師爺」，一個人做兩個人的事。清末馮友蘭的父親擔任湖北省武昌府崇陽縣（現今湖北省咸寧市崇陽縣）的署知縣（代理知縣），就曾提及類似的情況。

《臨汀考言》與判牘

《臨汀考言》（全十八卷）中占最大篇幅的，是卷八到卷十五的「判牘」。在福建省這個地域並未留下太多這類史料，因此《臨汀考言》可說是極為珍貴。書中收錄共九十三件判牘，內容牽涉廣泛，從涉及「人命」（殺人等）的重大刑事案件（重情），到「戶婚、田土」等瑣碎的民事案件（細事）都有。各篇判牘的標題也很有意思，例如〈寧化縣民張篤等支解張好〉（卷八・審讞）、〈武平縣民廖可先誣告人命〉（卷十二・審讞）、〈上杭縣民林章甫私立斗頭〉（卷十五・審讞）等，皆註明了被告的出身地（縣名）。仔細查看這九十三件判牘，分析汀州府所屬各縣內容，長汀縣十二件、寧化縣十六件、清流縣十三件、歸化縣六件、上杭縣十八件、武平縣十九件，永定縣八件。只有一件標題沒寫縣名，連城縣則是一件判牘也沒有（不知道為什麼）。簡單來說，除了連城縣之外，《臨汀考言》收錄了汀州府七縣中，由知府王廷掄裁決的案件。

此外，《臨汀考言》也收錄了王廷掄回應上級機關（憲台），針對汀州府「利弊」提出的問題，文章標題是〈諮訪利弊八條議〉（卷六・詳議），內容評論汀州府八項「陋習劣俗」。其中之一就是「圖賴」，主要指利用家人的死亡或屍體來恐嚇他人的行為。汀州府的上杭、武平與永定這三縣經常發生利用有毒的斷腸草（亦稱野葛、鉤吻）自殺，誣陷他人的圖賴案件。根據王廷掄的說法，他到當地赴任後一年多，所審理的圖賴案件多到「不可計數」。順帶一提，《臨汀考言》收錄的九十三件判牘，與圖賴有關的達二十一件，占整體的二二・六%。

再者，耿精忠之亂爆發時，臨時以「隨征」、「效用」、「功加」的名義徵招志願兵，這些志願兵在平亂後不務正業，成為社會上為非作歹的無賴，也是汀州府的「陋習劣俗」之一。此外，品行頑劣的士人（生員、監生等），也就是所謂的「劣衿」，他們跟「訟師」（無良律師）一起干預訴訟官司，平時做一些檯面下的活動，即使是芝麻大小的事情也要興訟，在當地帶起一股「健訟」之風：

王廷掄對後者的看法值得我們留意：

> 汀屬之劣衿勢惡皆藉刀筆（寫訴狀）以謀生，恃此護符，耑以唆訟而網利。更有寧化清流兩邑之流棍半皆駕舟於南台，上杭、永定兩縣之奸徒又多貿易於省會。此輩熟識衙門，慣能頂名包告，與訟師串通一線，指臂相連，輒敢遇事生風，便得於中詐騙。

汀州府寧化、清流兩縣的流棍乘船前往省城福州近郊的南台，而上杭、永定兩縣的奸徒也在福州做生意。此外，他們平時當司法黃牛，與訟師勾結蒙騙詐欺。汀州府位於福建西境，照引文看來，汀州府與福州之間存在著「訟師服務網」，在福建省內部媒介商業和配銷通路。關於汀州與福州的關係，後方章節會再闡述。

汀州府的糧食問題

對知府王廷掄而言，汀州府地方行政最重要的課題之一，是確保當地糧食。在上述的「八項提議」中，有兩項與糧食有關。一項與地主（業主）和佃戶有關。明末到清代中期，地主與佃戶是福建農村社會的基礎。隨著「根租」（即押租，小農保證金）與「田皮」等田面權（一田二主制的地上權）在汀州府普及，出現了佃戶抗租（不付地租）的狀況，導致地主與佃戶之間頻繁興訟。於是，王廷掄提議廢絕「田皮」，禁止「根租」。另一方面，王廷掄也斥責「豪強業主」在米價便宜時要求佃戶以貨幣（白銀）支付佃租，米價高漲時要求佃戶以米穀支付佃租的做法。

這類批評地主肆意收租的言論，在福建並不罕見。舉例來說，十六世紀末萬曆二〇年代繼任福建巡撫的許孚遠（一五三五～一六〇四年）對福建全區下達「照俗收租」的命令中，就指出福州府所屬的閩縣及侯官縣（現今福州市鼓樓區、台江區、倉山區、馬尾區、晉安區及閩侯縣）的「鄉農」控訴，地主會隨米價漲跌擅自變更項佃戶徵收的佃租，從原本的定額租（包租）改為分益租（分收）。根據隨後的調查結果，證實米價高漲時地主會任意變更佃租的支付方式，從銀錢（銀租）改為米穀的分益租制度（分割）（《敬和堂集》公移・〈照俗收租行八府一州〉）。這個狀況突顯出整個福建的糧食問題平時就很緊繃。

「八項提議」還提到另一件事，那就是王廷掄就任知府的康熙三〇年代，漳州人急速展開的菸草栽培對汀州府的影響。福建種植的菸草原產於新大陸，明末從菲律賓呂宋島傳入漳州府，後來各地農村普及，長期種植。十八世紀中期時，甚至成為福建最具代表性的經濟作物。漳州人將菸草帶入汀州府，一開始種植就占了肥沃良田的三到四成。汀州府的糧食原本就供不應求，文件顯示「即使所有農田都種植稻米，也不夠人民日常糧食所需，半數稻米必須依賴江西供應」，種植菸草使得糧食缺乏問題愈來愈嚴重。

十八世紀的史料可以找到汀州府「非產米區」（《宮中檔雍正朝奏摺》二．〈鎮守福建汀洲等處地方陳有功奏報地方糧價摺〉）、「汀州府屬之八邑產穀俱屬有限」（《閩政領要》卷中．〈歲產米穀〉）等記述。從明代開始，這個地區的糧食就仰賴江西米進口。一六三九（崇禎九）年四月，正值糧食生產青黃不接之際，毗鄰汀州府的江西省贛州府採取遏糴政策，禁止外地購買米穀，導致當地米價高漲（崇禎《汀州府志》卷二十四．祲祥志），汀州府一帶面臨饑荒，鄉民紛至府城討食，差點就要演變成搶米暴動。從前頁介紹的王廷掄評論即可得知，從江西購入米穀，攸關汀州府人民的性命。然而，事情並不只是米穀的移入與否那麼簡單。

汀州府與江西、廣東

從自然與地理條件來看，汀州府大致可分成東西兩個地域，依照水系的不同劃分邊界。東邊的寧化、清流、歸化三縣是匯入福建的大動脈閩江的支流，也就是沙溪的清溪及明溪流域；西邊的長汀、連城、上杭、武平、永定五縣則屬於汀水（鄞江）與連水流域。此流域位於韓江上游，韓江流經廣東省潮州府，最後流入南海。關於前者將在第三節詳述，在考量糧食也就是米穀問題時，必須了解身為省城的福州，對米穀市場有著許多嚴格規定。至於後者，則受到江西省贛州府與廣東省潮州府兩地的經濟關係所影響。汀州府（特別是長汀縣）正位於江西米與廣東鹽的流通交會點。接下來，將針對西邊五縣遇到的相關問題，來思考知府王廷掄必須面對的課題。

首先，十八世紀中葉過後，福建布政使（財務長官）的德福與顏希深兩人編纂的《閩政領要》詳細記錄了福建全區的米穀狀況（卷中・〈歲產米穀〉）。誠如前述，其中關於汀州府的描述是「產穀俱屬有限」，接著又寫道：

惟長汀係附廓首縣汀鎮（清軍綠營）駐劄，斯地兵民雜處，食口頗眾。緣地與江西建昌府屬之廣昌、贛州府之石城等縣毗連，素藉江西來穀接濟，並因汀郡與江西均食粵鹽，從前定有江西米販挑米來汀者，准其買回鹽斤。

前方提過菸草在汀州府栽培的進展，綜觀來看，汀州府與江西、廣東之間早已建立起江西（米）→汀州（米、菸草）→廣東，以及廣東（鹽）→汀州（鹽、菸草）→江西的商品流通管道。一般認為十七世紀末已是如此，知府王廷掄考量讓商品在三者間順利流通的方法時，也要想辦法確保汀州府的糧食（米穀）課題。

奸販與米牙人、米商

《臨汀考言》裡還有兩條與糧食相關的告示文件，分別是〈酌立糴糶之法〉與〈禁米牙店家通同奸犯糶米出境〉（皆為卷十七．檄示）。關於前者有以下描述：

> 近因贛府扼糴，而潮惠奸犯盡向汀城搬運。以致奸牙米客利於整頓脫貨，不肯零星發賣，貧民欲買升斗，竟至無從購覓。（中略）江西米客惟利是圖，販米來汀樂其販往潮惠，速於整賣，價長利多，是以不願零糶。

後者也記述如下：

> 前因天雨連綿，青黃不接，自贛州而運至汀城之米客無幾，由汀城而搬往粵省之奸販甚多，計其所入不敷所出，汀郡數萬生民嗷嗷待哺。（中略）而上武永三縣地方皆我汀屬，赤子來汀購買運回本地自食零賣者准糶一半，取具認識保結，給以印票，使沿途隘汛驗票放行。（中略）近聞水東街米穀行家以及歇客販店愍不畏死，玩法作奸，機乘本府有認識保結之行，凡遇買米之人，每米一船勒詐銀八錢一兩不等，遂其所願。雖粵省奸販，亦稱素相認識，拂其所欲，即本屬子民，故意不肯具結。

從這些告示文件來看，江西的米穀全被廣東商人搜刮一空運到汀州府城外，導致當地百姓完全買不到米。後者還揭露了上杭、武平、永定縣民跑到府城要米的情形。收購稻米運到城外的不只廣東的黑心商人（奸販），汀州（府城）是米穀流通集散地，當地商人也與廣東奸商勾結，扣住所有運來的米穀。引用的告示文件中除了廣東商人（粵省奸販、潮惠奸販）與江西客商（江西米客）之外，還提及了當地的「奸牙」、「牙行店家」、「歇客飯店」等仲介、批發商（大多兼營商賈旅店），以及「米販」、「米穀行家」、「米穀行戶」等米穀零售商。他們都不喜歡利潤微薄的零售交易，貪圖透過大口買賣創造高利潤，因此才會與廣東、江西商人勾結，在汀州府形成壟斷米穀買賣的利益結構。此外，第二份公告中的水東街，是設置在汀州府城麗春門外濟洲橋周邊的商店街，地方志載為「水東街市」（乾隆《汀州府志》卷五．橋梁）。

十七世紀末就任汀州府知府的王廷掄，要解決長期米穀不足導致的糧食問題，必須針對與汀州府毗鄰的江西和廣東之間的商業和物流網，詳細規劃對策。換句話說，他身為知府，應該考量的地域空間不僅限於汀州府，也要將同一個商業流通圈的江西省贛州府及廣東省潮州府視為一體，一併考量。

2 地方士大夫李世熊的行動

汀州府士大夫李世熊的行動

一六八四年，汀州府轄下的寧化縣地方志、康熙《寧化縣志》（共七卷）出版。對明清時代地域史研究而言，各地編纂的地方志是極為重要的史料。地方志的內容相當廣泛，從地理現況到人物傳記等歷史狀況全都收錄，是該地域的綜合性記述。不僅如此，地方志也是新任地方官施政的重要參考。依行政單位的不同，地方志也有不同類型，包括省級通志、府志、州志、縣志，甚至還有鎮志、鄉志的存在，這些地方志通常是由各級地方官負責統籌監督，並由當地士大夫、讀書人分頭撰著編纂。不過，康熙《寧化縣志》是由當地士大夫李世熊在八十三歲時出版的個人著作。

李世熊出身汀州府寧化縣，生於明末一六〇二年（萬曆三十年），卒於清初一六八六年。各種傳記在表示歷史人物的出身地時，通常會寫「〇〇人」，基本上明清時代的「〇〇」使用的是縣名。從這一點來看，李世熊是「寧化人」，但若再深入調查，他的故鄉其實位於寧化縣東北邊境的泉上里（現今三明市寧化縣泉上鎮）。

李世熊參加科舉，考上了最高階的進士，卻沒有擔任中央或地方官僚，一直維持最低階的生員（廩生）身分。不過他的文采斐然，名滿天下。但在明清史研究學者眼中，李世熊之所以有名，在於他記錄了明清交替之際寧化的「黃通抗租反亂」。黃通抗租反亂發生在一六四六年，也就是明亡後、清朝確立地方統治權之前的權力空窗期。當時的社會十分混亂，李世熊以自己的方式保護地域社會，免受包括黃通抗租反亂在內，各種叛亂、「寇」、「賊」帶來的危害，並將過程詳細記錄在康熙《寧化縣志》、《寇變紀》、《寇變後紀》等著作之中。

此外，李世熊還撰寫了年譜《寒支歲紀》（以下稱《歲紀》，《寒支二集》卷首）。就史料性質來說，年譜記錄了從出生到死亡，按年分條列發生的事。內容大致可分成兩部分，分界點是李世熊四十五歲的時候，也就是一六四六年。這一年四月，李世熊自十七歲起師事的黃道周（黃石齋，一五八五～一六四六年）遭到清軍俘虜而殉難，黃道周是南明隆武政權的宰相（內閣大學士）。同年六月發生黃通抗租反亂，根據《歲紀》記載，「亂民率眾入城，劫掠八十餘家」。該年也簡單記述前一年在福州即位的南明隆武帝從建寧經延平來到汀州，八月底在當地遭清軍殺害，之後則寫道「予與雷扶九灑泣別遂入山」。此處的「入山」指的是遠離世俗，隱居修行。隔年，李世熊剃髮，稱寒支道人。李世熊自詡為「明朝遺臣」，故做了如此決定。他藉隆武帝之死「入山」，同時停筆，不再撰寫詳述自身經歷的《歲紀》。由於此緣故，《歲紀》內關於一六四七年以後的紀錄，是李世熊四十九歲那一年，三子李之權出生後續寫的。

一六八六年李世熊辭世，享壽八十五歲。一六四六年，也就是四十九歲這一年，是李世熊人生中最重要的一年。這一年之後，他的人生驟然不變。過去看盡福建一省的廣闊，眼界甚至超越福建，然其社會空間在一六四六年以後侷限在寧化縣內；進一步說，泉上里就是他的一方天地。

李世熊與科舉

一六一六年，李世熊十五歲考上童試，隔年成為寧化縣的生員。他通過了科舉的第一階段。二十三歲，他獲選為享有食廩待遇的廩生。令人玩味的是，他在鄉試（省級考試）前的歲試、科試都是第一名，鄉試卻未能上第獲得舉人之位。他自述「臣髫年在泮，九躓場屋（年少時就以生員身分待在學校，九次考試都受挫）」（《寒支初集》卷十．秦疏．〈乞免廷試疏〉）。「場屋」指的是鄉試考場，也就是貢院。事實上他從一六一八到一六三八年，也就是十七歲到三十八歲，每三年就參加鄉試，連續考了八次。不僅如此，從一六二八到一六四五年之間，他還曾參加三次貢生（可入京師國子監讀書，明代在北京與南京設立國子監，是當時的最高學府）選拔，可惜皆鎩羽而歸。儘管年紀輕輕成為生員，卻無法進階成為舉人或貢生，科舉路上頻頻跌跤帶來的挫折感，成為李世熊在明清交替的混亂時局之際，選擇「入山」一途的要因。

若只看科舉，為了參加鄉試與選拔貢生，李世熊從寧化縣遠赴福州府城多達十一次。這不僅可看出李世熊對於科舉超乎常人的執念，每次他從福州返回寧化的路上，心中想必失意難平。從寧化到福州的路徑有兩條，一條從泉上里出寧化縣後，沿清溪經清流縣抵延平府永安縣，再由沙溪經延平府域順閩江主流而下，到達福州府城；另一條從泉上里出歸化縣城，藉明溪經由延平府的沙縣，或同樣沿著沙溪、閩江來到福州。

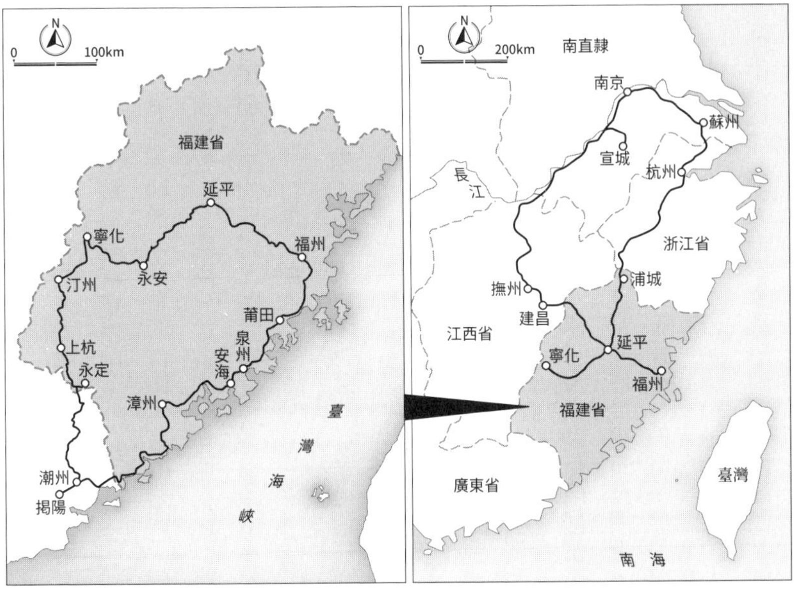

李世熊之旅
出處：守川知子編《移動與交流之近世亞洲史》，北海道大學出版會，2016 年

李世熊的交友關係

對李世熊來說，福州省城是他考試求學的地方，同時也是和勤於舉業（科舉學問）之人交流的場所。一六二七（天啟七）年八月，第三次鄉試失敗的李世熊與明末福建最具代表性的文人結社陳元綸，以及後來深交的曾異撰結為好友。此外，三年後的李世熊從二月起便待在福州長達半年，以參加八月的鄉試，《歲紀》裡描述他與福州士人「結成蕊珠社，交遊日廣」。裡頭還描述了福州鄉紳、歷任中央戶部郎中與浙江杭州府知府等職的孫昌裔（孫鳳林）特意造訪李世熊下榻處的遺事。

在福建一境，除了福州，李世熊最常造訪的就是興化府莆田縣（現今莆田市城廂區、涵江區、荔城區、秀嶼區）。許多士大夫和讀書人皆出身莆田，此處地靈人傑，除了參加科舉考試之外，李世熊首次出遊之地就是莆田，那是一六二三年，他二十二歲的時候。之後他又在一六三五年與一六四五年，前後三次造訪莆田，目的是與莆田士人交流。一六三五年，李世熊第二次造訪莆田時借住老友余光、余颺兩兄弟家中，並與余氏兄弟二人「甚傾倒（詩文）」。這一年，李世熊一個人從莆田前往泉州府晉江縣安海（現今泉州市晉江市安海鎮），安海是鄭成功之父鄭芝龍（一六〇四～一六六一年）的根據地，《歲紀》記載「謁觀鄭蜚虹」。「蜚虹」應該是取鄭芝龍的字「飛黃」之諧音演變而來。事實上，李世熊對於掌控福建海域、壟斷利益的鄭芝龍十分感興趣。後來撰寫李世熊傳記的藍鼎元（一六八〇～一七三三年）記錄這一段的時候寫道「其意念深矣」（《鹿洲初集》卷七．傳．〈寒支先生傳〉）。這句話可說是對於李世熊敏銳體察時代氛圍的正面評價。

廣東省潮州府與汀州府在經濟上緊密相關，李世熊也曾三度前往潮州府。他造訪的目的不是拜訪地方官老友及科舉考官，就是在老朋友引薦下認識新朋友。特別的是，一六四五年李世熊離開寧化縣前往福州，結束貢生選考後便動身前往莆田，與當地士人和老友交流，再前往潮州拜訪福建提督學政（教育長官）郭之奇，最後溯韓江而上，返回汀州府。這是一段從福建山區途經沿海地區、繞道廣東省東部返鄉的漫長旅程。

李世熊也三度前往南京和蘇州等地。其中一次是一六三八年十一月到隔年夏天，他途經江西前往南直隸。他先借道邵武府前往江西建昌，拜訪曾任福建提督學政、現任江西分守湖東道的何萬化。李世熊一開年就離開建昌，順著汝水往下，借住撫州老友艾南英家中。之後順著長江抵達目的地，南直隸寧國府宣城縣（現今安徽省宣城市宣川區）。李世熊去宣城縣是有原因的，舊交余颺當時在宣城縣當知縣，許多當代「名士」齊聚於此，他認為該地是「甚佳（文學）之府」。接著他沿長江前往南京，和來自福建漳州府鎮海衛的何楷相聚。接下來從大運河經蘇州前往杭州，從錢塘江往上途經嚴州、衢州，越過仙霞關，最後返回福建。

根據《歲紀》的內容，李世熊從十七歲，也就是一六一八年以後，直到四十五歲「入山」之前，包括科舉應考在內，幾乎每年都外出遊歷，和各地官僚、鄉紳與士大夫建立人脈，或與老友舊交重溫友誼，加深交流。這段期間他透過旅行和將近八十人交好，大多數交流的士大夫都與明末成立的復社（東林黨文人結社）有關。李世熊的名字也被登載在復社名冊上。我們可以從他的遊歷軌跡，看到大範圍地域的官僚、鄉紳與士大夫形成的復社系「知識人際網」。

「入山」後的李世熊與地域社會

誠如前方所述，李世熊在一六四六年「入山」，但他並未完全斷絕和世俗的聯繫。從明清之交到康熙初年，也就是權力空窗期到清朝建立一定程度的統治權這段期間，李世熊的故鄉寧化縣和泉上里不斷遭受「寇」、「賊」的侵襲，每天都很紛亂，他曾在一六五二年感慨「治日少、亂日多」

（《寇變紀》）。明清史學者森正夫分析李世熊的著作，著眼於代表「面」的泉上里（區域）與代表「點」的泉上（聚落）之差異，並表示李世熊在這個階段關心的是「『吾鄉』的存亡，和以此為前提的『吾族』的安危」。也就是說在目前這個階段，與自身相關的社會如何轉移至微觀世界，是李世熊最在意的事情。關於「入山」後的狀況，其子李之權在《歲紀》中做了以下描述：

丙戌以前，先君自字書歲紀，歷歷可攷。入山以後遂不復書。然身雖肥遯不入城市，凡涉險禦暴綢繆桑梓者，亦槁極苦心。即一邑利害，當事或移書諮央，或造廬面商，凡濟人利物事不一而足。

汀州府納入清朝統治版圖後的一六四七年，李世熊堅持回絕知府李友蘭與汀州鎮總兵官于永綬的招撫；一六七五年，他對「閩藩」（耿精忠）的招攬也以「宿疾」為由婉拒。不過，只要是與寧化縣或泉上里有關的「安寧」和「建設」，他一定傾力相助。從這一點來看，「入山」並非完全與世隔絕。

一六五〇到一六五二年，泉上里苦於「四營頭之亂」和「粵寇」的侵擾攻擊。在後者撤退不久的一六五二年九月，李世熊率領族內眾人前往泉上隔壁的麻布崗，著手建設土堡「避開賊寇」、「供族人居住」，並於隔年完工，所有過程都記錄至《歲紀》。一九三三年七月，彭德懷率領的紅軍也曾圍攻盤據此地的國民黨民團，城牆因此遭毀，只留下部分築土牆，但內部包括南北七條與東西

圖 4-1　寧化縣全上鎮的大土堡

出處：根據寧化縣檔案館藏〈寧化縣地3區泉上下聯［保］第13段（之一）坵地連絡圖〉（部分）繪製而成

1939 年的大土堡

兩條直線道路留了下來。如今該區稱為「大土堡」，依舊維持著當年的模樣。

一六六二年夏天，泉上里的墟市（位於鄉村的週期性商品交易地點）遭到十幾名「喇棍」騷擾，最後發展成由李祥領導的「天罡之亂」。「天罡」指的是北斗七星。此時為了保護地域社會，李世熊不惜粉身碎骨。《寇變後紀》如此寫道：

吾知有司不以地方為念，乃倡議連合二十餘鄉力行保甲，約集牌丁。六月二十二日，驅逐賊黨。

結合「保甲」這類鄰保組織，帶領泉上里一帶，並動員鄉兵（牌丁）守衛地區。這一點也反映在一六七四年耿精忠之亂時期。儘管李世熊當年已七十三歲高齡，《歲紀》依舊記錄了其事蹟：

三月，閩藩叛亂，募民為兵。各地都有土寇作亂，連結城市與鄉村的道路全部中斷。李世熊聯合數十鄉，組成保民會，嚴禁鄉民從軍和勾引外寇，危害當地。由於部署嚴密，土寇不敢侵犯。他鄉許多地方無人統領，紛紛加入閩藩從軍，死者超過數千人，只有泉上里逃過一劫。

這都要歸功於李世熊結合「數十鄉」，組織「保民會」（類似保甲的組織），保護泉上里這個地域社會免受因耿精忠之亂造成的社會動盪。

晚年的李世熊

根據《歲紀》記載，「入山」後直到逝世為止大約四十年間，李世熊幾乎沒有離開過泉上里。一六六三年，六十二歲的李世熊在離麻布崗土堡不遠處親自蓋了一棟廬舍，名為「檀河精舍」。此外，他為李氏宗族做了不少貢獻，包括六十九歲時建設宗祠、七十五歲增建宗祠、七十七歲整修歷代祖先墳墓，八十一歲編纂李氏族譜。由此可見，即使邁入晚年，他仍是李氏宗族的核心人物，充分發揮自身職責。此外在這段時期，李世熊唯一一次離開泉上里是在一六六五年，六十四歲的時候。當年的二月到十一月，他與兒子李之權前往江西省旅行，先是造訪青原山淨居寺的愚者大師（著名思想家方以智），在那裡待了半年，接著又到南昌度過幾個月，另外他還遊覽了鄱陽湖、廬山，飽覽山水風光。

即使「入山」之後，李世熊的下半輩子仍然與士大夫、讀書人持續交流。他與隔壁江西省隱士的關係最受矚目。一六六二年，贛州府寧都縣「易堂九子」之一彭士望到泉上里造訪李世熊，隔年「魏氏三兄弟」的么弟魏禮也來訪。此外，《歲紀》記載，李世熊七十歲時「易堂、程山各贈詩文為壽」。由此可見，李世熊也與寧都易堂同屬江西三大學派之一的南康府「程山七子」有所交流。

身為地方士大夫，李世熊活躍的社會空間以四十五歲為分水嶺，前半生與後半生的樣貌大相逕庭。前半生的他為了參加科舉，與多位士大夫及讀書人交流，從福建省內遠赴南京、蘇州一帶，活動範圍相當寬廣；對比之下，後半生的他侷限在寧化縣泉上里或李氏宗族這個微觀世界，自詡為地方士大夫，終其一生帶領著地域社會，從未懈怠。

3 商賈們的活動

活躍於汀州府的商賈們

雖然篇幅不多，王廷掄《臨汀考言》的〈審讞〉中也有幾篇描述汀州府與商人相關的各種案件。在此簡略介紹幾則：①結束在廣東「生意」的三名山西商人（山西客人）搭乘從韓江（汀水）溯流前往汀州的客船，在長汀縣內的策田停泊時遭強盜洗劫，該名商人被搶一八〇兩銀子之案件（卷十・審讞・〈長汀縣招解賴廷光等強盜得財殺傷人〉）；②位於上杭、永定兩縣邊境設置在上杭這一側河岸的墟市（集場），被欲壟斷商業利益的生員強行移往永定縣內，感到不便的豆腐攤決定在附近空地做生意，卻遭黑心生員強索場地費（地稅）後轟走之案件（卷十四・審讞・〈永定縣生員賴照經等擅徙集場私抽地稅〉）；③江西商人（「江西客人」）購入鄰接清流縣山林（杉山）的山地，控訴原地主以「假地契」詐欺之案件（卷十四・審讞・〈清流縣民伍細眼混占黃子如木山〉）；④布料仲介商（布牙）已向江西布商（江西布客）簽訂以房子抵三百兩銀子負債的契約，卻不付房租（屋租）之案件（卷十五・審讞・〈江西布客吳六合告黃天衢移柩奪租〉）；⑤長汀縣的牙行向十月投宿的棉花商人商借相當於七七兩銀子的十二包棉花來賣，原本約定隔年一月付清所有款項，但到了春天仍未支付之案件（卷十五．審讞．〈長汀縣民馬晉錫揭借周本也棉花過期不楚〉）；⑥廣東潮州商人欲進口鹽銷往汀州府城一百七十多間零售商店（發售零鹽之舖戶），負責運送的船家接受「潮商」委託，雙方因改鑄秤的砝碼互告後，將計畫用於打官司和興建橋梁的部分銀兩挪用於部分商店（舖戶）之案件（卷十五．審讞．〈長汀縣民曾慶予等挪用銀兩追出造完太平石橋〉）等。

這裡列舉僅僅六個案件，但出現了諸如來往日常墟市、挑擔叫賣的豆腐攤（②），經商範圍遍及全國的山西商人（①），加上汀州府地域性使然、頻繁在此出入的江西商人（③④），在府城與潮州鹽商做生意的一百七十多間零售鹽舖（⑥）等等，有各式各樣的商人在此活動，也能窺見一部分的貿易型態。此外，李世熊撰述的康熙《寧化縣志》中也有與「杉木」相關的文章，內容如下（卷二．土產志）：

> 先時徽賈買山，連伐數千（木材）為捆，運入（南京附近的）瓜步，其價不貲，近皆本邑木商自運，價大減於前，然寧土之食此利者多矣。

由此可以看出，儘管此時山西商人的地位已經被寧化縣當地商人取代，但山西商人與新安商人（徽賈）仍是兩大客商集團，在當地從事砍伐杉木（闊葉杉）的大範圍貿易。

福建省內的米穀流通

話說回來，要探討商人在福建山區的活動，就必須了解米商在整個福建的動向和米穀的流通情形。福建的米穀收穫量是華中與華南各省之中最低的，但也因此，米穀成為最具投機性的商品。米價高漲的原因不是天災或歉收，而是大多數米穀都被壟斷的「人為炒作」。此外，省城福州擁有福建最多的消費人口，米穀的需求供給問題為福建山區的米穀市場帶來了極大影響。

十七世紀前期，明末崇禎年間的史料記錄了福建省內的米穀流通情形（周之夔《棄草文集》卷五．議．〈條陳福州府致荒緣繇議〉）：

> 福州一府上仰延、建、邵、汀及（福州府）古田、閩清、大箬、小箬各山各溪米，皆係彼處商販順流而下，囤集洪塘、南台二所，以供省城內外及閩安鎮以下沿海之民。

福建山區的延平、建寧、邵武、汀州等四府生產的米穀沿著閩江水系，運送並囤積在洪塘與南台，再由此販售至省城和沿海各地。十八世紀中葉的《閩政領要》（第一節已介紹）也能找到類似的文獻內容（卷中．〈歲產米穀〉）：

> 福州府屬之閩、侯二邑為會城首縣，居民稠密，兼之駐防旗營綠營官兵一萬四千餘員，名指浩繁。而地不加廣歲產米穀，即遇豐收，亦祇敷本地一季食用，惟賴上游客販接濟。故南台河下

米船三日不到，市價必然驟長。

建寧七屬、邵武四屬田多膏腴，素稱產穀之鄉。而浦城、建寧兩邑尤為豐裕，省城民食不致缺乏者，全賴延、建、邵三府有餘之米得以接濟故也。

由此可知，從十七世紀前半到十八世紀中葉，福建的產米區，也就是內陸的延平、建寧、邵武三府（或包含部分汀州府共四府）與米穀消費地區的福州府（尤其是府城）之間，形成了以閩江水系串連的米穀流通圈。此外，位於福州近郊的洪塘與南台這兩大市場，也是支持福州府城與沿海地區米穀消費量不可或缺的關鍵，閩江上游的米穀全部囤積在此。

洪塘與南台

洪塘位於福州府城西門外，過洪山橋，區分閩江北方白龍江（現今閩江北港）與南方烏龍江（閩江南港）的中洲前端附近，靠烏龍江這一側。十七世紀前期的洪塘「民居鱗次，舟航上、下雲集」（《閩都記》卷十九．湖西侯官勝跡）。此外，十九世紀前期的地方志也記載「昔時洪塘（中略）商賈輻輳，貿易繁盛，儼然為一商港」（道光《洪塘小志》．疆域）。但前述的《閩政領要》中並沒有「洪塘」兩字，只提及「南台」。這可能代表閩江砂石堆積，導致洪塘逐漸喪失了停靠船泊的港口機能。

另一方面，出府城南門往南走，經萬壽橋、江南橋，南台就在白龍江南岸。明末史料記載，南台與洪塘一樣「委巷縱橫，民居鱗次，魚鹽成市」（《閩都記》卷十四．郡南閩縣勝跡）。十八世紀中葉的文獻還寫著「南台為福之賈區，魚鹽百貨之湊，萬室若櫛，人煙浩穰，赤馬餘皇估舟扁，商舶魚艇之艇，交維於其下」（乾隆《福州府志》卷九．津梁）。不僅如此，一六六二年起的六年內擔任江西省建昌府推官（府的四等官）的黎士弘（出身汀州府寧化縣，為李世熊弟子）著作《理信存稿》描述建昌府新城縣的商人「在閩縣南台做生意」時，借住在牙行的「家」（商人旅宿），「商客聚集，（這類）房屋鱗次櫛比」（審語．卷中．〈督部院發審．一件．勾兵詐劫事〉）。南台有許多來自福建以外地域的客商，他們來這裡是要「做生意」的。

「上四府」砍伐的木材也會運送至洪塘與南台，杉木是福建最具代表性的商品之一。和米穀一樣，崇禎初年與前中期文獻都有木材的相關紀錄。前者描述該四府的「木商」將木沿溪放至洪塘、南台，在浙江寧波等處「發賣」（計六奇《明季北略》第五卷崇禎二年己巳）；後者則稱建寧府的木材在秋冬砍伐後，於春天豐水期沿河川順流運至南台，被「木客」收購後經海運送往江蘇、浙江等地販賣（《閩政領要》卷中．〈各屬物產〉）。

話說回來，十六世紀末福建巡撫許孚遠在寫給福州府的報告中，寫著免除南台商人滯納的「各項商稅」。同時列舉了二十二種商賈（含牙行），符合免稅資格的商人總數也高達一一七人。在此引用該史料的商人名稱與人數（《敬和堂集》公移．〈酌免商稅，行福州府〉），人名以專名號標註：

一、黑糖出水商**陳公順**等五名
二、杉木火板出水商**吳全**等六名
三、生豬商**陳勝**等四名
四、棉布商**王中躍**等三名
五、三篷等船牙**葉福**等四名
六、青靛倒地牙**林寧**等四名
七、黃白絲牙**陳泗**等三名
八、棉花過水牙**吳九**等六名
九、機絹牙**李朝仁**等十六名
十、菜茶硬油出水商**王俊**等四名
十一、白糖出水牙**林興**等四名
十二、綿竹、界首、書粗、毛邊各紙出水牙**黃和**等兩名
十三、苧牙**詹世奇**等十三名
十四、生熟鐵、鋼鐵牙**林春**等兩名

十五、毛邊紙倒地牙**葉九**

十六、黑糖入水商**梁喬才**等四名

十七、瓷器牙人**陳台**等三名

十八、水口鹽牙**陳椿**等十名

十九、青靛出水商**薛德美**等四名

二十、南台牛船牙**林可**等兩名

二十一、杉木船牙**吳政**等十三名

二十二、生漆牙人**蔣應陽**等四名

其中有七種「商」(商店),卻有十五種「牙」(仲介、批發)。買賣的商品包括砂糖、木材、棉布、藍染、生絲、棉花、絹織品、食用油、紙、苧麻、鐵、瓷器、漆等等。此外,還可看到與商品流通有關的專有名詞,「出水」指的應該是從南台運往海上的出口商品、「入水」是從海上來的進口商品、「過水」是經內陸河川進入南台的商品、「倒地」則是在此地售出之意。剩下的史料不只是否為巧合,並沒有看到買賣米穀的「米商」、「米牙」。十六世紀末期,南台是各種商品的集散地,來自各地的商人也在此出入活動。此處可說是福建最大的商業和物流據點(轉運點)。

商人壟斷米穀

第一節說過，從地域上來看，福建山區的汀州府分成東西兩個區塊。西邊五縣與江西省的贛州府和廣東省潮州府相連，位於東邊的寧化、清流、歸化三縣透過閩江水系連結洪塘和南台。另一方面，如前所述，王廷掄也指出西邊上杭、永定兩縣的「奸民」在「省城做生意」。接下來我想引用史料中關於東邊清流縣（現今三明市清流縣）的描述。這一段寫的是明末一六三三至一六三九年，鄧應韶擔任知縣時的情形（康熙《清流縣志》卷五．橋梁）：

> 清流附郭米石，僅（當地）民食半年，上流則資黃鎖、烏材，石牛諸路，下流則資玉華、嵩口、塆埠等處以益之。往年奸販包糴，載下洪塘以濟洋船，貪得高價。又安沙黠商千百成群，放青苗子錢，當青苗甫熟之時，即據田（與農民）分割（穀物），先於嵩口造舡，及期（用船）強載出境。

黑心商人（奸販）在清流縣壟斷米穀，是為了將米穀運到有利可圖的市場，也就是福州的洪塘。從地理條件來說，清流縣旁邊就是沿海的大規模市場。另一方面，也有「黠富以高價獲利，留下自己一家半年份糧，所餘米穀盡賣奸販，換錢儲蓄」（同前，卷六．荒政）等情形。「黠富」指的是從佃戶強收米穀為佃租的「城居地主」（住在城市裡的地主）。這些地主（黠富）與商人（奸販）的勾結，是米穀壟斷結構的重要一環。

上述史料也提及將手伸進農業生產的商人（高利貸）。附近的沙縣商人（安沙黠商）向清流縣的小農民（大多數應該是佃戶）放「青苗子錢」，一到收穫期就以米穀抵債。如此一來，清流縣的米穀就會被運送至「其他地方」，使米穀產地面臨「無米可吃」的窘境。康熙《清流縣志》提及，米價高漲還算好的，只要米留在當地，價格高一點也不至於饑荒（卷六．荒政）；比起米價高漲，無米可吃才是當時清流縣最大的社會問題。

福州近郊存在著洪塘、南台兩大市場，吸引米商在福建山區活動，四處奔走買米或壟斷米穀，這是汀州府清流縣最典型的問題所在。福建山區與洪塘、南台之間形成了各地域商人組成的緊密合作網。大約一個世紀後的文獻裡，對於十八世紀末的福州「米牙」有以下的描述（《李石渠先生治閩政略》）：

（米牙）鄭端秀（中略）壟斷市場貪圖利益，通知上游米販提高價格，壟斷並囤積米穀，命令他們不可將米穀運往福州。各販戶從前就聽從其命令，導致省城糧價暴漲。

福建山區與福州的洪塘、南台以閩江水系為媒介形成流通網，包括米穀商人在內，許多商人相互合作共進退，或私底下做一些見不得人的勾當。

圖 4-2　現在的閩江與南台附近

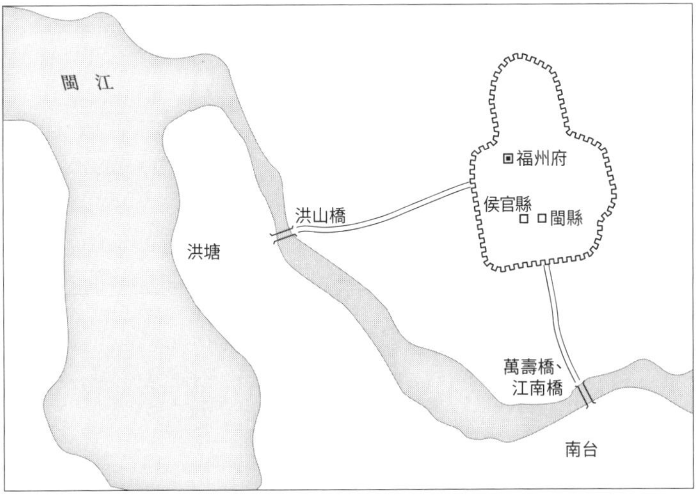

福州府城近郊略圖

4 地主與佃戶的世界

抗租與地主、佃戶之關係

十六世紀後期到十七世紀前期，亦即明末清初，福建的農村社會經常發生佃戶抗租事件。一般來說，佃戶向地主支付佃租（地租），租借農田耕作。抗租是指佃戶不願支付佃租，包括個別佃戶在常態下不支付佃租給地主，以及非常態性、以暴力手段集體抗租的「抗租反亂」和「佃變」，形式各有不同。第二節提及的汀州府寧化縣黃通抗租反亂，首謀黃通曾提倡「較桶之說」，希望能統一地主徵收佃租時使用的量器（當地使用桶狀的「租桶」）大小，就是因為當時地主任意收租的情形嚴重，才會有如此要求。簡單來說，地主收租時使用的是一桶二十升的「租桶」，但是當地主賣米或出借米時，卻是以一桶十六升的「衙桶」測量。黃通要求「租桶」應一律改用一桶十六升的容量。

此外在十七世紀初，沿海的泉州府則是「早上在田裡採收作物，傍晚拿去市場賣。有些佃戶事先就約定好不將佃租交給巨室（地主）」（萬曆《泉州府志》卷三·〈輿地志〉下）。由此可知，抗租行為早已默默出現在與佃戶的商品市場日常接觸之中了。很明顯，這個時期的抗租行為與圍繞著地主及佃戶關係的商品經濟、市場和流通問題息息相關。另外要注意的是，於此同時，地主與佃戶的關係也不再緊密，逐漸變得生疏。

十六世紀後期，擔任明朝宰相（首輔）的南直隸松江府徐階（一五〇三～一五八三年）就曾指出，當時地主與佃戶從原本的「相資相養」關係，轉變成「相猜相讎」（《世經堂集》卷二十二·〈復呂沃州〉）。福建的狀況也一樣。閩南漳州府的地方志有一篇記載指出，在普遍抗租之前，「豐收對業主與佃戶都有利，歉收時業主與佃戶都窮困」（嘉靖《龍溪縣志》卷一·地理）。地主與佃戶關係變質的主因之一是大多數地主不住在農業區，他們住在遠離鄉村的城市內，是所謂的「不在地地主」。一般稱這樣的狀況為「地主城居化」，這類地主稱為「城居地主」。黃通的抗租反亂也是因為「城中大戶（地主）與諸鄉佃丁（佃戶）相嫉如仇」（《寇變紀》）。商人與高利貸就是在這種情形下趁虛而入，介入了地主與佃戶關係。

佃戶與商人、高利貸

前一節提到，汀州府清流縣的「奸販」和「安沙黠商」私下運作壟斷米穀的結構，與明末以降地主和佃戶關係的變質密切相關。根據十八世紀前期地方志留下的史料，福建山區建寧府崇安縣（現今南平市武夷山市）的農村社會存在著以下狀況（雍正《崇安縣志》卷一·風俗）：

大抵一鄉之中，每有一二土豪，舉放私債。納銀還穀曰青苗，借穀倍息曰生穀。皆違禁以取利。新穀登場，即行索取，窮民德其應急，忘其剝削。先償所貸，穀已入土豪之家，逮田主收租，顆粒無存，竟末如之何已。

此處出現的土豪明顯就是高利貸，他們在初春時節出借生產資金（青苗）給佃戶，在過了收穫期、尚未播種的時候，再將糧食（生穀）借給佃戶，等到秋收時節收債。土豪與徵收佃租的地主（田主）之間形成競爭關係。進一步分析這篇史料，可以推估「田主」住在城市裡，「土豪」則住在「一鄉之中」，「土豪」較容易與佃戶建立緊密關係。由於這個緣故，佃戶會將支付佃租給地主這件事往後延，先償還「土豪」債務，進而演變成抗租的結果。上述史料後面還有一段寫著「田主之課田（課稅對象的田地），土豪之利藪也」，極具象徵意義。

另一方面，「土豪」對佃戶課以高利，但事情並非表面上這麼簡單。土豪不惜與地主競爭，將米穀變成佃戶拿來還債的抵押品；但仔細想想，米穀還是得透過米商，才能轉售至有利可圖的市場。尤其崇安縣可透過閩江水系（建溪→閩江）直接進入洪塘與南台的市場，在這一點上可說是占盡先機。

地主城居化與抗租（阻米）

地主的城居化，導致用來支付佃租的米穀被運離農村社會，囤積在城市。這個現象也發生在福建的沿海地區。史料記載從泉州府城往西北溯晉江（藍溪）而上的安溪縣（現今泉州市安溪縣）有著以下狀況（康熙《安溪縣志》卷四．貢俗）：

（安溪）縣至（泉州）郡城，水可舟也。民間有田，悉入於郡（城）大家之手，（船）載粟入郡（城），而民間米粟以此不充。

這段記述的是十七世紀前期的狀況，安溪縣大多數田地的地主（大家）居住在泉州府城，用來付佃租的米穀全都被運到府城內。此處所說的「大家」在後來的史料中改稱「宦家」，指的應該是出了很多官僚與鄉紳的地主之家（乾隆《安溪縣志》卷四．風土），福州府也有相同狀況。

同樣地，十七世紀前期福州府長樂縣（現今福州市長樂市）的稻米為一年二穫，收穫的晚稻可供「佃戶自用」。但就像史料所說，「只要米穀不出境，糧食就夠吃」（崇禎《長樂縣志》卷十一．叢談志），佃戶吃飽的前提是不能運到「其他地方」，但長樂縣的米穀都被運出去了。不僅如此，另有史料顯示「田主及有力家城居者，（儲存佃租的）倉厫既設外鄉或設他縣」（《棄草文集》卷五．議．〈廣積穀以固閩圍議〉）。從閩江出福州府城往上走，不一會兒就能抵達閩清縣（現今福州市閩清縣）。與閩清縣有關、於一七一四年簽訂的佃戶契約書（「承佃契」或「承佃字」）中，便收錄了「閩清縣二都住民」龔光六與「福城王衙」簽訂和佃戶「民田面三號」有關的契約（《明清福建經濟契約文書選輯》）。此外，「福城田主東林衙旺房」在一七三一（雍正九）年簽訂的《安佃契》（由地主出具承認佃戶的契約書）也流傳至今。「福城」圍福州府城，「王衙」、「林衙」指的是官僚、鄉紳輩出的大地主王家與林家。即使是福州府城與閩清縣，產自後者的米穀被地主當成佃租徵收之後，就會運出「產地」，囤積在前者。

此外要注意，佃戶對地主抗租，一方面是想將做為佃租的米穀留在鄉村地區，另一方面也是要阻止米穀運出，帶有「阻米」的意思。十八世紀末的史料《福建省例》收錄與福建有關的地方條例，裡面有一段記述如下（卷三十四．刑政．〈禁服毒草斃命圖賴〉）：

（馮恆）裕等省居業戶，孤身到鄉收租，（中略）稍不遂（佃戶）欲，即攔阻租穀不許出水，甚至挾帶毒草，到（業戶的）寓恐嚇。如此鄉蠻，難以理諭。

誠如史料標題所寫，此處的「圖賴」，正是王廷掄「八項提議」中提到的圖賴禁令。前半段的記述就是抗租，也就是阻米的具體範例。史料描述在福州府城居住的地主（業戶）馮恆裕等人到鄉村收租時，遭遇了佃戶的阻米行為。另外，史料中點出地主與佃戶是透過河川往來，這點也值得注目。

承佃字的內容

在探討地主與佃戶相關的社會空間時，佃戶契約書有一段文字頗令人玩味。剛剛已經引用了《明清福建經濟契約文書選輯》部分內容，此處要繼續引用。首先介紹最典型的一段內容。簽字的時間是一七九二（乾隆五十七）年，距離本書主題一六八三年的時間點差距頗大，但無論如何，福建山區延平府南平縣（現今南平市延平區）的《承佃字》文字如下：

立承佃字人葉華昭，今因缺少田土耕作，托保向在管後坊蔡觀生親邊，承出大小苗田一段，坐落小仁州□□坋當□堀，遞年實還大苗禾穀七籮伍斗莊，又還本田小苗早穀三擔鄉。其田自承之後，務要小心耕作，不敢抛荒丘角賣弄水漿界至等情。其穀俟至秋成之日，備辦好穀送至河邊面搧交量，不敢短少。如有此情，任憑另召他人耕作，不敢霸占。此係先商言盡，今欲有憑，立承佃字為照。（□為缺字）

《承佃字》是佃戶與地主簽訂的佃戶契約書，由地主持有留存。佃戶持有的是登載上述內容的《安佃字》。契約書記載了下列事項：①佃戶名字是葉華昭；②地主是住在城內管後坊的蔡觀生；接著是③承租的田地所在位置；④田地種類與⑤租佃的繳納金額。另外還有實際承租期間及佃戶應盡義務，也就是⑥妥善維護田地、⑦收穫後繳納佃租，以及⑧佃租不足時可以換新的佃戶。此外，契約書的結尾還有「承佃字人（佃戶）」、「保佃（保證人）」、「代字（代筆人）」三個人的名字與「畫押」。其中，④⑤都是基於當地土地慣行的記載內容。之前在第一節稍微提過，若一田兩主制成立，通常土地的地上權稱為田面權、地下權稱為田底權，而且田面與田底都是可以獨立買賣的物權。④的「大小苗田」，大苗指的是田底，小苗指的是田面，代表這份契約內田底與田面的擁有者沒有分開，地主同時擁有這兩項物權。有鑑於此，⑤明記「承佃字人」，也就是佃戶必須同時支付大苗與小苗的租佃。文中的「莊」與「鄉」，推估應該是徵收佃租時，當地特有的量器。福建當時各地實行多種度量衡，南平縣其他的承佃契有的寫著「每年繳納脫殼的淨穀四蘿五斗莊桶」，由此推估，南平縣和寧化縣同樣使用桶狀量器。

地主、佃戶與河川

接下來要特別聚焦在⑦，原文為「備辦好穀送至河邊面搧交量」。從這短短十二個字，不難想像佃戶繳納佃租給地主的狀況：

佃戶從收穫的米穀中選出優質的米，以肩挑或台車運送的方式，送到附近的河邊。地主的船就停在河邊，當場用扇車去除米糠與稻殼，將實質的佃租額交給地主。地主將收到的佃租放到船上，順著河流載往延平府城。

佃戶契約書內容屬於定型化契約，關於佃租的繳納方式是「送至河邊」，具體呈現地主和佃戶的關係是透過流經該鄉的河川串聯起來的，這樣的狀況具有一定的普遍性。同樣地，一八〇四（嘉慶九）年南平縣的《承佃契》則記載，佃租「送至舡上交清」。綜觀其他地區，一七五四年與福州有關的承佃契中寫著「送水交收」，另一份一七八六年的契約也寫著「備穀送水交收」，先前提過的《福建省例》也記錄了要將「租穀」放上船、準備出發的地主。

此外，邵武府光澤縣（現今南平市光澤縣）的早期案例中，有一份一七三〇（雍正八）年「正月初八」簽訂的《脫佃契》。契約內容是住在縣城內惠濟坊的地主黃明光，將擁有田面權的佃戶陳仕茂的田面任意賣給龔允瑞，龔允瑞又轉賣給湯仕饒，因此解除黃明光與陳仕茂之間的佃戶契約。

田面輾轉從陳仕茂處依序轉手給龔允瑞、湯仕饒，過程得支付「皮價銀」。當地將田面稱為田皮，田底稱為田骨。同時還在契約中註明，湯仕饒成為地主黃明光的佃戶，並要「永遠耕作」，其他登載內容如下：

（每）年交實租伍石乙斗□，（地主與佃戶雙方）面搧送至虎跳河邊交收，不得拖欠。

文中寫著租佃五石一斗，佃戶還要「送至虎跳河邊交收」，租佃的繳納是在河邊進行的。中共建國後，一九五〇年開啟土地改革，華中及華南地區已廢除「地主所有權」，同時也廢棄與燒毀當時農村社會留下的許多土地買賣和佃戶等契約文書，因此現存契約相當少。《明清福建經濟契約文書選輯》中收錄了共二〇四篇與地主和佃戶有關的「租佃文書」。不過，那些全都是十八世紀以後的文件，康熙年間的契約只有兩份，雍正年間也只有十一份。

十六世紀後期以降出現的地主城居化、佃戶抗租，或是福建特殊的生產與物流結構，共同導致了米穀運送至「其他地方」（他境），「產地」（本境）糧食缺乏的狀態。從這點來考量，十七世紀後期地主和佃戶都是在鄉村的河邊面交佃租，雙方平時被河川阻絕，毫無往來。河川隔出來的兩個空間，分別象徵著地主與佃戶的世界。

5 社會空間的重層性

各自的社會空間

如果真如今村仁司所說，社會空間是「人類社會行為與相互行為的歸屬」，那麼除了本身具備的歷史性之外，該空間也是由多元人群相互交會及連結過程中逐漸被劃分、區隔出來。本章限定在福建省這個地域空間，以西部邊境的汀州府為中心，來解說十七世紀後期這個相當於「轉換期」的時代。對於生長在這個地域或從事各種活動的人而言，與其說他們各自的社會空間出現了符合轉換期特性的戲劇性變化，不如說是承繼了迄今為止的時代演變結果。

在中國這個統治了遼闊領域的世界，一六四四年是明末清初的交替期，雖說是從漢人轉換至滿人統治，但地方社會的官僚階級上自總督、巡撫為頂點的省級，下至知縣代表的基層縣級，皆沿襲了明朝以來的統治制度。十七世紀末擔任福建汀州府知府的王廷掄接受皇帝指派管理的府治領域，是他身為知府的政治空間，同時也構成了他的社會空間。然而，這個時期的汀州府固有的社會問題，強迫他擁有了超越府治的空間認知。自然環境水系將汀州府分為東西兩塊，西側的韓江水系連結了南方的廣東省潮州府與北方的江西省贛州府。另一方面，東邊是幾乎涵蓋福建山區的閩江水系末端，直接與省城福州相連。身為知府，無論願不願意，他都必須認知並考量前者的空間，才能確保足夠的米穀，解決日常糧食問題。

身為地方士大夫，李世熊的活動空間以一六四六年、也就是四十五歲為分界，產生了決定性變化。或許可以說，這是最符合明清政權更迭轉換期的變化。他的前半生不常待在福建省，經常為了科舉應試或與士大夫、讀書人交遊，走訪廣東東部、江南的南京與蘇州等地，生活多采多姿，有著十分宏觀的活動範圍。相較之下，他「入山」之後的後半生都待在故鄉汀州府寧化縣泉上里這個微觀空間，充分發揮地域社會領袖的職責。李世熊的人生可說是受到轉換期的時代操弄影響，但從另一方面來看，也是肇因他個人特質所選擇的結果，最後成為了一名「明朝遺臣」。

自十六世紀後期展開的社會與經濟變化，逐漸演變成十七世紀後期商人與地主、佃戶的世界。

在福建山區活動的商人們涵蓋了以閩江水系連結的商業和商品流通圈，將商品轉運至省城福州近郊的洪塘、南台兩大市場，也為此處立下規矩。閩江水系形成了始自福建山區、終至福州的社會空間，同時也以福州為起點呈現放射狀，反向朝福建山區各地發展。若以福建的米穀生產、流通與消費等一連串經濟活動為例，透過福州的「米牙」與山區各地的「米販」交織出的網絡，米穀可從山區運送至福州，位於生產前線的地主和佃戶也無法置身事外，米穀變成了投機標的。大量的米穀堆積在福州周邊，產地卻呈現「無米」狀態，釀成了山區的社會問題。

說到底，透過土地租賃與佃租徵收形成的地主與佃戶關係，也為福州的米穀市場立下了相關規範。明代後期以降的地主城居化，讓地主和佃戶的關係日漸疏遠。此外，農村的商業化浪潮造成商人和地主勾結、壟斷米穀，也使得商人、高利貸與地主之間互相爭奪佃戶生產的作物，亦即米穀。在錯綜複雜的社會與經濟狀況下，佃戶對地主展開了常態的抗租行動。從現存十八世紀以後的《承佃契》、《承佃字》等佃戶契約書中，可看出鄉村的河川明確劃分出地主與佃戶、兩個截然不同的微觀社會。地主的船藉由河川將佃租、也就是米穀從鄉村運往城市，最終透過福州轉運，與廣域的米穀流通市場相互連結。

往福州收斂的社會空間重層性

綜觀下來，汀州府知府王廷掄、同府寧化縣出身的地方士大夫李世熊、活躍於福建山區的商賈們，以及地主和佃戶等等，各自不同的社會空間，最後都往福建的省城福州收斂。與此同時，福州不只是起點也是終點，層層堆疊出多樣化社會空間，從這點亦可看出福建省的地域特徵。

若從福建省整體來看，不只是涵蓋許多地域的閩江水系形成的商業流通圈所直接規範的商人世界，或是位於該流通圈末端的地主與佃戶的世界，李世熊所代表的地方士大夫及士人階級也因參加科舉（鄉試）以及彼此的交流，與福州緊密相連。當然，福建的地方官層級，包括最頂端的總督、巡撫，以及布政使、按察使等整個省的財政和司法相關主管衙門，皆設置在福州。從福州到八府一州，再從府州往各縣，統治福建全域的政治勢力也往外擴散。

一六七二年編纂的康熙《武平縣志》是汀州府武平縣的地方志，收錄各級地方官的公文，其中包括第一節提及的圖賴（卷十．藝文志）。「康熙三十七年二月初八日」的公告，記載了與王廷掄八項提議中「圖賴」一項幾乎相同的「諮訪利弊」。不僅如此，同年「伍月初十日」也有一份寫著「嚴禁假命圖賴以杜抄搶之風保全良善」等內容的公告。接收上述公文的應該是時任連城縣知縣、兼任武平縣代理知縣的趙良生，後來同年十月也頒布了「嚴禁假命圖賴以全良善」的公告。另一方面，王廷掄二月收到的公文是「康熙三十六年十二月初十日」福建布政使的《憲牌》（公告），此《憲牌》是與福建按察使一起提交、獲總督與巡撫裁示「批」（可）的《詳文》（上報文書）。該《詳文》寫道「興革利弊八議通飭所屬一體遵照」，最後王廷掄接受了「憲台」（可能是布政使）諮詢，提出申辯的「八議」。從布政使→汀州府知府→布政使與按察使→總督與巡撫→布政使→汀州府知府→武平縣知縣，上下所有官員皆禁止圖賴並進行嚴格監控。這般公文往來雖反映出前近代中國文書行政的繁雜性，但也可看出福建省的圖賴一案以福州為中心、往來於地方行政的世界，這也正是一六八三年前後汀州府知府王廷掄的政治與社會空間的一部分。

第五章　近世西歐各國美洲殖民地體制的法律與經濟

川分圭子

1　近世西歐殖民地、貿易、法律之關係

重商主義諸法與殖民地貿易法規

一六八三年，是路易十四親政後擔任法國海軍國務大臣與財政大臣的尚—巴蒂斯特．柯爾貝逝世的那一年。他的事蹟包括了設立由國家主導的織布、玻璃和陶瓷器工廠（外界稱為皇家手工作坊），成立東印度公司、西印度公司、塞內加爾公司（Senegal Company）和黎凡特公司（Levant Company）等貿易特許公司，更促進法國與亞洲、非洲、美洲等非歐洲地區之間的貿易並推行殖民地事業，大力推動所謂的柯爾貝主義（Colbertism），也就是重商主義政策（mercantilism）。這些政策並未隨著柯爾貝的逝世而終止，他的兒子塞涅萊侯爵（Marquis de Seignelay）、蓬查特蘭伯爵（Comte de Pontchartrain）及孫子莫爾帕伯爵（Comte de Maurepas）不只繼任海軍國務大臣與財政大臣等職

務，也延續了上述培植國內產業、重視海外貿易、獨占殖民地貿易等政策。

不只是法國，從大航海時代以來一直到十九世紀自由貿易時代，西班牙和英國等進軍非歐洲地區的西歐各國都是典型的重商主義例子。然而，日本大多將重商主義解釋成金銀通貨主義（bullionism）、貿易差額論等貿易理論，並未充分意識到其與殖民地問題的關聯。事實上，重商主義諸法是為了規範殖民地貿易。

本章將以英國＊為中心，考察近世西歐各國的殖民地貿易政策。雖然本章的主題是「法律與經濟」，但貿易政策最容易看出法律和經濟的連結。近世規範貿易的法律包括由議會制定的法律（國會法令，英國為 Act of Parliament）、國王諮詢會議頒發之法令（例如英國由樞密院〔Privy Council〕發出的樞密院敕令〔Order in council〕、法國由國王委員會〔Counseil du Roi〕發出的裁定〔arrêt〕）、各國發給殖民地總督、海關官員、海事法院的命令（instruction）、各國條約等等。話說回來，在近世這段期間只有英國國會充分發揮功能，而且也只有英國利用國會法令將貿易政策一一法律化。英國制定的這些法律，稱為航海法案（Navigation Acts/ Laws，亦稱航海條例）。

航海法案規範了英國與歐洲各國之間的貿易，以及英國與未成為殖民地的亞洲、非洲和美洲之間的貿易，但其中最重要的部分，是英國與英屬殖民地之間的貿易。受航海法案規範的殖民地體制稱為「舊殖民地體制」，是二十世紀初期喬治．路易．比爾（George Louis Beer）、勞倫斯．亨利．吉普森（Lawrence Henry Gipson）、查爾斯．麥克萊恩．安德魯斯（Charles McLean Andrews）等帝國學派美國歷史學者的研究對象。日本的宇治田富造、四元忠博、熊谷次郎、笠井俊和等學者也指出了殖民地、重商主義與航海法案之間的關係。只是，日本研究學者很少使用「舊殖民地體制」這樣的用語，對於該用語所定義的航海法案體制下的殖民地貿易體制也理解不深。

然而，舊殖民地體制的現象不僅限於英國，自由貿易時代以前的西歐殖民地貿易全都有類似制度。法國也有相當於英國的舊殖民地體制，稱為「殖民地獨占體制」(l'exclusif) 或「殖民地協定」(le pacte colonial)，西班牙也有相同名稱的體制。英國的「航海法案體制」、「舊殖民地體制」；西班牙和法國的「殖民地獨占體制」或「殖民地協定」，都具體呈現了這個時期西歐共通的重商主義思想，值得學界比較研究。

屬於同義詞的美洲／殖民地／種植園

首先值得注意的是，重商主義時期西歐的殖民地，幾乎都是美洲殖民地。這段時期幾乎沒有發展亞洲與非洲殖民地，殖民地（colony 或 plantation）這個詞彙代表的是南北美洲大陸與加勒比群島。種植園（Plantation）會用來指涉殖民地，是因為當時的殖民地給人的第一印象，就是種植經濟

＊本章日文原文均以「イギリス」稱呼英國，故翻譯統一。但本章討論時點橫跨十七至十九世紀，而一七〇七年英格蘭與蘇格蘭合併成大不列顛王國（Kingdom of Great Britain）後，才正式稱作英國。在此之前為英格蘭王國（Kingdom of England，簡稱英格蘭），特此說明。

作物的種植園。

以下來概略說明十八世紀中葉之前的美洲世界。首先是西班牙，西班牙占領了包括新西班牙總督轄區（墨西哥）、祕魯總督轄區等北美洲中西部和整個中美洲，以及南美洲西半部的廣大地區，之後還占領了新格拉納達總督轄區，也就是哥倫比亞等南美洲北岸地區、內陸的玻利維亞、拉布拉他總督轄區（面向大西洋的布宜諾斯艾利斯周邊）。這些地區的人口逐漸增加，發展愈來愈繁榮。此外，在加勒比群島方面，西班牙則占有大安地列斯群島的古巴、波多黎各和伊斯帕尼奧拉島東半邊（聖多明哥）。新西班牙總督轄區還包括了隔著太平洋、與墨西哥來往貿易的菲律賓。另一方面，葡萄牙在一六〇四年脫離西班牙統治後，比起亞洲，他們更加關注美洲大陸，也收回被荷蘭侵略的巴西北部；十七世紀末，葡萄牙統治的領域已經比簽訂《托德西拉斯條約》時更深入巴西的西方內陸區。

此外，不只是英國、法國、荷蘭，包括丹麥及瑞典都在十七世紀將勢力範圍擴展至未受西班牙統治的北美洲東北部、加勒比群島的小島嶼區（小安地列斯群島）及南美洲東北部沿海地區（蓋亞那、法屬圭亞那、蘇利南等等）。英國、法國、荷蘭在一六二〇年代進軍小安地列斯群島建立殖民地，英法兩國也在一六五〇年代進軍大安地列斯群島。十七世紀末，西班牙承認英國擁有牙買加、法國則獲得伊斯帕尼奧拉島西半部。英國屬地就在這種情況下隨著加勒比群島的奴隸制甘蔗田（糖廠）逐漸擴張，同時在北美洲東岸順利開闢白人殖民地，後者的糧食生產與森林資源建構出支援前者生產砂糖的特殊結構。另一方面，十八世紀以降，法國在加勒比群島的砂糖生產量已大幅超

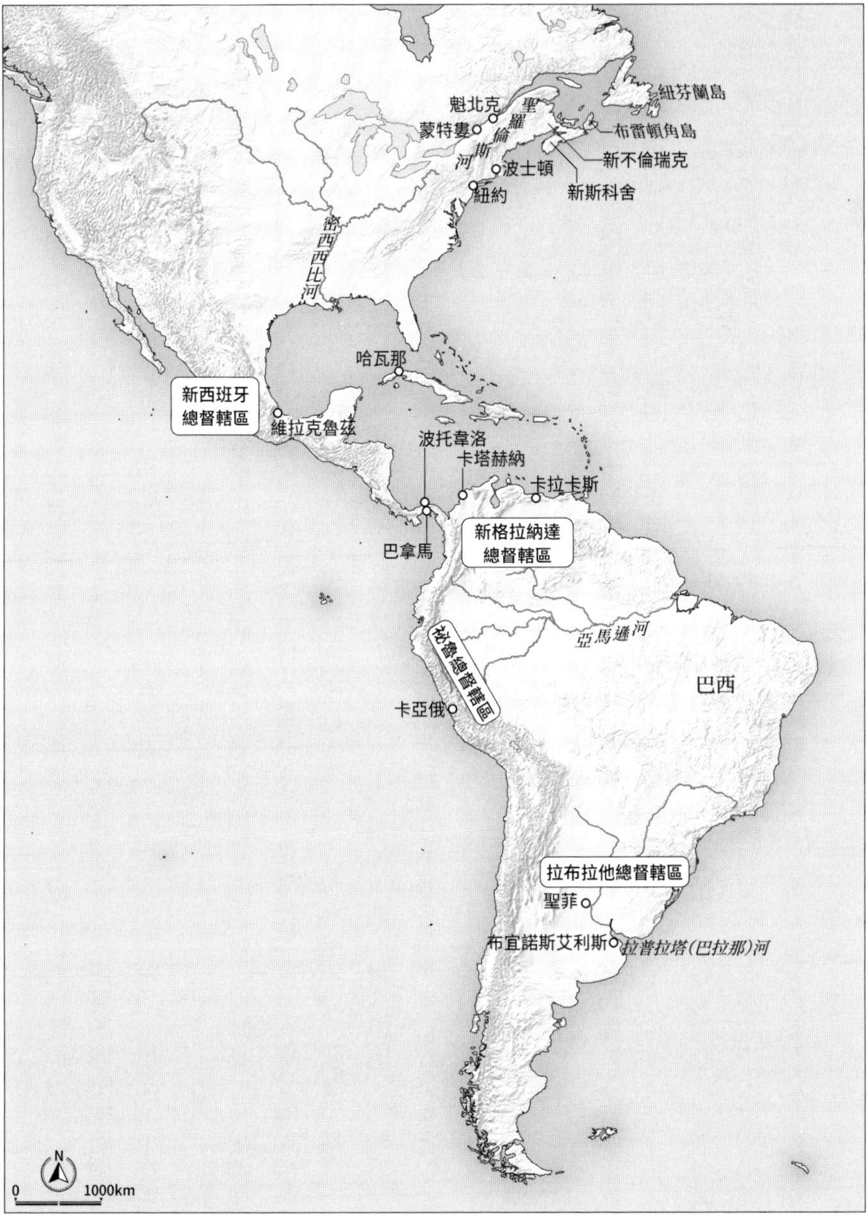
紐芬蘭島
魁北克
聖羅倫斯河
蒙特婁
布雷頓角島
新不倫瑞克
波士頓
新斯科舍
紐約
密西西比河
哈瓦那
新西班牙
總督轄區
維拉克魯茲
波托韋洛
卡塔赫納
卡拉卡斯
新格拉納達
總督轄區
巴拿馬
亞馬遜河
祕魯總督轄區
巴西
卡亞俄
拉布拉他總督轄區
聖菲
布宜諾斯艾利斯
拉普拉塔(巴拉那)河
N
0
1000km

殖民地時期的南北美洲

越英屬殖民地。儘管法國在北美的殖民地從聖羅倫斯河流域擴展至五大湖、密西西比河流域（路易斯安那）等廣闊地區，但人口與農業生產力並未成長，沒辦法像英國那樣，在法屬美洲領地建構出自給自足的體制。而荷蘭在十七世紀初期於現今紐約州周邊設立了新尼德蘭殖民地，也深入小安地列斯群島、巴西在內的南美洲東北部、委內瑞拉外海的ABC群島（阿魯巴、波奈和古拉索），同時與各外國殖民地和歐洲進行貿易，促進殖民地之間的貿易，更積極從非洲大陸出口奴隸。荷蘭雖在一六六〇年遭巴西驅逐，又在英荷戰爭、法荷戰爭後，也就是十七世紀末失去了大部分的美洲領土，但僅存的聖佑達修斯島、古拉索島等領土也以無關稅自由港的地位對各國開放，西屬、英屬、法屬等殖民地不惜違反母國貿易規範，頻繁到訪當地做生意。至於丹麥、瑞典也像英國、法國與荷蘭一樣侵略美洲大陸，十八世紀末丹麥占領了部分維京群島，瑞典擁有小安地列斯群島的聖巴瑟米島，這些地方在這段時期均屬自由口岸，可接納外國船隻進港。

一七六三年七年戰爭結束，一七七〇年代到一八二〇年左右美利堅合眾國、海地與拉丁美洲諸國的相繼獨立，是美洲世界殖民地體制的巨大轉機。在這半世紀之間，原本由特權商人、特權貿易公司或母國壟斷殖民地貿易，各國領土自給自足並排除外國製品的做法，已無法再維持下去。重商主義殖民地體制也必然轉變，走向自由貿易體制。

本章以英國的「舊殖民地體制」為中心，也會探討法國和西班牙的殖民地貿易體制，思考各國制定了哪些經濟相關法案，這些法案又是如何形成了實際的經濟樣貌。第二節先解說十七世紀英國制定的五大航海法案，以及基於這些法案所形成的「舊殖民地體制」；第三節的焦點鎖定在同時期的法國和西班牙殖民地貿易體制，及其與英國之間的關係；第四節則探討重商主義殖民地體制的崩解，和自由貿易化的過程。

此外，本章提及的英國國會法令，除了王位空位期（Interregnum）的《一六五一年航海法》之外，皆按照一般方式引用，加上國王治世年分和法律編號。

2 英國航海法案與舊殖民地體制

一六五一年航海法

從十四世紀到十九世紀為止，英國制定了數百個規範航海與貿易的國會法令，也就是廣義的航海法案。不過，狹義的航海法案指的是十七世紀後期以重商主義思想為基礎，在一六五一年、一六六〇年、一六六三年、一六七三年、一六九六年制定的五個法案。這五個法案中最重要的，是強制規定殖民地主要產物只能出口至母國的一六六〇年法案。如果只講單一法案，通常指的是這個。然而日本的高中教科書通常只介紹《一六五一年航海法》，這點值得商榷。《一六五一年航海法》並未明定殖民地貿易規範，亦即航海法案的主要內容，這說明日本並未深入理解航海法，也不

西印度（加勒比）群島與周邊地區（國境為現在的劃分狀態）

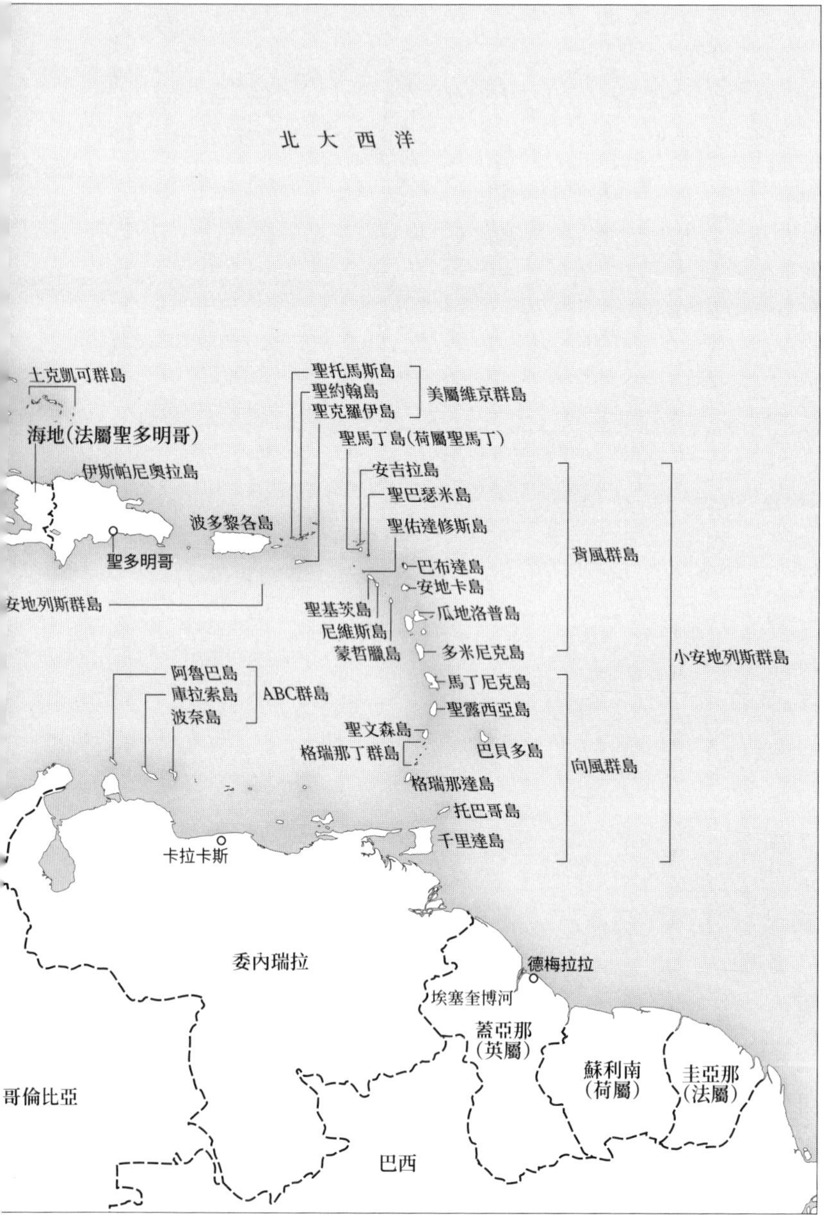
北大西洋
土克凱可群島
海地(法屬聖多明哥)
伊斯帕尼奧拉島
聖多明哥
波多黎各島
安地列斯群島
聖托馬斯島
聖約翰島
聖克羅伊島
美屬維京群島
聖馬丁島(荷屬聖馬丁)
安吉拉島
聖巴瑟米島
聖佑達修斯島
巴布達島
安地卡島
聖基茨島
尼維斯島
瓜地洛普島
蒙哲臘島
多米尼克島
背風群島
馬丁尼克島
聖露西亞島
聖文森島
格瑞那丁群島
巴貝多島
格瑞那達島
托巴哥島
千里達島
向風群島
小安地列斯群島
阿魯巴島
庫拉索島
波奈島
ABC群島
卡拉卡斯
委內瑞拉
德梅拉拉
埃塞奎博河
蓋亞那
(英屬)
蘇利南
(荷屬)
圭亞那
(法屬)
哥倫比亞
巴西

路易斯安那
佛羅里達
墨 西 哥 灣
拿騷
哈瓦那
古巴
猶加敦半島
坎佩切
維拉克魯茲
開曼群島
蒙特哥貝
牙買加
阿卡普科
貝里斯(英屬宏都拉斯)
波托韋洛
巴拿馬
N
0
500km

了解重商主義與殖民地貿易之間的關係有多密切。

接下來將依照順序介紹五大航海法案。事實上，日本的宇治田、四元、笠井等學者已深入分析過相關內容，但這個步驟對於鋪陳本章的立論基礎相當重要，因此容筆者看齊效法。

《一六五一年航海法》之所以制定，跟清教徒革命（Puritan Revolution）導致的軍事與外交緊張關係，以及在漁業和東西印度貿易上與荷蘭對立、英國欲將荷蘭商船排除在英國海外貿易之外有關。該法的第一條規定，亞洲、非洲、美洲（包括殖民地及非殖民地在內）的產物和製品進口至英國領土（該法包括愛爾蘭與殖民地）時，只能由英國商船（及英屬殖民地商船）載運。第二條規定，歐洲的產物和製品進口至英國領土時，只能由生產國的船隻或最初裝運地的商船載運。此外第四與第五條還規定，有關魚類、鯨魚和鯨魚製品，只能由英國船隻捕獲或加工的漁製品進口至英國領土，也只能由英國商船載運出口。根據第八條內容，英國人利用英國商船從西班牙和葡萄牙港口進口兩國殖民地商品，是合法行為。第九條規定，禁止外國船隻在英國沿海交易。最後，第六、七、十和十一條則規定，從黎凡特與東印度進口金銀、戰利品、絲絹製品時，只要是由英國商船運載，皆不受該法限制。

《一六五一年航海法》最大的特色在於，該法並不規範出口，而是針對進口至英國領土（包括母國和殖民地）的行為加以限制。基本上只要是來自非歐洲地區的進口行為，一律只能由英國商船執行。從歐洲地區進口的產物和製品，也必須由英國商船或生產國（或最初裝運地）的船隻載運。上述這些規定都是為了抵制荷蘭的轉口貿易。不過，從黎凡特和東印度等有特許貿易公司處進口的商品，以及義大利產絲綢製品、金銀等英國特別需要的物資及戰利品，則允許轉口貿易。另外，西屬和葡屬殖民地的產物（包括白銀），不只可從殖民地直接載運，也能從西班牙、葡萄牙母國的港口進口。除此之外，該法還規定禁止外國船隻在英國沿海貿易或捕魚。

一六六〇年航海法

《一六六〇年航海法》（*12 Cha. II, c.18*）的內容除了包含《一六五一年航海法》之外，還追加了以下三點：①明確定義英國商船；②放寬從歐洲進口至英國母國時使用的船舶限制；③強制殖民地的幾項主要作物只能進口至母國（本章稱列舉貨品〔enumerated commodities〕政策）。其中①補強了《一六五一年航海法》，②與殖民地貿易無關，③則成為舊殖民地體制的基礎制度，一直維持到一八二二年。

關於①明確定義英國商船，除了確認愛爾蘭屬於英國，英屬殖民地的商船亦屬於英國商船。不僅如此，該法案明文規定英國商船包括船東、船長、船員在內，必須有四分之三的成員是英國人（包含殖民地人民）；譬如鄂圖曼貿易就必須使用在英國建造的船隻（第一、三、六、七條）；若想將取得的外國船隻改成英國船，該船隻的全部所有者都必須向海關官員宣誓並取得保證書，而且保證書須由各港口的海關保管（第十、十一條）；蘇格蘭雖屬外國，但蘇格蘭產的小麥、鹽，以及由蘇格蘭船隻運送的加工漁獲，則不課徵外國船稅（Alien duty，第十一條）。

此外，由於上述對英國商船、英國人的規定尚不明確，因此在一六六二年制定了《防止欺詐法》（*Statute of Fraud, 14 Cha.II,c11*）補強。該法規定，英國包括英格蘭、威爾斯和特韋德河畔伯立克（以下簡稱伯立克），以及愛爾蘭、英屬殖民地，不包括海峽群島、曼島及蘇格蘭。原則上，英國商船指的是在英國領土建造的船。蘇格蘭的海外貿易大多使用荷蘭船，在《一七〇七年聯合法令》生效前，英國利用政策極力排除蘇格蘭插手英國的殖民地貿易。

②是放寬從歐洲進口至英國母國時使用的船舶限制。《一六五一年航海法》規定所有從歐洲進口的商品，都必須由英國商船或商品生產國（最初裝運地）的船隻載運。一六六一年修改政策方針，改成只有運送特定商品或產物才需遵守船舶規定。美國歷史學者勞倫斯．哈珀（Lawrence A. Harper）認為，放寬限制使得一六六〇年以後歐洲進口至英國的商業行為變得十分自由。②提及的特定歐洲商品與產物也稱為列舉貨品，很容易與③限制出口英屬殖民地主要產物的政策混淆，加上現代歷史學界習慣稱後者為列舉貨品，因此本章從善如流，只稱後者為列舉貨品。

限制使用英國商船或商品生產國（最初裝運地）船隻載運的歐洲製品和產物，包括所有亞洲產品、所有土耳其產品、海軍軍需物資（焦油、瀝青、松香、麻、亞麻、桅杆等）、鉀肥（碳酸鉀）、木材、製材、外國產的鹽、水果乾（葡萄乾、醋栗果乾、無花果乾、李子乾等）、橄欖油、穀物、砂糖、紅酒、醋、蒸餾酒（威士忌、白蘭地），占英國的歐洲舶來品約五成。特別指定上述貨品的原因，在於這些商品體積大，對英國商船利益貢獻良多，也能維持限制紅酒進口的傳統政策，確保海軍軍需物資等必需品，以保護特許貿易公司（俄羅斯公司、東方土地公司、黎凡特公司）及友好國家葡萄牙商人的利益。

《一六六〇年航海法》第九條規定，以外國（生產國或最初裝運地）船隻載運上述歐洲船來品時，需課徵外國船稅。外國船稅是為了給予英國商船優惠待遇而訂定的關稅。

③是強制殖民地的主要產物只能進口至母國（列舉貨品政策），有別於英國商船壟斷運送的行為，這項政策想要實現的是另一種壟斷，也就是獨占殖民地的重要產物。這正是得以鞏固英國殖民地體制的基礎政策，因此《一六六〇年航海法》被視為最重要的航海條例。第十八條規定，美洲、亞洲與非洲產的「砂糖、菸草、棉花、靛藍、生薑、佛提樹及其他染料樹木」絕對不可運送到英屬殖民地以外的任何地方。雖說法律規定的是美洲、亞洲與非洲產，但除了菸草是加勒比海群島產之外，其他全都是美洲大陸產物，由此可見當時的英國特別重視美洲殖民地的資源。列舉貨品政策的目的，是將這些殖民地重要產物集中至母國，使母國成為轉口貿易港。此外，重要產物在英國領土內自給自足，以及利用這些資源振興母國製造業，也是政策目的之一。指定棉花、靛藍、生薑（胡椒替代品）這些產物，可降低來自東印度同種產物的進口量，砂糖、菸草與染料則是為了振興加工業和紡織業。

為了讓所有人嚴格遵守「列舉貨品只能出口至母國」的規定，所有船隻運載的貨物、航線、目的地都必須接受調查並固定下來，所以才設計這個制度。第十九條規定，從英國前往亞洲、非洲與美洲殖民地的船舶，必須向裝運地海關出具有一名保證人（surety）的保證書（bound），並視貨運量多寡託存一定金額在裝運地海關（一百噸以下為一千英鎊、以上為兩千英鎊）。上述船舶載運列舉貨品時，只要在海上沒遇到危險情形，就應直接將商品運至英國。在英屬殖民地之間航行的船隻如果也載運列舉貨品，需同前述提交保證金和託存金，各地總督需謄寫所有保證書，每年向倫敦海關提交兩次。該法第二條也明定，外國人不可在亞洲、非洲、美洲的英屬殖民地經商或擔任代理商。

一六六三年航海法（市場法）

《一六六〇年航海法》確立了英屬殖民地的出口須至母國的原則（列舉貨品政策）。同樣地，《一六六三年航海法》（*15 Cha.II, c.7*）也確立了英屬殖民地的進口須由母國的原則。該法第四條明定「不只殖民地的產物，供給殖民地、來自其他國家和地區的產物，皆以本王國（英國）為指定交易所（staple）。其他國家也將自身殖民地和通商權視為自身權益，此為慣例。」這段條文明確顯示了，英國要將自己（母國）設定成所屬殖民地貿易活動的轉運站，而且條文裡還說其他國家也這麼做。換句話說，由母國成為所屬殖民地的貿易樞紐，是近世西歐各國殖民地體制的共通目標。

將愛爾蘭踢出英國勢力範圍，是《一六六三年航海法》的另一個特點。安德魯斯認為，英國這麼做是因為前一年愛爾蘭調降了本國的砂糖和菸草進口關稅，金額只有英格蘭的一半。英國後來又頒布《一六七一年航海法》(22&23 Cha.II, c.26),規定在一六八〇年之前所有列舉貨品運送保證書之目的地不包含愛爾蘭,完全將愛爾蘭排除在外。列舉貨品進口排除愛爾蘭的政策,實際上一直維持到一七八〇年為止。

不過,《一六六三年航海法》的第五條規定了幾種例外情形,包括新英格蘭與紐芬蘭島漁業使用的歐洲產鹽、在生產地裝運的葡萄牙屬馬德拉群島和亞速群島產紅酒、在蘇格蘭與愛爾蘭裝運的契約勞工(人與馬匹),以及蘇格蘭和愛爾蘭產的糧食。

第六條規定了進口商品至殖民地的手續。從陸路進口商品至殖民地時,必須在二十四小時內將商品清單提交給殖民地總督;若從海路進口,船長必須先向總督報告船隻已經抵達港口,才能卸貨或裝運。此外,船長必須提出證書,證明商船屬於英國,包括船長與船員在內,船上所有人至少四分之三是英國人,還要提交船上貨物與裝運地清單。第七條重申《一六六〇年航海法》規定的列舉貨品,禁止從殖民地出口至外國(包括外國領地)。第九條先闡述沒有貨幣或金銀就無法在通商中賺取利益,還說「從過去經驗已知,貨幣與金銀會大量集中在可自由出口之處」,之後便以「維持並增加英國通貨數量」為由,同意可將外國貨幣或金銀攜出英國。第十三條重申禁止使用外國船隻從事漁業。第十五、十六與十七條也再次重申其他法條的既有規定,除了醫療種植園之外,禁止在英國種植菸草。

一六七三年航海法

《一六六〇年航海法》與《一六六三年航海法》確立了母國為所屬殖民地貿易的轉運站，完成了重商主義的殖民地貿易體制。但將殖民地包含在英國範圍內，導致這兩項法案出現了一個必然的破口。做為殖民地主要產物的列舉貨品，運送至英國時必須支付進口關稅，再次出口至歐洲時只會退回一半的進口關稅，因此在歐洲市場販售的價格得加上關稅才能回本。但列舉貨品若不是運往母國，而是運往英屬殖民地，則只需支付極低的關稅即可。若再從殖民地轉口至歐洲，反而會比從母國轉口更加有利。當時已經有不少英國商人將英屬西印度產的列舉貨品運送至新英格蘭，再從新英格蘭透過新英格蘭商船或外國船隻運往歐洲。

為了修正破口，一六七三年的《格陵蘭與東方土地貿易促進法》（*25 Cha.II, c.7*）第五條規定，即使從殖民地運送商品至另一個殖民地，也要課徵運送至母國的相同稅率。該法案內容闡述了列舉貨品在殖民地之間進出口無須關稅、外國船隻再從進口的殖民地將商品大量出口至歐洲的情形，對英國關稅收入和通商海運造成極大損失。做為因應對策，針對載運列舉貨品卻沒有保證直送英國之書面文件的商船，將會先在裝運地課徵一定額度的稅金。這項稅金後來稱為殖民地出口稅（Plantation duties）。第六條明示殖民地出口稅不是殖民地政府的稅金，而是由英國母國課徵，計入母國的稅金收入；第七條則規定如果沒有貨幣，可用實物繳稅。

《一六七三年航海法》實施後，仍有問題亟待解決。那就是，從某殖民地運送至其他殖民地的列舉貨品，是否允許再次出口至歐洲？新英格蘭的商人們只要支付進口關稅，就可以將之前從英屬西印度運送至英國的列舉貨品再次出口至歐洲；因此有人解讀，原先從英屬西印度運送至新英格蘭的列舉貨品，只要支付殖民地出口稅，也能二次出口至歐洲。

不過，若從英國真正的意圖，也就是將母國當成所屬殖民地貿易的轉運站這點來看，這樣的解讀並不符合英國的利益。為了避免上段所述這類站在殖民地角度的解讀與行為，英國樞密院、海關與財政部團結一致，共同改善官員宣示程序與船舶證書格式，建立規範與制度，要求所有文件都得送交各部會，由各主管機關保管與照會。一六七八年，英國派遣個性嚴厲、手段高明的愛德華・蘭道夫（Edward Randolph）前往最反抗英國的新英格蘭，擔任殖民地出口稅課徵官（海關官員）。蘭道夫在一六九五年返回英國，向樞密院詳細報告新英格蘭的狀況，結果促成了一六九六年第五個航海法案《殖民地貿易防止欺詐限制濫用法》的制定。

一六九六年航海法

《一六九六年航海法》（*7&8 Gul.III, c.22*）是為了讓眾人遵守過去頒布的航海條例而制定的規範。該法一開頭就提到，人民並未完全遵守一六六〇年、一六六三年、一六七三年頒布的航海法案，並嚴格規定殖民地（也就是母國與殖民地之間）的進出口貿易只能由英國商船或殖民地商船執行。之後明訂各種條文，實施各種讓人民遵守法令的制度，包括船東有義務向殖民地總督與船舶監督官宣示並繳交保證金（第三、四條）；賦予海關官員調查船隻與倉庫的權力，碼頭主與駁船業者必須配合調查（第五條）；遠洋航海船隻必須向所屬港口登記，超過一人以上的船隻持有者具有宣示義務（第十六、十八條）；買賣船隻時需消除舊登錄資料並完成更新手續，販售部分船隻持份時應完成相關手續（第十九條）等等。

另外，該法十分具體地描述了違反航海法案的事例。舉例來說，第七條規定「查理二世（Charles II）在位第二十五年頒布的法律《一六七三年航海法》明定針對（基於法令規範不足可在殖民地之間運送之）列舉貨品應課徵一定額度稅金，但部分美洲殖民地不清楚或誤解法令。更有甚者，在某些殖民地只要支付稅金，就可以免除提交保證書的義務，而這正是查理二世在位第二十二至二十三年頒布《一六七一年航海法》意欲規範的。這相當於商船無須進入伯立克港，就能自由進出歐洲市場做生意。」這跟前面介紹《一六七三年航海法》時提過的一樣，列舉貨品從英屬東印度運送至新英格蘭，支付殖民地出口稅後就能轉口至歐洲，明顯損害英國利益。此外，法條裡還描述了有蘇格蘭人持偽造保證書，將不是在伯立克裝運的蘇格蘭或其他歐洲商品運至殖民地，或將殖民地產物直接出口至蘇格蘭及其他歐洲市場。第九條大肆批判蘇格蘭與殖民地之間存在著貿易往來的事實。第十三條描述「接受國王陛下指示，在美洲殖民地載運菸草、砂糖與其他產物的多艘商船，以遭遇惡劣氣候、糧食不足或其他災害無法繼續航行，被迫進入蘇格蘭或愛爾蘭為藉口，逕自違反現行諸法與國會法令，在蘇格蘭或愛爾蘭的港口卸貨」等情形，指出發生天災時以緊急避難為藉口的走私貿易已成為常態。

以上介紹了五大航海法案。總之，一六五一年是為了排除荷蘭船轉口貿易、保護英國商船利益，才訂立了航海法案；但一六六〇年以後的法案，主要目的則是將母國當成所屬殖民地貿易的轉運站。

十八世紀的航海法案——擴大列舉貨品

十八世紀航海法案的主要走向是擴大列舉貨品，也就是那些被禁止從殖民地直接出口至外國及其屬地、只能全部出口至母國的殖民地產物。

除了《一六六〇年航海法》指定的七大商品之外，一六八八年新增糖蜜、一七〇四年新增米、一七〇五及一七二九年追加海軍軍需物資（焦油、瀝青、松香、松節油、麻、桅杆、桅橫杆、船首斜桅等）、一七二一年則增加銅與毛皮（河狸、駝鹿、鹿、斑貓、熊、浣熊、狼、水獺、水貂、麝鼠、鼬、漁貂等）。

擴大列舉貨品除了能鞏固母國為殖民地產物轉運站的角色，還能增加關稅收入、保護與振興母國產業，以及培植殖民地重要產業。最初追加的糖蜜就是為了保護母國的釀酒業。糖蜜若是自由出口至愛爾蘭與荷蘭，就會在當地製造出比英國更便宜的蘭姆酒，對英國蒸餾酒業帶來負面影響，因此得追加至列舉貨品。

至於米，英國國內幾乎不吃米，進口至母國的米會立刻出口，因此會成為列舉貨品，主要目的是課徵進口關稅。將米列入列舉貨品的舉動引來了產地南卡羅萊納與維吉尼亞極大不滿，這兩處殖民地發起抗議活動，要求英國同意他們直接將米銷往消費地，也就是葡萄牙和西班牙。結果在一七三五年，英國同意這兩處殖民地將米直接出口至芬尼斯特雷角（Cabo Finisterre，西班牙西北部）以南的歐洲地區。不過，一直到一七六四至一七六五年為止，都不允許直接出口米至外國屬地的加勒比群島、南美和非洲殖民地。

列入海軍軍需物資，則是為了擴大殖民地產物的生產量。十八世紀初開始，英國海軍軍需物資從北歐、俄羅斯進口的進口額愈來愈大，使得英國開始思考在自家領土內生產這些重要物資。於是，英國不只將海軍軍需物資列入列舉貨品，還發放獎金給出口海軍軍需物資給母國的殖民地。靛藍染料也受到相同待遇。靛藍最初的產地是牙買加，後來在南卡羅萊納、喬治亞、佛羅里達等地生產，一七四八年訂定進口獎勵金制度。母國也十分期待殖民地可以出產銅與棉花，可惜銅只在紐澤西有些微產量，其他英屬美洲大陸地區幾乎開採不到。至於棉花，要到十九世紀以後的自由貿易時代，才在美洲地區逐漸發展。

除此之外，北美中部殖民地出產的鐵、小麥、麵粉、醃肉也受到與列舉貨品相同的待遇。英國從一七五〇年針對外國產煉鐵、一七六八年針對外國產糧食課徵高額關稅，藉此保護自己殖民地的產業。

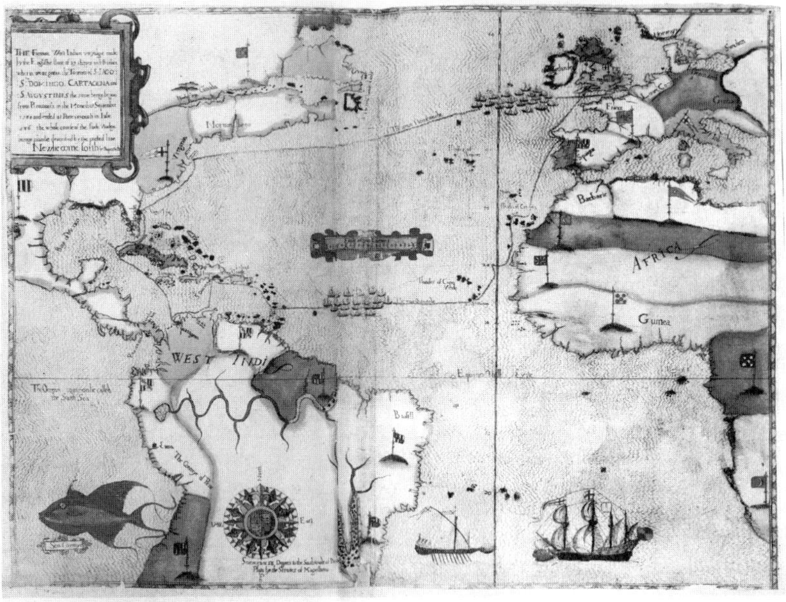

圖 5-1　大航海時代的大西洋世界
根據法蘭西斯 · 德瑞克（Sir Francis Drake）航海探險繪製的地圖，一五八〇年代

英國母國十分重視列舉貨品政策。安德魯斯曾引用一七二六年某位商務部成員的言論：「為了改善今後英國與其他國家的貿易收支，應該列舉出所有英國殖民地有，其他地區幾乎沒有，而且歐洲非常需要、價值很高的商品。」上述列舉所有殖民地產物的想法，在七年戰爭結束後的一七六〇年代基於財政需要，變得更加強烈。《一七六四年砂糖法》將咖啡、多香果（牙買加胡椒）、可可、鯨魚鰭、生絲、皮革、碳酸鉀（鉀肥、珍珠灰）木材、橡膠（非美洲產，以塞內甘比亞產為標的）新增至列舉貨品清單。此外，《一七六六～一七六七年航海法》規定非列舉貨品

原則上也得出口至英國或英屬殖民地，若要直接出口至國外，只能出口至芬尼斯特雷角以南。

列舉貨品政策也保護了這些被強制進口至母國的殖民地產物的母國市場，像是禁止外國領地的列舉貨品進口至英國及其屬地，或利用高關稅限制進口。以菸草為例，十七世紀初英國全面禁止葡萄牙和西班牙領地生產的菸草，也禁止在母國種植。一六二〇年代英國將菸草視為嗜好品，部分解禁外國領地生產的菸草，但課徵高額關稅。列舉貨品政策始於一六六〇年，同年制定的關稅表針對英國領地產的生薑、靛藍、棉花、砂糖、菸草，訂定比外國產更低的關稅。此後每次追加列舉貨品，就會採行相關的關稅保護政策。

針對外國產列舉貨品課徵高額的進口關稅是在母國徵收，殖民地在一六六三年依舊限制從外國及其領地直接進口該國（該地）產物，因此並未課徵關稅。但實際上，英屬北美殖民地都直接從法屬西印度進口砂糖、糖蜜、咖啡等產物。一七七〇年代英屬北美殖民地人口超過兩百萬人，他們除了生產在英國領地消費不完的糧食、家畜和木材之外，也需要供應比英屬西印度更多砂糖與糖蜜（蘭姆酒製造原料）。另一方面，法屬北美殖民地的人口不過七到八萬人，絕對不可能滿足法屬西印度殖民地基本的糧食需求，也無法完全消費法屬西印度生產的砂糖與糖蜜。法屬西印度從十八世紀初開始砂糖與糖蜜的生產量大增，價格也比英國領地產的還便宜，加上法國領地內禁止釀造蘭姆酒，所以糖蜜無處可用，促使糖蜜陸續出口至英屬北美殖民地。以上現象使得英屬北美殖民地和法屬西印度的利益相同，兩處之間的貿易愈來愈興盛。

由於這個緣故，《一七三三年糖蜜稅法》（*6 Geo.II, c.13*）規定，外國產糖蜜與砂糖進口至英屬美洲時，需跟母國一樣課徵高關稅。此外，一七三五年，英屬殖民地禁止進口外國產咖啡，此後必須從母國進口（*5 Geo.II, c.24*）。最後，《一七六四年砂糖法》除了將《一七三三年糖蜜稅法》立為永久法，還禁止外國產蘭姆酒與蒸餾酒進口至英屬美洲。

讓英屬北美殖民地感到不滿的並非列舉貨品政策，而是伴隨政策而來的禁止或限制外國產物進口措施。更讓北美殖民地抱怨的是，擴大列舉貨品附加的貿易手續極為複雜，根本無從執行。《一七六四年砂糖法》規定所有船隻載運商品前必須取得海關許可才能出航，還要製作並提交保證書。在《一七六四年砂糖法》實施之前，航海法案只規範在遠洋航行的海運船舶，但此法卻規定所有航行超過二里格（約十公里）的船都得先取得海關許可，即使只在內陸河川交易也要遵守。《一七六四年砂糖法》也規定除了運載列舉貨品需要保證書之外，只載運非列舉貨品，也必須備妥保證書，證明商船絕對不會在外國領地裝運外國產糖蜜。不僅如此，還要另外準備煉鐵用、製材用等保證書。比爾與奧利弗・迪克森（Oliver M. Dickerson）的研究說明了《一七六四年砂糖法》執行得非常嚴格。

誠如上述，列舉貨品政策具備了強制和保護兩種面向，但整體來看，究竟對殖民地有利還是有害？比爾與迪克森認為，列舉貨品政策對殖民地有利。就他們的說法，針對附加出口獎勵金這項措施（包括海軍軍需物資、靛藍染料、七年戰爭後追加的生絲、木材、樽桶材料、麻），一直到美國獨立戰爭為止，英國總共支付了一百七十萬英鎊獎勵金。迪克森並認為，《一七六四年砂糖法》頒布之後，列舉貨品政策才開始成為北美殖民地的沉重負擔，禁止外國產物進口、繁複的貿易手續、嚴格徵收關稅等措施，遠比列舉貨品更加阻礙北美殖民地的發展。

不過，列舉貨品政策對於西印度產物的影響特別深遠，導致殖民地生產者極度依賴母國商人、剝奪殖民地與外國及其領地自由貿易的機會，也因極端注重商船利益強制透過英國繞道貿易。儘管對母國有以上種種好處，但不可否認，這些措施都拉高了英屬殖民地產物價格，降低其國際競爭力。安德魯斯和宇治田也抱持同樣的看法。只要持續實施列舉貨品政策，殖民地的生產活動很難不受到母國恣意的貿易政策及繁複的相關貿易手續影響，進而無所適從。此外，當商船違反航海法案時，英國可沒收貨物，但沒收的貨物全歸通報者、總督和母國商務部所有，無法算入殖民地政府的收入。

3 西班牙、法國的殖民地體制與英國之間的關係

西班牙的殖民地貿易體制

誠如前節所述，除了少數商品和空間之外，在航海法體制下，英屬殖民地禁止與外國及外國殖民地直接貿易。不過，英國母國和英屬殖民地跟西屬美洲之間的貿易，卻發展得十分蓬勃。無論從英國或西班牙的角度來看，這樣的貿易都是不合法的，但由於英國可從中獲得白銀，還能出口英國製商

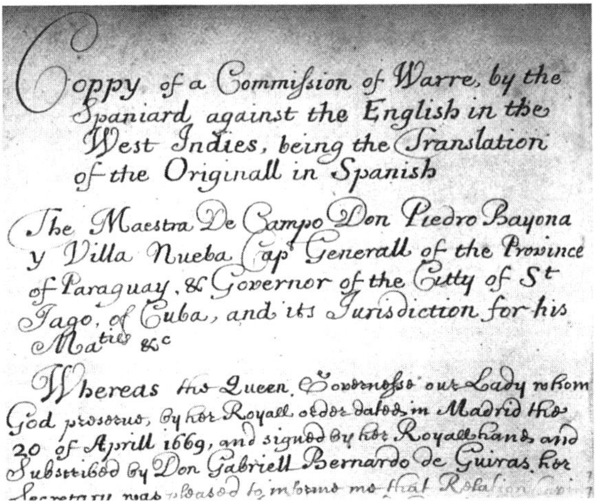

Coppy of a Commission of Warre, by the Spaniard against the English in the West Indies, being the Translation of the Originall in Spanish

The Maestra De Campo Don Piedro Bayona y Villa Nueba Capt Generall of the Province of Paraguay, & Governor of the Citty of St Iago, of Cuba, and its Jurisdiction for his Maties &c

Whereas the Queen Governess our Lady whom God preserve, by her Royall order dated in Madrid the 20 of Aprill 1669, and signed by her Royall hand and Subscribed by Don Gabriell Bernardo de Guiras her Secretary was pleased to informe me that

圖 5-2　西班牙對英國宣戰的檄文（一六七〇年）英譯版

品，因此選擇默認。接下來將概觀西班牙的殖民地貿易體制，探討這類非法貿易何以如此興盛。

一五〇三年，西班牙在塞維亞設置西印度貿易廳，負責登錄航行至西印度的船隻、組織護衛艦、繪製地圖、管理在美洲逝世的西班牙人遺產等事宜。西班牙國王賦予塞維亞商人西印度貿易的獨占權，由單一港口處理全美洲貿易。每年會從塞維亞派遣兩支商隊，一支稱為西班牙珍寶船隊(Flotas)，四月前往墨西哥維拉克魯茲，但部分商船也會遠赴聖多明哥等加勒比群島或宏都拉斯。另一支稱為加雷翁大帆船（Galeones），這支商隊位於祕魯總督轄區，八月前往巴拿馬的農布雷德迪奥斯，後來改往波托韋洛。加雷翁大帆船中的部分商船也會繞道卡塔赫納與委內瑞拉北部海岸停靠。船隊從墨西哥與祕魯進口大量白銀，並從西班牙出口農作物與歐洲製品。

十八世紀初期，美洲指定貿易港轉移至加的斯，但仍維持單一港口的殖民地貿易獨占體制。另一方面，這兩支商隊能在美洲卸貨的港口，只有波托韋洛和維拉克魯茲等幾處港口。西班牙從十六世紀後期就開始與菲律賓、墨西哥展開貿易，但與墨西哥的往來只能在阿卡普科港進行，每年只能派遣兩次貿易船，而且貿易金額也有上限。

西班牙的殖民地貿易體制不只排除外國人與外國船，即使是西班牙人與西屬殖民地，也只有極少數商人擁有獨占權。儘管西班牙內部存在排他性，但在美洲貿易上卻對所有英國人打開大門，這點與英國截然不同。對內的排他性也顯示出西班牙的殖民地貿易並不活躍。塞維亞與加的斯商人擁有美洲貿易的獨占權，殖民地的維拉克魯茲和波托韋洛商人則透過經商與通婚，建立緊密人脈和豐盛資產。然而商人們對官方貿易興趣缺缺，從未認真執行，導致殖民地陷入物資缺乏、物價高漲的窘境。十七世紀後期，西班牙官方的殖民地貿易體制停滯不前，原該每年派遣一次的加雷翁大帆船，在一六六九至一七〇〇年這三十二年間，只出航了十四次。

由於這個緣故，西屬殖民地只能靠本地生產，或從其他外國領地走私物資，才能滿足當地物資需求。殖民地生產活動與母國農業、製造業的利益息息相關，有些品項受到西班牙政府的限制而衰退，但無須與外國自由競爭也讓某些商品受惠，例如下等毛織品、金屬製品、陶器、家具、搬運車等日用品，就得以大量生產大量消費。至於造船業也蓬勃發展，殖民地建造了許多太平洋貿易用的大型商船。另一方面，西班牙政府為了保護本國產業，一六三一年全面禁止祕魯與墨西哥貿易，杜絕在祕魯生產、出口至墨西哥和巴拿馬的紅酒與橄欖油進入西班牙，這項禁令一直延續到十八世紀。此外，墨西哥從十六世紀中葉大量生產生絲，西班牙也以保護國內產業為由，在一五九六年禁止種植桑樹，更在一六七九年下令破壞產桑與製絲工廠。

十七世紀中葉，西屬殖民地周邊的英屬與法屬殖民地開始發展，走私貿易興盛，不過，這些行為受到英國與法國政府的默許，因此愈來愈猖狂。英國在一六六七年與一六七〇年和西班牙簽約，促進走私貿易平穩發展。透過這項條約，西班牙承認英國在美洲大陸的領土，也允許英國商船在該處航行。此外，雖然西班牙與英國禁止彼此與對方的殖民地做生意，但雙方君主都允許有執照的對方船船進入自己的港口，或是遇到惡劣氣候時，遇難的船隻可以進入彼此領土。雙方簽訂的條約開啟了和平與通商的道路，降低了英國海盜對西班牙商船的私掠行為，也促進牙買加等靠近西班牙領土的英國領地和西班牙領地的活絡貿易。據了解，一六八〇年代牙買加的皇家港，入港船舶的五到七成都是為了與西班牙做生意。

英國之外的其他國家，也透過母國與西班牙殖民地從事貿易。站在統治者的角度，西班牙認為自己的殖民地只能進口西班牙的作物或製品，但事實上，加的斯走私大量外國製品，再出口至殖民地。根據某項一六八九年的統計資料，從加的斯運送至美洲的商品中，西班牙製品僅占五・五%。在這段時期，法國製品占二到四成，是所有外國製品中占比最高的，英國製品也占了一成左右。

奴隸貿易專營權

西班牙有一件無法靠自己供給殖民地的最重要物資，那就是奴隸。《托德西拉斯條約》將非洲劃入葡萄牙領地，荷蘭、英國、法國後來也出入非洲西岸，但西班牙並未在非洲建立奴隸貿易據點。在西班牙領地面向大西洋一側的拉布拉他河流域，該地向葡萄牙人與荷蘭人購買來自非洲與巴西的奴隸，並賣至祕魯等地，但西班牙政府一直不肯允許這項貿易行為。另一方面，西班牙政府則將供應奴隸至西班牙領地的權利賣給其他國家，這就是「奴隸貿易專營權」（Asiento）。

西班牙政府將奴隸貿易專營權賣給了葡萄牙和法國。自十七世紀起，英國也積極想取得奴隸貿易專營權。英國在一六六〇年成立「皇家非洲商人冒險家公司」（Company of Royal Adventurers Trading to Africa），一九六三年與西班牙政府簽署合約，每年要供應三千五百名奴隸給西屬殖民地。不過，當時英國在非洲的奴隸貿易據點遭到荷蘭人攻擊，因此這項合約從來沒有履行過。英國後來在一六七二年重新成立特許公司「皇家非洲公司」（Royal African Company），於一六八九年簽訂在二十個月內從牙買加運送兩千名奴隸給西班牙的合約，可惜這項合約也受到戰爭爆發影響而未能履行。

不過，就算沒有奴隸貿易專營權，英國人還是供應了奴隸給西屬殖民地。皇家非洲公司也在一六九八年之後將奴隸貿易執照賣給公司成員以外的個體商人。有證詞指出，這些個體商人每年販售數千名奴隸給西班牙領地。但這樣的行為看在牙買加議會（Parliament of Jamaica）的眼中，認為是西班牙人每年在島上購買大量奴隸。在沒有奴隸貿易專營權的狀態下，將奴隸賣往西班牙領地是違法的，但無論是英國母國或殖民地的政府文件裡，都有這類貿易的相關紀錄，由此可見英國政府十分清楚並默許這類行為。

一七〇一年，法國幾內亞公司（Company of Guinea）簽訂了每年供應四千八百名奴隸、長達十年的奴隸貿易專營權合約。不過，法國幾內亞公司並未達成合約目標，英國便考慮販售奴隸給幾內亞公司。在一七一三年西班牙王位繼承戰爭（Guerra de sucesión española）後的和平談判，英國取得了奴隸貿易專營權，明定三十年間每年供應四千八百名奴隸、總計十四萬四千人給西班牙領地，而且還獲得進口奴隸時西班牙的免稅承諾。英國也在同一時期獲得每年可派遣一艘載運多種商品的商船，進入西屬領地三個港口的權利。

英國將奴隸貿易專營權的履行責任，委託給一七一一年成立且擁有中南美貿易獨占權的英國特許貿易公司「南海公司」（South Sea Company）。不過，有鑑於西班牙對英國強烈的不信任感，加上一七一八～一七二一年、一七二七～一七二九年、一七三九～一七四八年英國和西班牙開戰，導致南海公司無法履行合約。另一方面，由英國個體商人主導的奴隸貿易也愈來愈興盛。南海公司在非洲沒有自己的奴隸貿易據點，因此自一七三〇年代起就從牙買加、巴貝多等英屬美洲殖民地購買奴隸，但這些奴隸原本就是個體商人買進的。簡單來說，南海公司在英屬美洲殖民地購買個體商人進口的奴隸，再送到西班牙領地內卡塔赫納、布宜諾斯艾利斯、維拉克魯茲、哈瓦那、聖地牙哥-德古巴、波托韋洛、巴拿馬、卡拉卡斯等處的商館賣掉，負責買賣的也不是南海公司，而是英國個體商人直接進入西班牙領地處理。關於這一點，牙買加裔美國歷史學者柯林·帕爾默（Colin A.

Palmer）認為南海公司只在西班牙領地的大型貿易據點成立商館，因此將奴隸買賣的執照賣給個體商人，由他們執行小規模市場的奴隸買賣業務。此外，當地官員與個體商人勾結，從事違法奴隸買賣，這與正式的奴隸貿易專營權截然不同。若走官方程序，商人就必須支付關稅與商館使用費，這些成本都會墊高奴隸價格，因此才讓違法買賣有了可趁之機。

法國、葡萄牙與荷蘭也供應奴隸給西班牙領地。英國簽訂的《奴隸貿易專營權合約》第十八條規定，一七一三年五月一日以後法國幾內亞公司不得供應奴隸至西班牙領地，但幾內亞公司不予理會，持續將奴隸送進西班牙領地。至於葡萄牙人在布宜諾斯艾利斯和祕魯，荷蘭人則在古拉索島與聖佑達修斯販賣奴隸。根據帕爾默的研究，英國南海公司在簽訂《奴隸貿易專營權合約》期間，違法奴隸貿易變得很頻繁，規模也愈來愈大。

法國的殖民貿易體制

法國從一六六〇年代起推動一連串措施，將荷蘭與其他國家排除在自家殖民地貿易之外。到一六七四年為止，法國在西印度的貿易都採行少數商人限定的獨占體制，維持特許貿易公司的形式。美國群島公司即在一六六四年併入西印度公司，一六六六年規定公司成員僅限法國人。一六六八年法國政府賦予西印度公司所有殖民地的貿易權限，一六七〇年更禁止外國船隻造訪法屬殖民地。

此外，法國政府認為殖民地應該成為販售母國製品和產物的外銷市場，於是在一六七一年中止了西印度公司轉運販售愛爾蘭產鹽漬牛肉的權利，一六七二年更禁止外國製品在殖民地買賣。

不過，當時的法國海運沒有能力持續從本國將充足的物資運往殖民地。學者詹姆士・普理察(James Pritchard)曾說過，一六七〇年的法國船舶總噸數占全歐洲不到六%。一六六〇年代前往西印度做生意的法國商船不到荷蘭船的一成。一六八六年英屬西印度已經有三萬噸的商船可使用，相較之下法屬殖民地只有一萬噸的商船往來。

這個結果導致法屬殖民地經常處於物資不足的窘境，當地的不滿情緒也日益高漲。白人殖民者分別在一六六六年、一六七〇～一六七二年與一六八〇年於馬丁尼克島和法屬聖多明哥發動判亂。一六七三年，法國政府再次發放愛爾蘭產牛肉得販售許可證，但僅限法國商人，至於殖民地也開放進口外國肉品。一六七四年西印度公司解散，法屬安地列斯群島開放為全法國人的自由貿易地區，法國政府在馬丁尼克島設置省督（地方行政長官）一職，監督殖民地貿易規範的實施狀況。另一方面，塞內加爾公司與幾內亞公司仍然擁有買賣奴隸的獨占權。一六八〇年，柯爾貝決定放棄將愛爾蘭牛肉和馬德拉酒排除在外，於是在禁止外國船隻直接將這些商品進口至殖民地的同時，允許這些商品先進入法國，支付關稅後再出口至殖民地。

法國與英國一樣，都在振興殖民地的砂糖生產與獨占事業，同時也積極發展母國的精糖業。一六六〇年代以後，法國透過發放獎勵金的方式鼓勵馬丁尼克島、瓜地洛普島生產砂糖，利用優惠關稅保護這些砂糖在法國市場的競爭力，並強制殖民地將所有產物賣給母國。法國也要求殖民地直接進口粗糖（尚未精製的砂糖）至母國，藉此振興母國的精糖業。不過，一六七〇年法國本身的製糖能力已經跟不上粗糖進口的速度，導致國內剩下大批粗糖。後來法國政府發現若將剩餘粗糖二次出口至歐洲市場，具有高度精糖技術的荷蘭就會進行加工，獲取龐大利潤。同年柯爾貝決定在法屬安地列斯群島內設立製糖工廠，在殖民地製造的精製糖經由母國二次出口時，可獲得政府的退稅優惠。到了一六八三年，法國國內有二十九間製糖工廠，馬丁尼克島有三間，瓜地洛普島也有兩間。話說回來，殖民地的精糖業是由奴隸負責製造，價格比母國便宜，因此母國的製糖業者向政府遊說，一六八二年針對殖民地精製糖加徵五成關稅，一六八四年又對殖民地新成立的製糖工廠徵收三千里弗爾的捐助金，更廢除了殖民地產精製糖的退稅制度。

面對此一現況，法屬殖民地利用黏土過濾技術，研發出精度更高的粗糖，藉此對抗母國的精製糖。法國於一六九八年一月提高了產自殖民地的黏土過濾糖與精製糖關稅，同時降低產自殖民地的粗糖關稅，鼓勵殖民地出口精度較低的粗糖至母國，可惜效果不彰。價格高、容積小，又能萃取大量糖蜜的黏土過濾糖產量依舊高漲。即使到了十八世紀，受惠於出口至法國的超強運送能力，以及供給超越國內需求的速度，法屬殖民地的砂糖生產量仍持續大幅成長。

至於殖民地之間的貿易，法國一開始採取比英國航海法案更嚴格的措施，只開放本國船隻，排除殖民地商船。這項措施讓極少數商人享受優惠待遇。普理察指出一六七〇至一七〇〇年，只有七十五艘商船航行於魁北克和法屬西印度之間，而且幾乎所有商船都屬於拉羅謝爾的商人勢力所有。

到了十七世紀末，在法國從事殖民地貿易的船隻數量大量增加。不過，這段期間大多數航向美洲的法國商船都在北大西洋捕魚，並未前往殖民地。荷蘭人被排除在美洲之外後，便定居在法國港灣，再藉機出船到殖民地貿易港。法國政府本身也是到一六七四年西印度公司解散後，才發放護照給外國船隻，允許他們前往法屬西印度做生意。由於這個緣故，從卑爾根、倫敦、利默里克、蓋洛威、澤西島等地出發的外國商船，也都參與了法國殖民地貿易。法國政府在一六六二年到一六九八年特別開放丹麥與法國領地做生意。另一方面，法屬加勒比群島的中心馬丁尼克島毗鄰荷屬聖佑達修斯、英屬安地卡島，入夜後則有許多小船往來，走私貨物。

法國也跟英國一樣，政府默許自己的人民和西屬美洲殖民地做生意。伊斯帕尼奧拉島的西側是蓬勃發展的法屬聖多明哥殖民地（海地），與該島東側的西班牙領地聖多明哥的經商往來也日益頻繁。柯爾貝曾在一六八二年禁止法國與西屬南美洲本土從事貿易，但他也同時賦予瑪麗—加朗特島（與瓜地洛普島相鄰的小島）總督曼特農侯爵（Marquis de Maintenon）四年的權利，允許他每年出口五十萬里弗爾砂糖到西屬南美洲殖民地。法國原本就計畫從一六九〇年代起，在法屬聖多明哥南岸設立與西班牙殖民地的貿易據點。不過，英屬牙買加商人的動作比法國人快得多，他們經常前往聖多明哥採購，並將產物出口至西班牙領地。

西班牙王位繼承戰爭開打後，殖民地與本國之間的貿易停滯不前，英屬、法屬、西屬殖民地之間的貿易反而蓬勃發展。母國也無法忽視殖民地貧困的窘境，不得不放寬殖民地與外國領土（包括敵國領土在內）的貿易限制。

戰後法國想要強化對殖民地的課稅力道，一七一三年除了對人口販子課徵人頭稅之外，還製作並販售與外國殖民地做生意的特許護照。此舉讓殖民地群情激憤，一七一七年馬丁尼克島便爆發了馬丁尼克起義（Le Gaoulé），人民軍不只綁架總督將之遣返母國，更宣示廢除人頭稅。母國雖然派兵鎮壓暴動，卻幾乎沒處罰帶頭反叛的領袖。由此也能看出母國的政策很難強行在殖民地實施。

一七一七至一七二七年，由海軍國務大臣莫爾帕伯爵主導，重新規劃了法國殖民地體制。首先，法國放寬獨占制，將可以整備殖民地貿易船隻的港口擴大至十五個。此外，也同意殖民地商船在殖民地之間做生意。另一方面，一七二七年十月，統合過去頒布的殖民地貿易法規的敕令正式施行，全面禁止殖民地與外國貿易。這項法令規定，凡是進入法國領土一里格以內的外國船隻，全都要查扣拘留，官方也禁止法國與西班牙領地的貿易往來。

然而，殖民地在一七一七年與一七二六年向母國申訴，法國商人並未提供殖民地足夠的優質牛肉，在此情況下無法阻止殖民地與外國採購牛肉，於是母國只好默許殖民地與外國做生意。另一方面，法國允許殖民地商船從事殖民地貿易的決定，促使殖民地發展造船業，魁北克、布雷頓角島（法語為 Île Royale）的路易斯堡成為貿易據點，不只與法國領地做生意，也從事英法兩國領地的貿易。誠如先前所述，法國殖民地體制的缺陷在於法屬北美殖民地生產力不振，迫使法屬西印度與北美殖民地必須從新英格蘭進口魚、製作樽桶的材料，也得向英屬中南部殖民地購買小麥（麵粉）、玉米、豆子和米等糧食。不僅如此，英屬北美殖民地也歡迎產自法屬西印度的砂糖與糖蜜，因為價格比英屬西印度更便宜。最後，一七三三年莫爾帕伯爵允許布雷頓角島與新英格蘭互通有無。

一七三〇年代，法國確立了自己在歐洲市場二次出口砂糖與咖啡的優勢地位，可以完全消費吸收所屬殖民地的產物。也就是說，法國終於在這段時期讓自己成為殖民地產物的轉運站。從此之後一直到七年戰爭爆發，堪稱是法國殖民地體制的完成期。

4 殖民地體制的變貌與終結

七年戰爭結束，西班牙與法國殖民地獨占體制崩解

七年戰爭戰敗後，西班牙政府認為國家掉出強國之列的原因，在於錯誤的殖民地貿易政策。舉例來說，英國占領古巴島哈瓦那的一年期間，即專心致力將哈瓦那建設成活躍的商業港。根據研究顯示，這段期間哈瓦那港的關稅收入成長了十三倍。英國將哈瓦那歸還給西班牙之後，西班牙政府分析其中原委，發現問題出在殖民地與母國之間的貿易過度限制，於是決定終止加的斯港的獨占體制，官方的珍寶船隊、加雷翁大帆船等船隊系統，以及高關稅政策。西班牙政府也反省一直以來只重視進口白銀的政策，決定今後要發展殖民地農業，保護並養成西班牙國內產業，投入全部心力齊

備原料，以達成富強目的。

一七六五年，雖然僅限對加勒比群島的貿易，但除了加的斯港之外，還開放幾處港口從事殖民地貿易。這項政策稱為自由貿易（Comercio Libre），後來擴大至對路易斯安那、猶加敦半島與坎佩切港的貿易。不過，針對墨西哥主要地區與祕魯，則維持從加的斯港出航的船隊系統。

一七七八年，卡洛斯三世將自由貿易地區擴大至南美洲，包括智利、祕魯、拉布拉他總督轄區等地。此外，西班牙的十三座貿易港全部開放殖民地貿易。一七七八年十月頒布了統整所有讓步條款的法令，還製作了新的關稅表。一七八八至一七八九年，委內瑞拉及墨西哥主要地區也被列入自由貿易地區，但還是有些規範條例保留了下來，例如維拉克魯茲港的出口總噸數限制等等。

一七八九年，雖然加的斯和墨西哥商人仍頑強抵抗，但西班牙人內部已經沒有特權或排擠的觀念。不過將外國人、外國商船、外國製品排除在殖民地貿易之外的觀點依舊保留，成為正當的貿易原理。而且從事西班牙母國與殖民地貿易的商船必須是西班牙船（船東為西班牙人、船長為西班牙人、三分之二的船員是西班牙人、船隻在西班牙建造），原則上禁止外國（包含屬地）與西班牙殖民地之間的貿易，必須擁有特殊執照才行。基本上也禁止從西班牙（母國）出口外國製品到殖民地，部分允許出口的外國製品必須先進口至西班牙（母國），支付進口關稅；接著出口至西屬殖民地時，也要支付比西班牙製品（一般的出口關稅為三%）更高的出口關稅（七%；若出口至加勒比群島，西班牙製品為一・五%、外國製品為四%）。

話說回來，十八世紀前期從加的斯出口至殖民地的歐洲製品，超過九成為外國製品。十八世紀後期的狀況也一樣，以毛織品為例，西班牙產比英國產貴三分之二左右，禁止英國產毛織品進口，只會增加走私貿易的猖獗。由於這個緣故，西班牙政府在一七八九年五月，允許西班牙織品與英國毛織品以二比一的比例，出口至殖民地。

另一方面，西班牙政府強制菲律賓公司販售的亞洲產棉織品必須先進口至西班牙母國，再出口至殖民地，其關稅與西班牙製品相同。這項政策在一七九三年撤銷，菲律賓公司可直接從馬尼拉將商品運至祕魯。同年也解除了外國產細棉布（mousseline）的進口禁令。

如上所述，卡洛斯三世的改革在一定程度上是成功的，西班牙殖民地貿易增加了三倍，關稅收入增加了兩倍，在當時就獲得高度評價。現代研究學者也認為這個時期的殖民地貿易規模確實擴大了，尤其是巴塞隆納港和馬拉加港在國內製品與麵粉出口量上顯著成長，也帶動港口腹地的製造業與農業蓬勃發展。然而，大約八成的殖民地貿易仍集中在加的斯港，西班牙國內整體製造業幾乎沒有成長，出口至殖民地的製品仍舊以外國製品占壓倒性多數。殖民地與外國（包括屬地）之間的貿易禁令成效不彰，不只是走私猖獗，西班牙政府及殖民地政府發行特許執照給從事外國貿易的商船，也讓這些商船與外國屬地往來頻繁，生意蒸蒸日上。

至於法國在七年戰爭後，也推行殖民地貿易自由化。事實上，法國早在戰爭期間就允許法屬安地列斯群島與中立國交易，補給糧食，進口砂糖和咖啡。戰後認為必須保留這類貿易，因此並未緊縮。一七六四年，法國政府指示前往馬丁尼克島履新的殖民地行政長官開放販售糖蜜、蘭姆酒給外國人，也允許向外國人購買鹽漬鱈魚。此外，一七六七年與一七六九年更在聖露西亞、法屬聖多明哥設置開放海外貿易的自由港（port d'entrepôt）。

上述港口可從英屬北美十三州殖民地進口木材、家畜、皮革、毛皮、松香等產物，並出口糖蜜、蘭姆酒與歐洲製品。美國獨立戰爭爆發後，法國在一七七八年二月與十三州簽訂友好條約，約定向美國人開放法屬加勒比群島與法國本地港口。戰後，法國根據一七八四年八月國務會議的決議，在法屬加勒比群島設置七個自由港，可以無限制進口鹽漬鱈魚與醃肉，還能出口加工品與殖民地產物。出入上述自由港的商人絕大多數來自美國，占一七八八年自由港進口的五成、出口的四成。

至於東非外海印度洋的馬斯克林群島（留尼旺與模里西斯群島），法國在一七八四年開放美國自由進出；美國提供糧食的同時，也從此處帶回東洋商品。

開設自由港，是七年戰爭後美洲世界的整體趨勢。荷屬聖佑達修斯與古拉索島從十七世紀就是對外開放的自由港，其他例如丹麥也在一七六四年將維京群島的聖托馬斯島和聖約翰島定為自由港。誠如下一節所介紹，英國也是在這個時期成立自由港。

英國的自由港體制

英國開設自由港最大的原因，是要合法化英屬殖民地與西屬殖民地之間的貿易。十七世紀以來，英屬和西屬殖民地之間的非法貿易十分猖獗，戰爭期間更是蓬勃發展。英國在七年戰爭期間占領哈瓦那時，就在哈瓦那以英國製品交換白銀，再出口至西班牙屬地。戰後英國想讓英國製品交換西班牙白銀的貿易合法化，也希望將貿易據點設置在英屬牙買加的港口，而非西屬哈瓦那。

一七六六年頒布的《宣示法案》（*6 Geo. III, c.49*），將牙買加五個港口與多明尼加兩個港口定為自由港，允許一層甲板的小型外國商船進港交易。該法是以牙買加與西屬領地貿易、多明尼加與法屬領地做生意為前提，訂定各自的貿易規則。牙買加是砂糖等列舉貨品的重要產地，自由港體制訂定的條例以不牴觸列舉貨品政策為原則。首先，外國商船禁止載運與牙買加產列舉貨品（砂糖、咖啡、多香果、生薑、糖蜜、菸草）相同的外國產物，進入牙買加。其他牙買加沒有生產的列舉貨品，雖然可以由外國商船進口外國產物，但只能從牙買加出口至英國母國，不可銷往英屬殖民地。以上措施是為了避免適用不同關稅的外國產列舉貨品與英屬列舉貨品混雜在一起。另一方面，牙買加的出口商品，除了強制要求只能直接出口至母國的北美製海軍軍需物資和菸草之外，可以合法進口到英國（包含屬地）的製品和產物、牙買加的產物，以及英國商船載運的黑奴，都能由外國商船運送出去。

多明尼加位於法屬馬丁尼克島與瓜地洛普島之間，在七年戰爭後成為英國屬地，十分期待能與法國屬地從事貿易。當時的英國只有英屬西印度生產砂糖，但產量根本不敷英國與英屬北美殖民地的需求，因此英國政府非常希望進口比英國屬地產砂糖更便宜、產量又大的法國屬地產砂糖，同時將英國製品和英屬北美殖民地產物出口至法屬領地，這個做法對英國與英屬北美殖民地來說較為有利。英國政府希望由多明尼加執行這類貿易往來，由於這個緣故，外國可將自己屬地產的砂糖、咖啡、多香果、生薑、糖蜜與菸草進口至多明尼加，換取英國製品和北美產物出口。為了避免進口至多明尼加的外國屬地（殖民地）產物與英國產物混淆，禁止上述外國產殖民地產物從多明尼加出口至其他英屬殖民地。不僅如此，從多明尼加出口至英國的所有殖民地產物，皆視為外國產。值得注意的是，多明尼加土壤肥沃，砂糖產業很快就在島內普及，產自多明尼加的砂糖、糖蜜與蘭姆酒必須附上多明尼加產的保證書才能出口。前方提過，外國產物與英國產物適用不同進口關稅，學者認為這樣的規定在實務上沒人遵守，許多外國產物皆以多明尼加產物的名義出口。

從自由港設置國的立場來看，自由港貿易是合法的，但若從進港的外國商船所屬國來看則是違法的，因為所有國家都禁止自己的殖民地直接與外國（包括屬地）做生意。不過，若想取締出入其他國家自由港的本國商船，在執行面上相當困難。西班牙增加海岸巡邏隊的數量，盡一切力量取締出入他國自由港的本國商船，但即使如此，仍有許多西班牙商船前往英國、法國、丹麥與荷蘭的自由港經商。另一方面，西班牙政府與西屬殖民地政府則發行外國屬地貿易執照，領有執照的商船可以合法進出自由港。此外，這段期間從事奴隸貿易的西班牙加的斯公司將據點從波多黎各轉移至哈瓦那，從哈瓦那前往牙買加購買黑奴。學者阿德里安・皮爾斯（Adrian J. Pearce）認為，十八世紀後期西班牙殖民地貿易的成長，不只受惠於母國的改革，英國自由港體制也貢獻良多。

美國獨立與加速放寬貿易限制

一七七五年美國獨立戰爭爆發，英國立刻終止效忠英國的殖民地與叛亂的十三州殖民地之間的貿易往來。另一方面，與十三州同盟的法國和西班牙，則允許自家殖民地與十三州和中立國丹麥在戰爭期間自由做生意。

十三州獨立之後，美洲大陸的貿易狀況與戰前截然不同。首先，美洲殖民地過去供應糧食與森林資源給英屬西印度，美國獨立破壞了英屬殖民地內部自給自足的體制。照理說，美國與英屬殖民地貿易自由化應是戰後貿易政策的選項之一，但英國政府反其道而行，將美國排除在英屬殖民地貿易之外，就連在自由港從事貿易也遭到禁止。這項政策一直延續到一八二二年為止。

美國獨立的第二個影響，是獨立戰爭時期西屬殖民地與外國屬地和美國之間透過中立國與同盟國的商船發展自由貿易，建構了一個不可逆的狀態。戰後西班牙再次排除外國商船，僅允許自己國家的商船從事殖民地貿易，但殖民地根本不遵守母國的政策方針。委內瑞拉、新格拉納達在當地各級總督的默許下，和外國屬地之間的貿易規模急速擴大。此外，西班牙政府本身也做出決定，開放個人自由買賣奴隸。根據一七八九年二月頒布的敕令，任何人只要支付金銀或產物給古巴，以及卡拉卡斯地區（委內瑞拉）、波多黎各、聖多明哥等地的西班牙殖民者，就能從外國殖民地購買奴隸，無須支付任何稅金，將奴隸進口至西班牙屬地。一七九一年十一月，這項敕令擴大適用於聖塔菲（阿根廷）和布宜諾斯艾利斯。不僅如此，敕令也追加開放在一定期間內，外國人可以參與敕令規範的貿易內容。奴隸買賣自由化帶動了整體貿易，西屬美洲與外國屬地的貿易也愈來愈蓬勃。

接著要關注的是，在這個排除美國參與英屬殖民地貿易，以及西屬殖民地和美國、外國屬地之間貿易實質自由化的時代裡，英國的航海體制如何演變？

戰後英國與美國簽訂通商條約的進度大幅延遲，使得戰時禁止貿易政策持續了很長一段時間。一七九四年，英國好不容易和美國簽訂促進通商的《傑伊條約》(*Jay's Treaty*)，其中第十二條規定，未滿七十噸的美國商船可以將美國產物出口至英屬西印度，也可以進口英屬西印度的產物。不過，美國參議院並未通過第十二條，最後批准的條約終止了該條效力。

美國獨立後，英國第一個制定的自由港法是《一七八七年海關和消費稅法》(*Customs and Excise Act 1787; 27 Geo. III, c.27*)，此法承襲一七六六年《宣示法案》中與西班牙屬地的貿易方針。首先，該法規定允許進入自由港的外國商船，必須是屬於其他歐洲國家殖民地的船，明確排除美國商船。第二，可以進入自由港的外國船噸數不可超過七十噸，但這項限制在一七九〇年廢止。第三，除了牙買加、多明尼加等七個港口之外，也追加格瑞那達島、盧卡雅群島的新普羅維登斯島拿騷港為自由港。此法將多明尼加視為與牙買加一樣的生產殖民地。可以從自由港進口的商品除了棉花之外，還包括英國屬地沒有的產物，例如羊毛、靛藍、胭脂等所有染料、藥品、可可、墨水樹、佛堤樹等其他所有染料樹木、皮革、河狸等所有毛皮、玳瑁、硬木、製材、桃花心木等其他製作櫃子的木材、馬、驢子、騾子與牛。另一方面，除了蘭姆酒、奴隸、海軍軍需物資與菸草、產自英國屬地的鐵之外，其他所有合法進口的商品都能出口。此外，不能透過自由港將產自東印度或歐洲的製品與產物出口至其他英國屬地。

英國政府在一七八七、一七八八年制定其他法案，限制美國商船與美國產糧食、木材進入自由港。首先要看的是一七八七年通過的《與美國貿易法》（*Trade with America Act 1787; 27 Geo. III, c.7*），這項法案禁止英屬西印度與外國殖民地之間所有的糧食貿易；一七八八年的《貿易法》（*Trade Act 1788; 28 Geo. III, c.6*）禁止美國商船在英屬西印度和紐芬蘭島經商，也禁止英屬加拿大產的糧食和木材供應給西屬西印度、禁止美國物產進入英屬加拿大。不僅如此，一七九一年的《進口法》（*Importation Act 1791; 31 Geo. III, c.38*）也禁止麵包、餅乾、麵粉、豆子、馬鈴薯、小麥、米、燕麥、大麥等其他穀物進口至自由港。禁止外國商船進口糧食至自由港的措施一直持續到一八〇八年。

一七六六年《宣示法案》的另一項目的是「進口外國屬地產的砂糖、咖啡，交換出口英國製品」，一七九二年的《海關法》（*Customs Act 1792; 32 Geo. III, c.43*）就是為了達成此目的而訂定。該法允許外國商船進口所有外國產砂糖與咖啡至盧卡雅群島和百慕達，隔年還追加了土克凱可群島。由於這些島都不是生產殖民地，因此所有進口的外國殖民地產物皆被視為外國產品。話說回來，法國屬地原本是英國開設自由港的目標對象，但一七九三年三月法國的革命政府與英國開戰，所以兩地的貿易往來並不活絡。

牙買加與新設自由港的格瑞那達島在這段時期相當活躍，從此處出口奴隸到西班牙屬地的貿易蓬勃發展。一七九〇年，前往牙買加京斯敦港的船隻有三分之一都是外國商船，其中最多的就是前來購買黑奴的西班牙船。此外也有許多來自千里達島、委內瑞拉的卡拉卡斯的西班牙商船，到此購買奴隸。一七九〇年前後，從英屬西印度出口的黑奴人數，每年將近一萬人，其中一半來自格瑞那達島。英國除了停靠自由港的西班牙商船之外，與擁有奴隸貿易專營權的加的斯公司簽約的英國商船也負責運送黑奴，由此可以推斷，這個時期英國供應了大量奴隸給西班牙屬地。

另一方面，獨立後的美國商人開始前往歐洲和亞洲，從德意志帶回麻布、從東印度帶回亞洲產物至美國，供應給美洲地區。海倫．塔夫脫．曼寧（Helen Taft Manning）指出這些產物比英國產與經由英國轉運的商品還便宜。以亞洲產物為例，根據航海法規定，英國的東印度公司必須將所有進口商品帶回母國，再轉出口至美國，因在價格上根本無法和美國商人競爭。由於這個緣故，美國迅速成為歐洲製品和亞洲產物的主要轉運站。美國轉口貿易的成長也是英國將美國排除在英屬殖民地體制之外的原因之一。

法國大革命時期的對法戰爭與英西戰爭

法國大革命爆發後，整個歐洲掀起了對法戰爭，嚴重打擊西班牙殖民地體制。這場戰爭使得西班牙徹底失去了對殖民地的經濟控制權，殖民地獨占體制也隨之消失。此外，一八〇八年法國軍隊占領西班牙，也讓西班牙失去了對殖民地的政治統治權。

這一節將以西班牙與英國的關係為主軸，探究西班牙殖民地體制崩解的過程。

西班牙在一七九二至一七九五年與法國革命政府為敵，和英國建立同盟關係。儘管西班牙不時頒布禁令，但仍舊無法杜絕西班牙母國走私英國製品，以及西屬殖民地和英國屬地之間的違法貿易。英國默許這些非法行為的態度也惹惱了西班牙，使得西班牙在一七九六年秋天對英國宣戰。西班牙宣戰後，英國派軍艦前往加的斯灣，封鎖海上通道。由於封鎖海上的措施執行得相當徹底，從加的斯出航的商船減少了九成以上。在此之前，加的斯占所有殖民地貿易的八成，完全封鎖代表西班牙的殖民地貿易陷入絕境。

西屬殖民地與母國的貿易中斷，迫使他們必須與外國屬地做生意，各殖民地的各級總督在當地頒布法令，允許與外國屬地交易，也開放外國商船入港。西班牙政府也在一七九七年十一月發布敕令，開放友好國家（同盟國、中立國）商船在西班牙母國與西屬美洲殖民地從事貿易。敕令設想的第一個友好國家是美國，但禁止美國商船將維拉克魯茲出口的白銀與哈瓦那出口的砂糖載運至美國與其他美洲領土，必須先運送至西班牙母國才行。然而，當時英國嚴格封鎖西班牙海域，這些產物根本不可能運送至母國，因此美國無視禁令，直接將白銀跟砂糖運回自己國家與其他美洲地區。根據皮爾斯的研究，牙買加和拿騷的英國商人也自稱是美國商人，從事相關貿易行為。

一七九九年四月，西班牙政府廢除了一七九七年的敕令，但殖民地認為在加的斯貿易恢復之前必須持續與外國做生意，因此不顧禁令規定，繼續開放中立國商船進入殖民地港灣交易，更對殖民地商船廣發允許外國貿易的執照。西班牙政府在一八〇〇年七月再次發布中立國船隻貿易禁止令，卻毫無成效。隔年，也就是一八〇一年，西班牙政府允許古巴和委內瑞拉以中立國商船的身分從事貿易；不僅如此，也同意販售與西班牙屬地做生意的執照給德意志、美國和西班牙商船。不過，皮爾斯認為德意志商船在漢堡載運的商品乎都是英國製品，加上美國也運送大量英國製品，因此承認美國與德意志在西班牙屬地從事貿易，等同於允許進口英國製品。

西班牙的中立國商船政策最大受惠者是美國，美國的出口額在一七九五至一八〇一年之間增加了六倍。英國一邊與西班牙開戰，一邊仍持續與西班牙屬地貿易。一七九七年英國從西班牙手中奪取千里達島，同年頒布法令《一七九七年自由港口法》（*Free Ports Act 1797; 37 Geo.III, c.77*），將該島的聖荷西港定為自由港。根據這項法令，從千里達總督手中取得執照的西班牙商船，可在該島自由貿易，也禁止英國軍艦或私掠船攻擊這些西班牙商船。一七九七年底到一七九八年，英國也在牙買加、廬卡雅群島、格瑞那達島實施相同措施；英國政府指示，這些殖民地的總督有權發行執照給西班牙商船和英國商船，開放他們在此經商。除了《一七八七年海關和消費稅法》開放的品項之外，砂糖與咖啡也允許進口至廬卡雅群島的拿騷港；一七九八年，這項制度適用於全英國屬地。同年，英國奪取荷屬古拉索島，包括此島在內，所有英國征服的外國屬地主要港口全部適用自由港法體制，只要擁有執照就能從事合法貿易。令人意外的是，此時英國正與西班牙交戰，卻和平對待造訪英國屬地與英國占領地自由港的西班牙商船，努力維持雙方貿易。

在一八〇二年英法兩國《亞眠和約》（*Treaty of Amiens*）簽訂後的和平期間，英國恢復了與西班牙母國及西屬美洲之間的貿易，透過英屬自由港的商業活動與中立國貿易漸趨式微。但一八〇四年英西戰爭再次爆發，一直持續到一八〇七年底，法國侵略西班牙為止。隨著第二次英西戰爭爆發，英國又開始發行執照給西班牙商船，讓他們進出英屬自由港做生意。自由港的總督為了躲避英國海軍與私掠船的緝捕劫掠，加速發行執照給自家港口的西班牙商船，盡力維持英國與西班牙屬地之間的貿易往來。

如大家所知，英國主張有權緝捕與本國交戰國做生意的中立國商船，例如英國海軍便扣留拘捕與法國屬地和英國屬地做生意的中立國商船，也就是美國商船。但這些中立國商船大多出口英國製品，因此英國海軍的緝捕行為與商業利益產生極大衝突。更矛盾的是，英國政府從一八〇五年以後發行執照，同意英國商人使用中立國商船，在西屬美洲的部分地區做生意。這些執照因應不同狀況發行，例如在加的斯擁有大批庫存的英國商人，以中立國商船將庫存運載至西屬領地、在英國與西班牙屬地之間來往、在漢堡和里斯本等中立國港口運載外國製品，出口至西班牙屬地等，按各地貿易型態發行個別執照。在某些情況下，執照不只適用於中立國商船，就連西班牙商船也能使用。英國政府這種為所欲為的措施，使得執行海上封鎖的英國海軍難以貫徹禁令。皮爾斯也在文獻中表示，西班牙與法國同盟、和英國開戰期間，從英國政府獲得貿易許可執照的西班牙商船為了躲避法國私掠船攻擊，請求英國海軍護衛。

綜合以上所述，一七九六至一八〇八年的兩次英西戰爭中，英國與西屬美洲殖民地之間的貿易，包括英屬自由港貿易、中立國貿易、英國商人主導的中立國商船貿易等正式管道，以及英國商船直接與西屬殖民地進行走私貿易等非正式管道，均透過各種關係蓬勃發展，大量的英國製品出口至西屬美洲殖民地。拿破崙（Napoléon Bonaparte）在一八〇六年底實施大陸封鎖令（blocus continental）以後，英國商船與歐洲之間的貿易愈來愈困難，遂轉向美洲大陸發展，英國在美洲世界的貿易往來愈來愈興盛。

一八〇七年秋天法軍侵略西班牙，第二次英西戰爭結束，英國與西班牙屬地之間的貿易恢復正常。西班牙政府在此時期並未撤回禁止殖民地直接與外國貿易的政策，不過法國軍隊的攻勢擴及整個西班牙，加的斯也被包圍了幾個月，因此真正抵達殖民地的西班牙商船寥寥無幾。另一方面，西屬美洲殖民地無視母國禁令，當地統治者在當地立法，允許殖民地直接與外國做生意。在這段期間最能從西屬殖民地商業活動中受益的，是英屬殖民地的自由港。至於美國一直遭受英國中立國商船的攻擊，不知該如何解決，於是發布《一八〇七年禁運法案》（*Embargo Act of 1807*），禁止國民從事海外貿易；而美英戰爭（一八一二～一八一五年）也對自由港，尤其是鄰近美國的盧卡雅群島拿騷港帶來正面效益。

然而，美國的《一八〇七年禁運法案》特別管制英屬西印度中砂糖生產量最高的地方，此舉嚴重打擊英國極度依賴的美國糧食供應地。由於這個緣故，英國在一八〇八年首次開放外國商船將米、穀物、穀粉等糧食帶入自由港。此時尚未允許美國商船進港，但西班牙商船早已帶了大量美國產糧食進入英屬殖民地。英國在一八一二年追加百慕達為自由港，又在一八一七年於北美本土、新斯科舍、新不倫瑞克等地開設自由港，允許美國商船將部分產物運至此處。

從重商主義轉型至自由貿易主義

拿破崙戰爭後，歐洲陷入了長期的經濟衰退，導致自由貿易主義於一八二〇年萌芽，重商主義的殖民地貿易體制宣告終結。這段時期雖然不是本書討論的重點，卻是近世貿易體制的最終階段，因此我們快速回顧一下，了解在此之後重商主義時期的法律和經濟之間的關係。

一八二〇年五月八日，率領美國貿易代表商的亞歷山大・巴林（Alexander Baring）代表倫敦商人向英國議會請願，要求解除各種外國貿易限制。亞歷山大主張，貿易的大原則是在最便宜的市場購買商品，並在最昂貴的市場售出，他還認為基於此原則的交易並不符合各國利益，進口外國產物也無助於縮小自己國家的生產活動。英國議會接受了此請願，在參眾兩院設置委員會，一八二二年通過了五個與航海法相關的法案（*3 Geo.IV c.41, 42, 43, 44, 45*）。首先，這些法案終止了十四世紀以來一直到一六六〇年為止，導致外國貿易蓬勃發展的議會制定法；一六六〇年以後的法令都被統整成一部航海法。其次，針對美國與西印度貿易訂了兩個重要規則：第一條是允許從自由港直接出口包含列舉貨品在內的英屬殖民地產物，此舉意味著放棄一六六〇年以來的列舉貨品政策，企圖脫離航海法體制；第二條是允許美國商船進出自由港。此外，該法雖然開放了過去禁止輸入自由港的外國產糧食（穀物、穀粉、蔬菜等）、家畜、木材、海軍軍需物資等貨品，但這些都是美國有生產的物資，等同於承認美國商船進港。實際上，英國與美國之間因為關稅問題談不攏，使得美國與英屬殖民地之間的貿易直到一八三〇年才真正自由，但這二十二年對英國來說，是很重要的貿易政策轉向時期。

此後，英國開始打著互惠主義的旗幟，凡是與英國簽訂互惠通商條約，彼此適用相同交易條件的國家，都能在英國屬地內使用與英國商船相同的條件做生意。此外，外國也能將英屬殖民地的產物出口至第三國，此舉等於承認了轉口貿易。不僅如此，一八四〇年代除了廢止《穀物法》（*Corn Laws*），也廢止了對於英屬殖民地產物的特惠關稅。英屬殖民地產物與外國產物自此適用相同關稅，完成自由貿易體制。

在航海法的諸多規定中，最後一個更改的是對英國商船的優惠待遇。英國在自由貿易體制的初期階段認為，優待自己國家商船與貿易自由化是兩回事，應該要從國家防衛的觀點思考，並認為這是一定要堅持下去的最重要政策。這類將優惠自己國家商船的貿易政策視為國防制度的見解，經濟學家亞當．斯密早就提出了，十九世紀的英國政治家也都沿襲這個觀點。直到一八四九年六月頒布了一項為了獎勵英國船舶與海運而修正現行法條的法律，才廢止英國商船的優惠待遇。

航海法體制，以及與之相對的自由貿易體制，是否真的對英國母國或殖民地經濟有所助益？關於這點仍眾說紛紜。對栽種砂糖等西印度殖民地的經濟作物來說，世界各地皆擴大砂糖生產量，十九世紀中期以後砂糖產地之間的競爭也更加白熱化。不過，這段從重商主義轉型至自由貿易體制的時期，也為殖民地經濟作物帶來嚴重的負面影響。英屬殖民地產物不僅失去了母國市場的保護，也不具有世界競爭力，在國際舞台漸漸消失。

然而，航海法體制是否真正保護了殖民地的農業和產業？事實也並非如此。航海法體制的目的不是要保護殖民地生產者的權益，而是母國的商業利益，最終則是保護母國的船隻利益。盡可能保有最多的船隻和訓練有素的船員，同時將這類軍事意圖融入航海法，是維持海軍實力的關鍵。正因如此，在廢止航海法的過程中，才會將英國商船的優惠待遇放在最後廢止。

話說回來，英國的航海法與西班牙、法國不同，一開始不只保護本國船隻，連殖民地商船也包含在內。學者凱瑟琳．斯塔爾（Kathleen M. Stahl）認為，從一六六〇年代以後不只是英國，新英格蘭也急速發展製船業。到了十七世紀末，除了北美沿海貿易之外，北美洲與西印度之間的貿易往來，幾乎都是透過新英格蘭製造的船隻進行。不僅如此，英格蘭商船也直接參與英屬美洲殖民地和芬尼斯特雷角以南的南歐、地中海和非洲之間的貿易活動。根據斯塔爾的研究，英國航海法體制最大的受益者，正是新英格蘭船隻相關利益者。正因如此，美國從獨立並脫離航海法體制的那一刻起，已經具備可以直接和世界各地貿易往來的實力。由此可以確立一個結論：航海法體制的貢獻，就是以西印度等種植園殖民地為墊腳石，使英國母國和美國受惠，並將這兩國帶往自由貿易時代，成為勝利者。

圖2-4	守川知子提供
圖2-5	Chardin, Jean, *Voyages de monsieur le chevalier Chardin en Perse et autres lieux de l'Orient*, 10 vols. Amsterdam: Jean Louis de Lorme, 1711.
圖3-1	Masefield, John(ed.), *Dampier's voyages*. London, 2017(1906).
圖3-2	Archivo General de Indias
圖3-3	Archivo General de Indias
圖3-4	Pérez Sosa, Artemio. *Historia de Campeche. 460 años después de su fundación*. Iudad de México, 2013.
圖3-5	*Campeche: Artes de México, 46*. Ciudad de México, 1999.
圖3-6	*Campeche: Artes de México, 46*. Ciudad de México, 1999.
圖3-7	Vail, Gabrielle, Anthony Aveni(ed.), *The Madrid Codex*. Boulder, 2004.
圖3-8	Archivo General de Indias
圖4-1	Google
圖4-2	三木聰提供
圖5-1	Craton, Michael, *Founded upon the Seas, A History of the Cayman Islands and Their People*, Kingston, Jamaica: Ian Randle Publishers, 2003.
圖5-2	Craton, Michael, *Founded upon the Seas, A History of the Cayman Islands and Their People*, Kingston, Jamaica: Ian Randle Publishers, 2003.

圖片來源

圖1-1	Kuipers, Jam J.B., *De VOC: een multinational onder zeil, 1602-1799*, Zuphen: Walburg Pers, 2014.
圖1-2	Gaastra, Femme S., *The Dutch East India Company: Expansion and Decline*, Zuphen: Walburg Pers, 2003.
圖1-3	Kuipers, Jam J.B., *De VOC: een multinational onder zeil, 1602-1799*, Zuphen: Walburg Pers, 2014.
圖1-4	Rouffaer, G.P., *J.W. Ijzerman(eds.), De eerste schpivaart der Nederlanders naar Oost- indie onder Cornelis de Houtman, 1595-1597: journalen, documenten en andere bescheiden*, Vol. 1, 's-Gravenhage: Martinus Nijhoff, 1915.
圖1-5	Heuken, Adolf SJ, *Historical Sites of Jakarta*, Jakarta: Yayasan Cipta Loka Caraka, 2007.
圖1-6	Garnier, Derick, *Ayutthaya: Venice of the East,* Bangkok: River Books, 2004.
圖1-7	Garnier, Derick, *Ayutthaya: Venice of the East*, Bangkok: River Books, 2004.
圖2-1	守川知子提供
圖2-2	Olearius, Adam, *Moskowitishe und Persische Reise: die holsteinsche Gesandtschaft beim Schan; 1633-1639*, Stuttgart: Thienemann, 1986.
圖2-3	守川知子提供

Beer, George Louis, *The Origin of the British Colonial System 1578-1660*, New York: Macmillan, 1908.

Beer, George Louis, *The Old Colonial System 1660-1754. Part1 & Part2*, New York: Macmillan, 1912.

Blerald, Alain-Philippe, *Historie economique de la Guadeloupe et de la Martinique du XVIIe siècle à nos jours*, Karthala, Paris, 1986.

Dickerson, Oliver M., *The Navigation Acts and the American Revolution*, University of Pennsylvania Press, 1951.

Fisher, John R., *The Economic Aspects of Spanish Imperialism in America, 1492-1810*, Liverpool University Press, 1997.

Harper, Lawrence A., *The English Navigation Laws. A Seventeenth-Century Experiment in Social Engineering*, New York: Columbia University Press, 1939.

Haudrère, Philippe, *L'Empire des Rois 1500/1789*, Paris: Denoël, 1997.

Manning, Helen Taft, *British Colonial Government after American Revolution, 1782-1820*, Yale University Press, 1933.

Palmer, Colin A., Human Cargoes. *The British Slave Trade to Spanish America, 1700-1739*, University of Illinois Press, Urbana, 1981.

Pearce, Adrian J., *British Trade with Spanish America, 1763-1808*, Liverpool University Press, 2007.

Pritchard, James, *In Search of Empire. The French in the Americas, 1670-1730*, Cambridge University Press, 2004.

Schuyler, Robert Livingston, *The Fall of the Old Colonial System. A Study in British Free Trade 1770-1870*, Oxford University 1945.

Stahl, Kathleen M., *The Metropolitan Organization of British Colonial Trade. Four Regional Studies*, London: Faber & Faber Limited, 1951.

Williams, Judith Blow, *British Commercial Policy and Trade Expansion 1750-1850*, Oxford: Clarendon Press, 1972.

第五章　近世西歐各國美洲殖民地體制的法律與經濟

宇治田富造『重商主義植民地体制論Ⅰ、Ⅱ』青木書店 1972年

藤井真理『フランス、インド会社と黒人奴隷貿易』九州大学出版会 2001年

笠井俊和『船乗りがつなぐ大西洋世界　英領植民地ボストンの船員と貿易の社会史』晃洋書房 2017年

豊原治郎「セントローレンス河商品流通史序說」『（山崎紀男教授古稀紀念特集）関西大学商学論集』関西大学商学会編19卷3、4号 1974年

木村和男「イギリス「旧植民地体制」の崩壊とカナダ——「自由貿易帝国」下の植民地」『土地制度史学』27卷3号 1985年

立石博高「「自由貿易」規制（1778年）とスペイン経済」『地中海論集』1989年

服部春彦『フランス近代貿易の生成と展開』ミネルヴァ書房 1992年

浜忠雄〈フランス旧植民地体制の諸問題（Ⅱ）〉『北海道教育大学紀要』27卷2号 1977年

四元忠博『イギリス植民地貿易史研究』時潮社 1984年

Allen, Joseph, *The Navigation Laws of Great Britain: Historically and Practically Considered: with Reference to Commerce and National Defense*, London: Baily Brothers, 1849.

Andrews, Charles M., *The Colonial Period of American History. England's Commercial and Colonial Policy. Vol. 4*, New Haven: Yale University Press 1938.

Armitage, David, *The Ideological Origins of the British Empire*, Cambridge University Press, 1997.（平田雅博・岩井淳・大西晴樹・井藤早織訳『帝国の誕生　ブリテン帝国イデオロギー的起源』日本経済評論社 2005年）

Armytage, Frances, *The Free Port System in the British West Indies. A Study in Commercial Policy, 1766-1822*, Longmans, London: Green And Co., 1953.

北村敬直《清代社会経済史研究 増補版》朋友書店 1978年
蔡驎《汀江流域の地域文化と客家——漢族の多様性と一体性に関する一考察》風響社 2005年
滋賀秀三《清代中国の法と裁判》創文社 1984年
寺田造明《中国法制史》東京大学出版会 2018年
夫馬進〈明清時代の訟師と訴訟制度〉梅原郁（編）《中国近世の法制と社会》京都大学人文科学研究所 1993年
松丸道雄、池田温、斯波義信、神田信夫、濱下武志（編）《世界歴史大系 中国史4明～清》山川出版社 1999年
三木聰《明清福建農村社会の研究》北海道大学図書刊行会 2002年
三木聰《伝統中国と福建社会》汲古書院 2015年
三木聰《明清交替期の地方士大夫と旅——福建寧化県の李世熊を中心として》守川知子（編）《移動と交流の近世アジア史》北海道大学出版会 2016年
三木聰、山本英史、高橋芳郎（編）《伝統中国判牘資料目録》汲古書院 2010年
森正夫《森正夫明清史論集 第2巻 民衆反乱、学術交流》汲古書院 2006年
森正夫《森正夫明清史論集 第3巻 地域社会、研究方法》汲古書院 2006年
戴一峰《区域性経済發展与社会変遷——以近代福建地区為中心》岳麓書社 2004年
傅家麟（編）《福建省農村経済参考資料彙編》福建省銀行経済研究室 1942年
傅衣凌《傅衣凌著作集 明清農村社会経済／明清社会経済変遷論》中華書局 2007年
福建省地方志編纂委員会（編）《福建省歴史地図集》（中華人民共和国地方志、福建省志）福建省地図出版社 2004年
福建師範大学歴史系（編）《明清福建経済契約文書選輯》人民出版社 1997年
王業鍵《清代経済史論文集（二）》稲郷出版社 2003年
楊国禎《明清土地契約文書研究 修訂版》中国人民大学出版社 2009年
楊国禎、陳支平《明清時代福建的土堡》国学文献館 1993年
C'hu, T'ung-tsu, *Local Government in China under the C'hing*, Harvard University Press, 1962.

Eugenio Martinez, Maria Angeles, *La defense de Tabasco, 1600-1717*, Sevilla, Escuela de Estudios Hispanoamericanos, 1971.

Farriss, Nancy, *Maya Society under Colonial Rule. A Collective Enterprise of Survival*, Princeton, Princeton University Press, 1992.

Hanna, Mark G., *Pirate Nests and the Rise of the British Empire, 1570-1740*, Chapel Hill, University of North Carolina Press, 2015.

Jones, Grant D., *The Conquest of the Last Maya Kingdom*, Stanford, Stanford University Press, 1998.

Juárez, Juan, *Piratas y Corsarios en Veracruz y Campeche, Sevilla*, Escuela de Estudios Hispanoamericanos, 1972.

López Lázaro, Fabio, *The Misfortunes of Alonso Ramirez: The True Adventures of a Spanish American with 17th-Century Pirate*, Austin: University of Texas Press, 2011.

Marichal, Carlos & Grafenstein, Johanna von, *El Secreto del Imperio Español: Los Situados Coloniales en el Siglo XVIII*, México, El Colegio de México, 2012.

Molina Solis, Juan Francisco, *Historia de Yucatán durante la dominación española, 3* vols., Mérida, Imprenta de la Loteria del Estado, 1904-13.

Patch, Robert, *Maya and Spaniarals in Yucatan, 1648-1814*, Stanford, Stanford University Press, 1993.

Pearce, Adrian J., *The Origins of Bourbon Reform in Spanish South America, 1700-1763*, London, Palgrave MacMillan, 2014.

Restall, Matthew, *The Black Middle: Africans, Mayas, and Spaniards in Colonial Yucatan*, Stanford, Stanford University Press, 2009.

Roys, Ralph L., *The Book of Chilam Balam of Chumayel*, Washington D.C.: Carnegie Institution, 1933.

Villagutierre Sotomayor, Juan de, *Historia de la conquista de la provincial del Itza*, Madrid, 1701.

第四章　中國福建省的社會空間

吾妻重二（訳注)《馮友蘭自伝1——中国現代哲学者の回想》平凡社2007年

今村仁司〈社会空間の概念〉西井涼子、田辺繁治（編)《社会空間の人類学——マテリアリティ・主体・モダニティ》世界思想社 2006年

岸本美緒〈明清契約文書〉滋賀秀三（編)《中国法制史——基本資料の研究》東京大学出版会 1993年

第三章　海盜與原住民是最大煩惱：西班牙殖民地猶加敦半島

青山和夫《マヤ文明——密林に栄えた石器文化》岩波新書 2012年
青山和夫《マヤ文明を知る事典》東京堂出版 2015年
コーディングリ, デイヴィッド（編）（増田義郎監修、増田義郎・竹内和世訳）『図説海賊大全』東洋書林 2000年
コルテス, エルナン（伊藤昌輝訳）『コルテス報告書簡』法政大学出版局 2015年
ダンピア, ウィリアム（平野敬一訳）『最新世界周航記（上・下）』岩波文庫 2007年
ディーアス・デル・カスティーリョ, ベルナール（小林一宏訳）『メキシコ征服記』（大航海時代叢書エクストラ・シリーズ）岩波書店 1986年
増田義郎『略奪の海カリブ——もうひとつのラテン・アメリカ史』岩波書店 1989年
ランダ, ディエゴ（林屋永吉訳）『ユカタン事物記』（大航海時代叢書第II期 13）岩波書店 1982年
レディカー, マーカス（和田光弘他訳）『海賊たちの黄金時代——アトランティック・ヒストリーの世界』ミネルヴァ書房 2014年
Andrews, Anthony A., *Maya Salt Production and Trade*, Tucson, University of Arizona Press, 1983.
Baskes, J., Indians, *Merchants, and Markets: A Reinterpretation of the Repartimientos and Spanish-Indian Economic Relations in Colonial Oaxaca, 1750-1821*, Stanford: Stanford University Press, 2000.
Benton, Lauren, *A Search for Sovereignty: Law and Geography in European Empires, 1400-1900*, Cambridge, Cambridge University Press, 2009.
Bracamonte y Sosa, Pedro, *La conquista inconclusa de Yucatán. Los mayas de la montaña, 1560-1680*, México, Miguel Ángel Porrúa, 2001.
Contreras Sánchez, Alicia del C., *Historia de una tintórea olvidada: El proceso de explotación y circulación del palo de tinte, 1750-1807*, Mérida, Universidad Autónoma de Yucatán, 1990.

Carswell, John, *New Julfa: The Armenian Churches and Other Buildings*, Oxford: Oxford University Press, 1968.

Chaudhury, sushil and Kéram Kévonian (eds.), *Armenians in Asian Trade in the Early Modern Era*, New Delhi: Manohar, 2007.

Der Hovhanian (Ter Hovhanian), Harootun, *Tārīkh-I Julfā-yi Isfahān (History of New Julfa)*, Trans. by L. Minassian & M. Fereydani, Esfahan: Zende Rood & Naghsh-e Khorshid, 2000.

Ghougassian, Vazken S., *The Emergence of the Armenian Diocese of New Julfa in the Seventeenth Century*, Atlanta, Ga: Scholars Press, 1998.

Höltzer, Ernst, *Persien vor 113* Jahren, Tehran: Kultur-und Kunstministeriums Zentrum fur die Persische Ethnologie, 1975.

Hovannisian, Richard (ed.), *Armenian Smyrna/Izmir: The Agean Communities*, California: Mazda Publishers, 2012.

Hovannisian, Richard and Simon Payaslian (eds.), *Armenian Constantinople*, California: Mazda Publishers, 2012.

Khanbaghi, Aptin, *The Fire, the Star and the Cross: Minority Religions in Medieval and Early Modern Iran*, London: I. B. Tauris, 2006.

Krusiński, T. J., *The History of the late Revolutions of Persia, 2 vols.*, London: printed for J. Pemberton, 1728.

Malcolm, John, *The History of Persia, 2 vols.*, London: John Murray, 1829.

Tavernier, Jean Baptiste, *Les six Voyages de Turquie et de Perse, 2 vols.* Paris: François Maspero, 1981.

Teixeira, Pedro, *The Travels of Pedro Teixeira with his kings of Harmuz and extracts from his kings of Persia*, Trans. by W. F. Sinclair with D. Ferbuson, London: The Hakluyt Society, 1902.

Thomas, David and John Chesworth (eds.), *Christian-Muslim Relations: A Bibliographical History, Vol 10 Ottoman and Safavid Empire (1600-1700)*, Leiden and Boston: Brill Academic Publishers, 2017.

第二章　從亞美尼亞改宗者經歷透視宗教與近世社會

シャルダン（佐々木康之・佐々木澄子訳）『ペルシア紀行』（17・18世紀大旅行記叢書6）岩波書店 1993年

シャルダン（岡田直次訳注）『ペルシア見聞記』平凡社東洋文庫 1997年

羽田正編『シャルダン『イスファハーン誌』研究——17世紀イスラム圏都市の肖像』東京大学出版会 1996年

ブルヌティアン，ジョージ（小牧昌平監訳、渡辺大作訳）『アルメニア人の歴史——古代から現代まで』藤原書店 2016年

ブロー，デイヴィット（角敦子訳）『アッバース大王——現代イランの基礎を築いた苛烈なるシャー』中央公論新社 2012年

三代川寛子編『東方キリスト教諸教会——研究案内と基礎データ』明石書店 2017年

守川知子「地中海を旅した二人の改宗者——イラン人カトリック教徒とアルメニア人シーア派ムスリム」長谷部史彦編『地中海世界の旅人』慶應義塾大学 2014年

Abgar 'Alī Akbar, *I'tirāf-nāma*, Ed. by M. Sefatgol, Tehran: Ketābkhāne-ye Majles-e Showrā-ye Islāmī, 2010.

A Chronicle of the Carmerites in Persia: The Safavids and the Papal Mission of the 17th and 18th Centuries, Ed. and Trans. by H. Chick, 2 vols., London: Tauris Academic Studies, 2012.

Arak'el of Tabriz, *Book of History, Introduction and Annotated Translation by G.A. Bournoutian*, Costa Mesa: Mazda Publishers, 2010.

Aslanian, Sebouh D., *From the Indian Ocean to the Mediterranean*, Berkeley, New York and London: University of California Press, 2011.

Baghdiantz-McCabe, Ina, "The Socio-Economic Conditions in New Julfa Post-1650: The Impact of Conversions to Islam on International Trade," *Revue des etudes arméniennes* 26, 1996-97.

Baghdiantz-McCabe, Ina, "Princely Suburb, Armenian Quarter or Christian Ghetto?: The Urban Setting of New Julfa in the Safavid Capital of Isfahan (1605-1722)," *Revue des mondes musulmans et de la Méditerranée* 107-110, 2005.

Baibourtian, *Vahan, International Trade and the Armenian Merchants in the Seventeenth Century*, New Delhi: Sterling Publishers, 2004.

八百啓介『近世オランダ貿易と鎖国』吉川弘文館 1998年
和田郁子「インド・ゴールコンダ王國における君主と港市・海上交易の関係——スルターン・アブドゥッラー(1626-72)の治世を中心に」『東洋史研究』66(1) 2007年
Blussé, Leonard（包樂史), *Strange Company: Chinese Settlers, Mestizo Women and the Dutch in VOC Batavia*, Dordrecht and Riverton: Foris Publications, 1986.
Fujita, Kayoko, "Metal Exports and Textile Imports of Tokugawa Japan in the 17th Century: The South Asian Connection," in: Kayoko Fujita, et al.(eds.), *Offshore Asia: Maritime Interactions in Eastern Asia before Steamships*, Singapore: Institute of Southeast Asian Studies, 2013.
Gaastra, Femme S., *The Dutch East India Company: Expansion and Decline*, Zutphen Walburg Pers, 2003.
Garnier, Derick, *Ayutthaya: Venice of the East*, Bangkok: River Books, 2004.
Jacobs, Els M., *Merchant in Asia: The Trade of the Dutch East India Company during the Eighteenth Century,* Leiden: CNWS Publications.
Heuken, Adolf SJ, *Historical Sites of Jakarta*, Jakarta: Yayasan Cipta Loka Caraka, 2007.
Kuipers, Jan J.B., *De VOC: een multinational onder zeil, 1602-1799*, Zuphen: Walburg Pers, 2003.
O'Kane, John(trans.), *The ship of Sulaiman*, London and New York: Routledge, 2008.
Reid, Anthony, *Southeast Asia in the Age of Commerce, 1450-1680, Vol.1: The Lands below the Winds, Vol.2: Expansion and Crisis*, New Haven: Yale University Press, 1988, 1993. 邦訳：アントニー・リード（平野秀秋・田中優子訳）『大航海時代の東南アジア：1450-1680年』全2巻, 法政大学出版局 2002年
Shimada, Ryuto, *The Intra-Asian Trade in Japanese Copper by the Dutch East India Company, Leiden Bryan, The Survival of Empire: Portuguese Trade and Society in China and the South China Sea, 1630-1754*, Cambridge: Cambridge University Press, 1986.
Vries, Jan de, "Connecting Europe and Asia: A Quantitative Analysis of the Cape-route Trade, 1497-1795," in: Dennis O. Flynn et al. (eds.) *Global Connections and Monetary History, 1470-1800*, Aldershot: Ashgate, 2003.
Yao, Keisuke, "Two Rivals on an Island of Sugar: The Sugar Trade of the VOC and Overseas Chinese in Formosa in the Seventeenth Century," in: Leonard Blussé (ed.) *Around and About Formosa: Essays in honor of Professor Ts'ao Yung-ho*, Taipei: Ts'ao Yung-ho Foundation for Culture and Education, 2003.

栗原福也「十七・八世紀の日本=シャム貿易について」『経済と社会——東京女子大学社会学会紀要』22 1994年
島田竜登「唐船来航ルートの変化と近世日本の国産代替化——蘇木・紅花を事例として」『早稲田経済学研究』49 1999年
島田竜登「18世紀におけるオランダ東インド会社の錫貿易に関する数量的考察」『西南学院大学経済学論集』44(2/3) 2010年
島田竜登「銅からみた近世アジア間貿易とイギリス産業革命」水島司編『グローバル・ヒストリーの挑戦』山川出版社 2008年
島田竜登「17・18世紀におけるアユッタヤー朝のアジア域内貿易とオランダ東インド会社——『スレイマーンの船』との関連で」『史朋』47 2014年
鈴木康子『近世日蘭貿易史の研究』思文閣出版 2004年
スミス・アダム（杉山忠平訳）『国富論』全4巻、岩波文庫 2000-2001年
対外関係史総合年表編集委員会編『対外関係史総合年表』吉川弘文館 1999年
長島弘「『訳詞長短話』」のモウル語について——近世日本におけるインドの一側面」『長崎県立国際経済大学論集』19(4) 1986年
長島弘「17世紀におけるムスリム商人の日本来航について」『東西海上交流史研究』1 1989年
永積洋子『唐船輸出入品数量一覧　1637～1833年：復元唐船貨物改帳、帰帆荷物買渡帳》創文社 1987年
永積洋子『朱印船』吉川弘文館 2001年
ハウとマン, ファン・ネック（渋沢元則訳）《東インド諸島への航海》岩波書店 1981年
蓮田隆志「朱印船貿易・日本町関連書籍所載地図ベトナム部分の表記について」『資料学研究』12 2015年
羽田正『東インド会社とアジアの洋』講談社2007年
守川知子「インド洋海域世界のイラン人——シャムにわたった人びとを中心に」守川知子編『移動の交流の近世アジア史』北海道大学出版会 2016年

主要參考文獻

總論　近世世界的變貌

青木敦「「近世」と「アーリー・モダン」」青木敦編『世界史となかの近世』慶應義塾大学出版会 2017年
荒野泰典「近世的世界の成熟」荒野泰典、石井正敏、村井章介編「近世的世界の成熟」吉川弘文館 2010年
アレン, R.C.（真嶋史叙、中野忠、安元稔、湯沢威訳）「世界史のなかの産業革命——資源・人的資本・グローバル経済」名古屋大學出版会 2017年
岸本美緒「東アジアの「近世」」（世界史リブレット13）山川出版社1998年
岸本美緒「中国史における「近世」の概念」「歴史学研究」821 2006年
島田竜登「オランダ東インド会社のアジア間貿易一アジアをつないだその活動」『歴史評論』664 2003年
永井和「東アジア史の「近世」問題」夫馬進編「中国東アジア外交交流史の研究」京都大学学術出版会 2007年
奈良修一『鄭成功——南海を支配した一族』（世界史リプレット人42）山川出版社 2016年
ポメランツ, K（川北稔監訳）『大分岐中国,ヨーロッパ,そして近代世界経済の形成』名古屋大学出版会 2015年

第一章　亞洲海上貿易的轉換

石井米雄、吉川利治『日・タイ交流六〇〇年史』講談社1987年
岩生成一「三百年前に於ける台湾砂糖と茶の波斯進出」「南方土俗』2(2) 1933年
大橋厚子『世界システムと地域社会——西ジャワが得たもの失ったもの 1700-1830』京都大学学術出版会2010年

川分圭子

京都大學文學部教授。1963年生，專長為英國近代史。

主要著作、譯作：

《伯丁罕家族與英國近代——倫敦貿易商1580-1941年》（京都大學出版會，2017）

《商業與異文化的接觸——中世後期至近代歐洲國際商業之生成與展開》（共編著）（吉田書店，2017）

榮．哈里斯《近代英國與公司法之發展——工業革命時期的股份有限公司1720-1844年》（譯作）（南窗社，2013）

作者

守川知子

東京大學大學院人文社會系研究科副教授。

1972年生，專長為伊朗史、西亞社會史。

主要著作：

《什葉派聖地朝覲之研究》（京都大學學術出版會，2007）

《移動與交流的近世亞洲史》（編著）（北海道大學出版會，2016）

Vestiges of the Razavi Shrine, Āthār al-Rażavīya: a Catalogue of Endowments and Deeds to the Shrine of Imam Riza in Mashhad（共編著）（The Toyo Bunko，2017）

伏見岳志

慶應義塾大學商學部副教授，東京大學大學院綜合文化研究科博士課程修了、博士（學術）。1972年生，專長為大西洋史、拉丁美洲史。

主要著作：

La economía maritime en Esoaña y las Indias.（共著）（Ayuntamiento de San Fernando，2015）

《從女性角度描繪世界史——邁向十七到二十世紀的新方法》（共編著）（勉誠出版，2016）

《遇見拉丁美洲的型態》（共著）（慶應義塾大學出版會，2010）

三木聰

北海道大學名譽教授。1951年生，專長為中國明清史。

主要著作：

《明清福建農村社會之研究》（北海道大學圖書刊行會，2002）

《傳統中國與福建社會》（汲戶書院，2015）

《宋至清代的政治與社會》（編著）（汲古書院，2017）

《傳統中國判牘資料目錄》（共編）（汲古書院，2010）

作者簡介

叢書監修

木村靖二

東京大學名譽教授。專長為西洋近現代史，德國史。

岸本美緒

御茶之水女子大學教授。專長為明清社會經濟史。

小松久男

東京大學名譽教授。專長為中亞史。

編者

島田龍登

東京大學大學院人文社會系研究科副教授。

1972年生，專長為南亞史、東南亞史、亞洲經濟史、全球史。

主要著作：

The Intra-Asian Trade in Japanese Copper by the Dutch East India Company during the Eighteenth Century. (Leiden and Boston: Brill Academic Publishers, 2006)

《亞洲經濟史研究入門》（共編著）（名古屋大學出版會，2015）

《刻印在歷史的巨型都市》（共編著）（東京大學出版會，2016）

《全球經濟史》（共著）（放送大學教育振興會，2018）

歷史的轉換期 07

近世世界的變貌　1683年

近世世界の変容

Turning Points In World History

編　　者　島田龍登
譯　　者　游韻馨
發 行 人　王春申
選書顧問　陳建守
總 編 輯　張曉蕊
責任編輯　洪偉傑
封面設計　萬勝安
內文排版　康學恩
業　　務　王建棠
資訊行銷　劉艾琳、謝宜華、蔣汶耕
出版發行　臺灣商務印書館股份有限公司
23141 新北市新店區民權路 108-3 號 5 樓
（同門市地址）
電　　話　(02) 8667-3712
傳　　真　(02) 8667-3709
服務專線　0800-056193
郵　　撥　0000165-1
信　　箱　ecptw@cptw.com.tw
網路書店　www.cptw.com.tw
臉　　書　facebook.com.tw/ecptw
印　　刷　鴻霖印刷傳媒股份有限公司
定　　價　新台幣 430 元
2022 年 4 月　初版 1 刷
2023 年 11 月　初版 1.8 刷

臺灣商務印書館

局版北市業字第 993 號
法律顧問　何一芃律師事務所

國家圖書館出版品預行編目 (CIP) 資料

1683年：近世世界的變貌／島田龍登編；游韻馨譯
——初版——新北市：臺灣商務印書館股份有限公司，2022.04
面；　公分（歷史的轉換期 7）
譯自：1683年：近世世界の変容
ISBN　978-957-05-3403-0（平裝）
1. 文化史　2. 世界史

713　　111002252